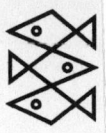

Das Kind – Geschichten aus der Familie steht im Kontext auto-
biographischer Zeugnisse etwa von Erika Manns *Das letzte Jahr*,
Viktor Manns *Wir waren fünf,* Katia Manns *Meine ungeschriebenen Memoiren,* aber auch der Tagebücher Thomas Manns. Es gibt
kaum ein Familienmitglied, das es versäumt hätte, seine Rolle in
dieser »sonderbaren Familie« (Klaus Mann) darzustellen. Einzig
von Heinrich Mann gibt es kaum Tagebücher, noch kontinuier-
liche Aufzeichnungen, aus denen wir etwas über sein Verhältnis zu
den Eltern und Geschwistern erfahren könnten. Selbst seine
Memoiren *Ein Zeitalter wird besichtigt* sind ein Werk, das in erster
Linie über die eigenen Lebensdaten hinaus geht. Heinrich Mann
wollte öffentlich nichts über sein Privatleben sagen. Seine literarischen Texte waren ihm wichtiger. Das war sein Leben, daran
sollten sich seine Biographen halten.

Das Kind schließt endlich diese Lücke und sammelt die ver-
streuten autobiographischen Äußerungen, die literarischen und
brieflichen Zeugnisse – zum Teil bisher unbekannte Dokumente –,
in denen Heinrich Manns Beziehung zu seiner Familie deutlich
wird. Wir erfahren, wie nahe dem Autor Eltern und Geschwister
standen. Und auch Heinrich Manns erste Frau Mimi, die Tochter
Leonie und die zweite Ehefrau Nelly Kröger lernen wir näher
kennen. In *Das Kind* kann man den Privatmann Heinrich Mann
entdecken.

Die Herausgeberin, Kerstin Schneider, arbeitet als freie Kultur-
journalistin in Berlin und ist Mitbegründerin des Journalisten-
büros KulturBotschaft.

Heinrich Mann (1871 - 1950)

Das Kind (ungeründe Biographie)

Geschichten
aus der Familie

Herausgegeben von
Kerstin Schneider

Fischer Taschenbuch Verlag

Originalausgabe
Veröffentlicht im Fischer Taschenbuch Verlag GmbH,
Frankfurt am Main, November 2001

Alle Rechte dieser Ausgabe liegen beim
Fischer Taschenbuch Verlag GmbH, Frankfurt am Main
© Fischer Taschenbuch Verlag GmbH, Frankfurt am Main 2001
Quellenhinweise am Schluss des Bandes
Gesamtherstellung: Clausen & Bosse, Leck
Printed in Germany
ISBN 3-596-13641-5

Inhalt

Eine Kindheit in Lübeck

1929 erschien in dem Novellenband Sie sind jung *der Zyklus* Das Kind. *Mit diesen sechs Novellen endete Heinrich Manns Novellenproduktion. Die Novellen führten den Autor noch einmal zu seinen Ursprüngen zurück. Die Kindheit in Lübeck, das Familienleben, Figuren und Gestalten aus der Hansestadt stehen im Mittelpunkt der Texte. Nach dem Tod des Vaters 1891 kehrte Heinrich Mann nie mehr in seine Heimatstadt zurück.*

Lediglich eine Novelle ist später erschienen. Es ist Eine Liebesgeschichte, *die 1946 in* Ein Zeitalter wird besichtigt *veröffentlicht wird und in der Heinrich Mann erneut Erinnerungen aus Lübeck aufgreift.*

Vermutlich: Mutter Julia im Garten mit einem Offizier, Thomas als Baby,
Heinrich am Blumenbeet (1875) –
Zeichnung von Heinrich Mann aus den vierziger Jahren

Das Kind

I
Der Maskenball

Kindheitserinnerungen haben gewiß auch mein Leben beeinflußt, aber ich kann es nicht wissen, ich habe sie nicht in Form eines Katechismus gesammelt. Wenn mir eine einfallen soll, fallen mir viele ein. Ich wähle eine.

Winternachmittag im Lübeck der siebziger Jahre. Ich sehe eine Straße steil abfallen. Sie ist glattgefroren und fast dunkel. Jede Gaslaterne beleuchtet nur das Haus, vor dem sie steht. Eine entfernte Flurglocke verkündet klappernd, daß jemand jenes Haus betrat. Ein Mädchen führt den kleinen Jungen, der ich bin. Ich reiße mich aber los, die Straße ist so eine herrliche Schlitterbahn. Ich gleite sie hinab, ich gleite schneller. Die Querstraße naht. Den Augenblick, bevor ich dort bin, tritt eine ganz vermummte Frau heraus, unter ihrem Tuch trägt sie etwas. Ich kann mich im Lauf nicht halten, ich fahre gegen sie, sie war nicht gefaßt auf den Anprall. Da es glatt ist, fällt sie. Da es dunkel ist, entkomme ich.

Aber ich habe Geschirr zerbrechen gehört. Die Frau trug unter ihrem Tuch Geschirr. Was habe ich angerichtet! Ich stehe, mir klopft das Herz. Das Mädchen ist endlich nachgekommen, ich sage: »Ich kann nichts dafür.«

»Die Frau hat nun kein Essen mehr«, sagt das Mädchen. »Ihr kleiner Junge auch nicht.«

»Kennst du sie, Stine?«

»Sie kennt dich«, behauptet Stine.

Vermutlich: Ein Ball im Elternhaus (1877) –
Zeichnung von Heinrich Mann
aus den vierziger Jahren

»Wird sie kommen und es meinen Eltern sagen?«

Stine bejaht es drohend, ich erschrecke.

Wir machen unsere Besorgungen, denn morgen wird zu Hause ein Fest sein, außerordentlicher sogar als jedes andere Fest: ein Maskenball. Dennoch vergesse ich den Rest des Tages nie ganz die Drohung, die hinter mir ist. Noch in meinem Bett horche ich, ob es läutet, ob die Frau kommt. Sie hat nun kein Geschirr mehr, ihr Junge kein Essen. Aber auch mir ist nicht wohl.

Nächsten Tages, als Stine mich aus der Schule holt, ist das erste, daß ich nach der Frau frage. »War sie da?« Das Mädchen besinnt sich, sagt nein, verheißt mir aber, die Frau werde mich sicher finden … Bis zum Abend fürchte ich es noch, dann ergreifen mich Leichtsinn und Eifer des Hauses, das den Ball erwartet. Es ist überhell, und es duftet nach Blumen, nach ungewöhnlichen Gerichten. Ich darf Mama bewundern. Schon kommen als erste Gäste ihre jungen Freundinnen samt dem Fräulein aus Bremen, das eigens herbeireiste, das bei uns wohnt und das ich nicht missen möchte. Später werden sie Larven tragen, ich aber fühle mich eingeweiht, ich weiß, wer diese Zigeunerin und wer Cœurdame ist.

Jetzt muß ich schlafen gehen, schleiche aber dann nochmals, wenig bekleidet, über die Treppe. Der Ball hat angefangen. Die vorderen Räume sind leer, dennoch erkenne ich sie kaum wieder, der Ball hat alles verändert. Tritt jemand ein, entweiche ich unhörbar in das nächste Zimmer. So mache ich die Runde, phantastisch angezogen von dem Fest im Saal, dem farbigen Glanz, der hervorströmt, von der Musik, dem Scharren auf Parkett, von Stimmengewirr und warmen Düften. Endlich gelange ich bis hinter die Tür des Saales, es ist gewagt, aber es lohnt. Nackte Schultern, mild vom Licht überzogen, Haare, schimmernd wie Schmuck, und Juwelen, die blitzen vom Leben, wenden sich mühelos im Tanz. Mein Vater ist ein fremder Offizier, gepudert, mit Degen, ich bin durchaus stolz auf ihn.

Mama Cœurdame schmeichelt ihm mehr als je. Aber mein Urteil erstirbt vor dem Fräulein aus Bremen, ich fühle nur, daß sie dahingleitet, an einen Herrn geschmiegt, der hoffentlich nicht weiß, wer sie ist. Ich weiß es. Ich stehe mit sieben Jahren hinter der Tür des Ballsaales, ratlos ergriffen von dem Glück, dem alle nachtanzen.

Der Saal hat einen zarten, hellen Geschmack, später werde ich wissen, daß dies Rokoko heißt und gut zehn Jahre vor dieser Zeit sich von Paris aus verbreitet hat. Auch die Masken gingen von dort aus, auch die Tänze, die Quadrillen, der Galopp. Jede Einzelheit ist nachträgliche Ausstrahlung des kaiserlichen Hofes Napoleons III. und der schönen Eugénie. Ihr Hof ist verschwunden, aber ihre gesellschaftlichen Sitten haben Zeit gehabt, bis in nordische Kleinstädte zu dringen. Die Kultur des Salons war nie wichtiger als damals, Höflichkeit nie wieder so bekannt. Man spielte Scharaden, gab Rätsel auf, die Damen bemalten die Fächer ihrer Freundinnen mit Aquarellen, Herren, die sie verehrten, schrieben ihre Namen darauf. Jene Welt unterhielt sich mit Schreibspielen, sonderbaren Erfindungen, ich habe sie erst verstanden, als ich las, daß in dem engsten Kreise Napoleons zuweilen jemand einen Aufsatz diktierte. Das Spiel war, zu entdecken, wer am wenigsten orthographische Fehler machte. Bürgerliche Spiele, sie paßten auch nach Lübeck.

Glanz und Höhe aber war der Maskenball. Die Sucht, sich zu verkleiden, lag nicht nur den glücklichen Abenteurern, die bisher in Paris geherrscht hatten, auch deutsche Honoratioren waren von ihr gepackt. Zuletzt kamen immer »lebende Bilder«, zur Schaustellung der eigenen Schönheit und Bedeutung in Situationen, die endlich ihrer würdig waren ... Der Knabe hinter seiner Tür wartete angstvoll, ob es ihm gelingen werde, auch noch die lebenden Bilder zu sehen.

Plötzlich wird die Tür von mir fortgezogen, jemand hat mich gefunden. Es ist einer der Lohndiener, er ruft mir zu, drunten frage nach mir eine Frau. Meines bleichen Schreckens achtet er nicht, seine Frackschöße eilen weiter. Ich bin allein und Herr meiner Entschlüsse. Bin ich es? Wenn ich nicht zu der Frau hinuntergehe, wer weiß, sie dränge vielleicht bis in den Ballsaal. Offene Katastrophe, lieber noch opfere ich mich.

Die Frau steht beim Hauseingang, wo wenig Licht ist. Hinter sich hat sie ein dunkles Zimmer. Sie ist vermummt wie gestern, sie rührt sich nicht. Sie ist die Statue des Gewissens, aufgestanden aus der Nacht. Ich nähere mich immer langsamer, ich will fragen, was sie von mir verlangt, aber die Stimme versagt mir. »Du hast mir mein Geschirr zerbrochen«, sagt sie von selbst, und ganz dumpf: »Mein kleiner Junge hat nichts zu essen.« Ich schluchze auf, ergriffen sowohl von dem Geschick des anderen Jungen wie von dem meinen, das mich hierherbrachte.

Wenn ich ihr aus der Küche zu essen holte?

Aber die Küche ist voll von Mädchen und Dienern, ich würde unerträgliches Aufsehen erregen. »Warten Sie«, stammele ich und mache mich auf in das dunkle Zimmer hinter ihr. Dort lagen die Mäntel der Gäste. Ich wühle mich hindurch, ich gelange zu Dingen, die mein sind. Soldaten und Bücher. Ich nehme sie, gern nähme ich sogar die geliebte Vase, die ein Schwan mit ausgebreiteten Flügeln ist. Aber die Vase ist nicht mein. Ich bringe alles der Frau, sie packt es in ihren Korb, sie geht. Schon bin ich gelaufen, schon in meinem Bett.

Ich schlafe ruhiger ein als am vorigen Abend … Rätselhaft ist nur, daß bei meiner nächsten Rückkehr aus der Schule alle verschenkten Sachen wieder an ihrem Platze sind. Ich begreife es nicht. Auch Stine, die ich einweihe, ist scheinbar erstaunt. Aber sie muß lachen. Verdacht auf Stine ist mir erst lange nachher gekommen, und auch dann nur, weil sie gelacht hatte. Sie selbst war der nächtliche Besuch gewesen, die Statue des Gewissens, die unglückliche Mutter des durch meine Schuld hungernden Jungen.

Wahrscheinlich hat in Wirklichkeit niemand gehungert. Wer weiß, ob auch nur Geschirr zerbrochen war. Stine, als gute

Schauspielerin, hat der von ihr geschaffenen Gestalt gesteigerte Tragik mitgegeben. Ich habe dennoch nicht vergessen, daß ich, sieben Jahre alt, aus glücklicher Versunkenheit in den äußeren Glanz des Lebens jäh gerissen wurde, um hinzutreten vor die Armut und meine eigene Schuld.

Ein Eindruck. Auch eine Lehre? Damals kaum, Armut ward nicht oft sichtbar im Lübeck der siebziger Jahre. Wenn ich mit meiner Großmutter spazierenging, saßen am Rande der Landstraße manchmal Steinklopfer oder ähnliche Männer und aßen aus einem Topf. »Guten Appetit, Leute!« sagte meine Großmutter herzlich und ermunternd. Die »Leute« stutzten kurz, dieser Ton war immerhin schon ungewohnt. Dann aber dankten sie.

II
Die beiden Gesichter

Mitte der siebziger Jahre war meine Mutter eine ganz junge, ahnungslose Frau. Ich sitze vor ihrem Schreibtisch, spiele mit einer kleinen Truhe aus Bronze, das violett gepolsterte Innere duftet bezaubernd. Plötzlich legt meine Mutter von hinten den Arm um mich, sie flüstert mir zu: »Wir sind nicht reich, aber sehr wohlhabend.« Sie mußte es gerade erst erfahren haben, und zwar mit genau diesen Worten.

Ihr selbst waren Reichtum und Wohlstand gewiß nur Worte. Ihr Leben und ihr Haus blieben sich gleich. Kein Auto wurde angeschafft, denn es gab keine. Den Sommer verbrachten wir wenige tausend Schritte weiter hin, »vor dem Tor«. Meine Mutter wußte vielleicht, daß Geld wohl wünschenswert, sehr viel Geld aber weder förderlich noch gern gesehen sei. Erst kürzlich sagte mir ein Achtzigjähriger, er sprach von seinem Nachbar: »Wer so reich ist, muß verrückt werden.« Das war ein Ton von damals, so dachte die noch bürgerliche Zeit.

Mein Vater war damals ein schöner und stolzer junger Mann. Ob heiter, ob zornig, immer erschien er mir auf der Höhe des Lebens. Er trug weiches Tuch, niedrige Hemdkragen, an den Schläfen noch die vorgebürsteten Haarbüschel, die Napoleon III. getragen hatte. Er ging wiegend und so sicher wie ein Kapitän auf seinem guten Schiff. Trat er ein, ward das Zimmer ein bewegter Raum, worin etwas vorging. Eines Tages aber kam er ganz still.

Wir bemerkten es kaum, er saß schon, war auf seinen Platz geglitten und hielt nun die Augen in den geöffneten Händen. Er stöhnte, da grauste es mir. Er, der nur leichte und heitere Gespräche führte, stöhnte Namen von Leuten, die zusammenbrächen, alles verloren hätten und sein Geld mit. Ich sah meine Mutter an, mein Blick erinnerte sie an ihre vertrauliche Mitteilung von einst. Sie schien davon nichts mehr zu wissen; sie war besorgt, aber nur um ihren Mann, nicht um das Geld. Übrigens waren jene Worte lange her, endlos lange für eine noch ahnungslose Frau und einen kleinen Jungen, vielleicht ein Jahr.

Dies war mein frühester Eindruck vom Wechsel des Glükkes. Mein Vater brauchte sein ganzes noch übriges Leben, bis er wiederhatte, was in wenigen Tagen verlorengegangen war. Schneller wurde nicht verdient in jenen friedlichen Zeiten, und zu Anfang der neunziger Jahre starb er schon. Hier sah ich nicht gerade das Glück wechseln, erfuhr aber um so besser die Veränderlichkeit des Menschengesichts.

Er hatte ungemeines Ansehen genossen in der Stadt und dem kleinen Staat, dem sie vorstand. Mit ihm durch die Straßen zu gehen war eine meiner schärfsten Übungen hinsichtlich der Grüße, die ich, je nach Würdigkeit der Person, zu erwidern oder vorwegzunehmen hatte. Mit ihm im gemieteten Zweispänner über Land zu fahren war ein Fest. Die großen Bauern erschienen auf ihren Türschwellen, wir wurden bewirtet, und alles Getreide ging dabei in seine Speicher über. Er war Senator, was damals noch nicht Parteifrage war und von keinen öffentlichen Wahlen abhing. Es kam einfach auf die Familie an. Man war es oder man war es nicht – und behielt, einmal in den Senat gelangt, lebenslang die Befugnisse eines absolutistischen Ministers. Mein Vater verwaltete im Freistaat die Steuern, seine Macht war die allen fühlbarste.

Daher viel Schmeichelei, sogar für seinen Sohn; auch Unaufrichtigkeiten, sie entgingen schon dem Halbwüchsigen nicht. Immerhin überschätzte ich sowohl das natürliche Wohlwollen der Umgebung als auch die Fähigkeit eines noch so menschenkundigen Mannes, alle für sich zu gewinnen, sie, komme was mag, bei sich zu haben. Ihm lag an seiner Volkstümlichkeit, er war gegen Ende immer freundlicher, immer versöhnlicher geworden. Jetzt kam der Tod.

Mein Vater lag droben in seinem schönen Haus, die Straße davor war mit Stroh belegt. Sooft ich ausging, fragten mich viele, wie es stehe. Aus dem Haus gegenüber eilte mein alter Lehrer. Er hatte mich in der Vorschule unterrichtet, von jeher kannte ich ihn bieder und herzlich, ganz hingestreckte Hand, ganz Ergebenheit des kleinen Mannes, der endlich auch im eigenen Haus wohnt und bewundernd hersieht nach den Fenstern des größern.

Der Tag ist da, mein Vater atmet aus. Ich habe, zwanzigjährig, die ersten ganz selbständigen Schritte statt seiner zu tun. Draußen stehen die Leute, dabei auch der herzliche Graubart. Ich suche, ohne es zu bedenken, die gewohnte Wärme, ich gehe hin. Wie? Der Lehrer wendet den Kopf weg. Er verläßt sogar die Gruppe, tritt in sein Haus, schließt die Tür.

Ähnlich haben es dann andere gemacht, nur von dem Alten schien es mir am erstaunlichsten. Ich begriff aber: sie hatten es satt, noch Mühe an mich zu wenden, auf einmal hatten sie es auf das gründlichste satt. Vorher hatten sie zuviel getan, darum taten sie jetzt nicht einmal genug. Es war nicht besondere Härte, nur das Aufgeben eines unnütz gewordenen Übereinkommens.

Vermutlich: Heinrich und seine Mutter am Sterbebett seines Vaters (1891) –
Zeichnung von Heinrich Mann aus den vierziger Jahren

So geschieht es jedesmal, wenn irgendein Erfolg sich rächt. Eine der Erfolgswellen, die jedes Leben hat, fließt zurück, alle geben den noch soeben Umworbenen um so schroffer auf, je eifriger sie bis jetzt um ihn bemüht waren. Wie wohl tut es ihnen, endlich das Gesicht zu wechseln. Nichts Lästigeres, als einer bestimmten Person dauernd nur das festliche Gesicht zu zeigen. Der Erfolg ist vorbei. Der Steuersenator ist tot.

III
Zwei gute Lehren

I

An einem schönen Tage sehe ich mich eine Hecke entlanggehen, ich war damals elf Jahre alt. Ich ging, wie gewöhnlich, allein und schnell. Meine Gedanken waren meist kühn und trotzig, wenn sie nicht gerade mutlos und besorgt waren. Sie handelten möglichenfalls von dem berauschend großartigen Einzug in eine eroberte Hauptstadt, wobei sich zwischen dem siegreichen Feldherrn und mir selbst eine nahezu gleiche Gewalt der Gefühle ergab; wir schienen dasselbe Gehirn zu haben. Die Begegnung mit einem kleinen Mädchen, das ich liebte, verlief weniger heldenhaft. Sie hatte wirkliche Zöpfe, wirkliche Augen, sah mich an und erwartete höchstens das versprochene Abziehbild. Ich indes sann darauf, sie aus Lebensgefahr zu retten, während ich zugleich jeden anderen Jungen ihrer würdiger hielt. Wir verstanden uns trotzdem scheinbar.

Als ich die Hecke entlangging, begann mein Leben gerade einen neuen Abschnitt, denn ich hatte das Progymnasium beendet. Dies war eine Privatschule. Es umfaßte außer der Fibellehre die untersten Gymnasialklassen und gehörte einem Dr. Huttenius. Man lernte dasselbe wie in dem großen Gymnasium, wohin man schließlich unfehlbar auch überging. Sonst

hatte man sich für die Laufbahn des höheren Schülers als ungeeignet erwiesen und ward vorzeitig »Stift« in einem »Kon-
tor«.

Nicht nur, daß wir bei Huttenius dasselbe lernten wie die
Schüler des Gymnasiums, wir erlitten dieselben Strafen, feierten die gleichen Schulfeste, ängstigten uns wie jene und verga-
ßen die Ängste. Hier wie dort fanden wir unseren Ruhm bald
darin, gute, bald darin, schlechte Schüler zu sein. Wir und jene
hätten uns die Hände reichen können. Wir waren beiderseits
arme Teufel, hart geplagt mit übertriebenen Hausaufgaben
und tagtäglich einem anderen Verderben ausgesetzt. Nur die
Seelenkraft unserer Jahre half uns über alles fort. Aber im
Grunde waren wir als Schüler nicht entfernt auch nur so gesichert und glücklich wie später der niedrige Beamte oder begin-
nende Kaufmann.

Anstatt uns die Hände zu reichen, befeindeten wir einander.
Es geschah aus reinem Übermut, wie man sagt. Mir ist aber so,
als wären Freundlichkeit und Friedfertigkeit für uns etwas De-
mütigendes gewesen, und gerade darum suchte man Feinde.
Im Frieden und gutherzigem Verkehr können die Menschen,
ob Progymnasiasten oder schon in höheren Lebensstellungen,
einander meistens nur mitteilen, daß es weder mir noch dir so
besonders geht. Ganz anders als Feinde! Feindschaft erlaubt
Hochmut, sie erlaubt Selbstgefühl. Da darf man dem Feind
über den Zaun zurufen: Du unvergleichlich traurigere Erscheinung! Und das ist ein schöner Trost.

Ich rief als Elfjähriger über die Hecke, die ich entlangging,
keine Beleidigungen. Dahinter lag eine Spielwiese, und Feinde
meines Hutteniusschen Vaterlandes, Gymnasiasten, benutzten
sie gerade. Die Hecke war grün, die Wiese war grün, ein lieb-
licher Tag draußen vor dem Stadttor war es, und wie gern hätte
ich wohl mitgespielt. Ich ging aber allein und schnell, wie gewöhnlich, in meinen Schaftstiefeln vorbei, rief keine Beleidi-
gung, sah auch nicht hin. Ich sagte nur streng für mich:

»Ich werde immer Huttenianer bleiben.«

Dabei war es beschlossene Sache, daß ich in den größeren Verband des Gymnasiums demnächst übergehen sollte. Um dagegen Huttenianer zu bleiben, hätte ich immer elf Jahre alt bleiben müssen.

Dies war auch nach meiner damaligen Einsicht nicht möglich. Trotzdem tat ich den Ausspruch. Erfolgte daher meine Kriegserklärung auch nur mit gutem Gewissen? War meine Selbstbehauptung wenigstens echt? Der Ausspruch ist mir sicher nur darum im Gedächtnis geblieben, weil er ein ungewöhnliches Maß von Widersinn enthielt. Noch dazu war der Widersinn tendenziös, und er war nicht einmal ganz unbewußt.

Später habe ich mir Feindschaften, meine eigenen und andere, oft daraufhin angesehen, ob sie nichts mit dem Wunsch, Huttenianer zu bleiben, zu tun hatten. Ebenso begegnete ich nationalen Abneigungen und allen übrigen schlechten Beziehungen dieser Welt. Es hilft freilich wenig. Nicht einmal meine selbstgeschaffenen habe ich darum immer vermeiden können, denn es gibt Konventionen und konventionelle Mißgriffe. Aber ich stehe ihnen innerlich mit solchen Zweifeln gegenüber, als versteckte sich in ihnen doch nur wieder ein kleiner Huttenianer, der es bleiben will.

2

Es war eine kleine Geige, nichts Besonderes, aber rotbraun lackiert und mit richtigen vier Darmsaiten. Der Bogen wurde wie jeder andere mit Kolophonium bestrichen, dann entlockte er in der Hand eines Knaben dem Instrument Töne, die vielleicht kratzten; aber hörte er sie nicht mit einem inneren Ohr, vor dem sie sanft und rein wurden?

Stellenweise beglückten ihn die Töne wie ein selbsterlebtes

Wunder. Das bin ich! Das kann ich! Die Geige war ein Instrument des Selbstgefühls. Natürlich verlor sie bei Gelegenheit diese Kraft. Jemand, der zuhörte, verzog vielleicht das Gesicht, und nicht einmal dies war nötig. Er selbst hörte plötzlich nicht mehr mit dem gefälligen inneren Ohr, sondern die anderen beiden, an seinem Kopf befestigten, versicherten ihm nüchtern und mißgelaunt, daß er auf seiner Geige abscheulich kratze. Vernehmlich ward die vorher mit bewundernswerter Seelenkraft unterdrückte Erkenntnis, daß er das Geigenspielen niemals erlernt hatte; daß seine Geige übrigens nur ein Spielzeug für Kinder, er selbst geradezu ein Kind und ohnmächtig war. Die Wahrheit siegte über ihn.

Dennoch beruhte das Versprechen, glücklich zu sein, das wir uns jeden Tag geben, für ihn damals auf der Geige. Des Morgens vor der Schule nahm er sie noch einmal aus dem hübschen polierten Schreibpult, wo sie in Sicherheit ruhte. Jetzt mochte es in der Rechenstunde noch so tragisch zugehen, die Geige wartete auf ihn trotz allem.

Dies glaubte er. Aber sie wartete keineswegs. Sie ließ sich inzwischen von seinem jüngeren Bruder spielen. Der Kleine ging noch nicht zur Schule, er hatte Zeit, die Geige zu spielen. Ihr war es recht, der eine war ihr so recht wie der andere, und den großen Virtuosen ließ sie jeden machen. Das polierte Schreibpult war nicht verschließbar. Der kleine Bruder reichte nicht ganz hinan, aber jemand klappte für ihn den Deckel auf und gab ihm die Geige. Wer? Es war eine hassenswerte Tat, das Unrecht selbst. Derselbe Unbekannte legte die Geige auch wieder hinein; dann war aber meistens schon eine Saite gesprungen. Wer war es, der dem Kleineren half?

Der Größere erfuhr es nicht, weder von dem Kleinen selbst noch von ihrer Mutter, noch von dem Hausmädchen. Jeder würde es ihm gesagt haben, sogar der Kleine. Sie hätten ihm nur einiges Wohlwollen ansehen müssen, oder er durfte doch nicht gerade diese Unbeugsamkeit, diesen unbeugsamen

Rechtssinn zeigen. Sein Zorn, wenn er aus der Schule heimkam und die Geige benutzt fand, war heftig, und er war in abschrekkender Weise gekennzeichnet vom Bewußtsein erlittenen Unrechts und der eigenen Unangreifbarkeit.

Dadurch wurde der kleine Bruder nur verstockt. Das Hausmädchen leugnete alles. Die Mutter des Knaben aber wandte sich strafend ab und wollte nichts hören. Ihr Blick und ihre Haltung straften – wen? Nicht den, der das Unrecht beging, nein, den Leidenden. War es nicht, um an allem zu verzweifeln?

Er spielte nicht mehr Geige. Er saß und weidete seinen Zorn und seinen Schmerz an den Schäden des Instrumentes. Schon hatte es einen Riß. Sie war sein Glück gewesen oder mindestens doch das tägliche Versprechen des Glücks, das wir brauchen. Im Augenblick hatte er kein anderes. Daher haßte er alle, die an dem Raub vielleicht beteiligt waren. Eifersucht quälte ihn, denn ihre Mutter schützte nicht ihn, sondern den anderen. Sein Sinn für Gerechtigkeit war beleidigt in seiner eigenen Person, wo er bei jedem am sichersten zu beleidigen ist.

Dazu war er ein Kind und konnte nicht wissen, daß erstens seine eigenen Fehler mitwirkten an seinem Unglück. Ferner war ihm unbekannt, daß Gerechtigkeit keine normale Tatsache dieser Welt ist und daß nicht einmal die Mutterliebe sich jederzeit richtig verteilen läßt. So spielte er denn nicht mehr Geige und sah auch sonst keinerlei Ausweg.

Es kam nun einfach so, daß eines Tages bei seiner Heimkehr aus der Schule die Geige in mehrere Stücke zerbrochen dalag – und daß er bei diesem Anblick endlich Tränen fand. Er hatte bisher nicht geweint, weil doch der Kleine den Großen nicht zum Weinen bringen darf; es wäre zuviel Ehre.

Als er jetzt nicht mehr aufstampfte und sein Recht forderte, sondern nur weinte, fühlte er auf einmal um seinen erhitzten Nacken einen kühlen Arm. Das war seine Mutter. Jetzt war sie bei ihm und tröstete ihn. Sie sagte trostreich:

»Siehst du. Ob sie dir allein gehört hat oder euch beiden, jetzt ist sie kaputt.«

Ihre Worte mochten vielleicht nicht vollkommen logisch sein, ihm waren sie Erleuchtung. Er fühlte, indes seine Tränen allmählich aus Tränen der Trauer zu Tränen der Beschämung, endlich aber zu Tränen der Freude wurden, es sei kindisch, was er getan hatte. Es sei kindisch, sei nutzlos und trage zum Glück nichts bei, besitzen und nicht mitteilen zu wollen. Den Erwachsenen traute er zu, sie wüßten dies und handelten anders.

IV
Das verlorene Buch

Kinder haben alles neu zu erlernen, besonders die Gefühle ihres Herzens. Die ersten Leiden kommen über sie wie aus anderen Welten, die erste Sehnsucht ist ein unfaßliches Märchen.

Als Kind besaß ich einmal, vielleicht acht Tage lang, ein Buch mit Liedern, Bildern und Geschichten. Ich hatte es von meiner Großmutter bekommen, wollte es bei ihr auch lesen, sooft ich hinkäme, und ließ es daher in ihrem Hause, das weitläufig war. Dort konnte schon etwas verlorengehen.

Überdies hielt meine Großmutter eine Sonntagsschule. Viele Kinder verkehrten in den Gartenzimmern ihres Erdgeschosses, sangen mit ihr und hörten sie die Bibel erklären. Es waren arme Kinder, wenigstens Bücher bekamen sie kaum geschenkt, außer von meiner Großmutter. Die meisten lieh sie ihnen aus einer eigens angelegten Bibliothek. Mein Buch kann hineingeraten sein. Dann schien es den jungen Entleihern gewiß noch reizvoller als »Rosa von Tannenberg« oder die Zeitschrift »Quellwasser«. Genug, ich sah es nicht wieder.

Ich hatte es gewöhnlich geliebt, ja, hatte es im Hause meiner Großmutter vielleicht aus Liebe zurückgelassen, damit ich es jedesmal wieder vorfände, wie neu geschenkt. Nachdem ich mein Buch verloren hatte, träumte ich von ihm, bereute furchtbar, es verschenkt zu haben, und weinte um seine Schönheit sogar im Schlaf. Nie aber sprach ich den Wunsch aus, es nochmals zu bekommen. Ich nannte es so wenig, als wäre es nie wirklich dagewesen.

Im Lauf der Jahre erbat und bekam ich viele andere Bücher, nicht dieses – vergaß es dabei nie, dachte nie ohne Herzklopfen an seinen Zauber, diesen, als es verlorenging, noch nicht erschöpften Zauber, der mit der Zeit geheimnisvoll ward.

Viel später, als ich meine Tochter mit Büchern zu versorgen hatte, erinnerte ich mich sofort des einen, das mir verlorengegangen war. Aus unbekannten Gründen habe ich ihr grade dieses nie gekauft. Jetzt ist auch sie schon aus den Jahren, in denen man es liest.

V
Herr Gewert

Herr Gewert war ein schöner Mann, schwarzhaarig und bleich. Die jugendliche Kraft seiner Gestalt litt nicht unter ihrer beginnenden Fülle. Er trug gute Kleider. Ich unterschied ihn dennoch von den Herren der Gesellschaft. Ich war höchstens sechs Jahre alt, aber Herr Gewert hatte auf der Straße einen zu lockeren Gang. So gingen Konsul Plessen und mein Vater nicht. Sie grüßten weder so schwungvoll, noch so tief, sie sahen sich auch nicht nach den Damen um. Dies alles fiel mir auf, weil ich Herrn Gewert täglich mit meinen Blicken folgte. Er bog zu einer Stunde des Vormittags, ich hätte sie nicht angeben können, in die Beckergrube. Dort hinaus gingen die Fenster meines Kinderzimmers. Entweder betrat er den Blumenladen, der auf meiner Seite, nur wenige Häuser weiter unten lag, oder er verschwand gegenüber im Eingang des Theaters. Herr Gewert war der Sohn der Blumenfrau und spielte im Stadttheater mit. Beides erhob ihn für meine Wißbegier über die Allgemeinheit.

Hätte er nicht ebensogut der Sohn des ehemaligen Klempnermeisters sein können? Dieser war mein sichtbarster Nachbar, er hing meistens mitsamt seiner langen Pfeife drüben aus dem Fenster. Es war sein eigenes Haus, wie mir bekannt war, es hatte Spiegelscheiben, war viereckig und mit Ölfarbe gestrichen. Er selbst trug ein besticktes Käppchen, einen Schlafrock, trieb kein Geschäft mehr und brauchte nur noch zu rauchen. Von den Bewohnern der Straße beschäftigte er mich am meisten neben Herrn Gewert. Trotzdem war dieser nicht sein Sohn, er gehörte vielmehr der Blumenfrau, ich fand nicht heraus, warum. Auch mein Mädchen Mine konnte es mir nicht sagen. Sie hatte dunkelrote Backen, kam vom Lande und sollte einen Gärtner heiraten. Ihre Kenntnis von Welt und Menschen war gering. Ich fragte sie noch vieles, was sie nicht zu beantworten verstand und was uns beiden unerklärlich blieb. Unser Haus war das zweite vor der Straßenecke, vorn hatte es Fenster in der Breiten Straße, hinten in der Beckergrube. Das kleine Eckhaus aber schob sich im Winkel hinein; ich war überzeugt, das unsere müsse es unsichtbar im Bauche haben. Einmal hätte das fremde Haus sich doch öffnen sollen mitten in unserem, und die fremden Kinder wären hervorgetreten. Indessen Mine begriff mich hier noch weniger.

Andererseits behauptete sie, zu wissen, was ein Theater ist. Das Stadttheater stand drüben in der Front. Es war ein Haus wie alle, nur breiter. Ich erspähte es, wenn ich das Gesicht fest andrückte an den äußersten Rand der Scheibe. Mit weniger Mühe konnte ich die Börse sehen, die noch vorher kam. Auch war ihre Bestimmung leichter zu erfassen, denn mein Vater ging hin. Oft stand er mit vielen anderen Herren auf dem Bürgersteig, es war, bevor wir zu Mittag aßen. Die Börse war vorhanden, damit Papa von dort zum Essen kam. Dies leuchtete mir ein. Was aber tat Herr Gewert im Theater? Mine behauptete, er spiele dort mit. Hiergegen sprach, daß alles mir bekannte Spielzeug klein war und sich in den Händen von Kindern befand. Jetzt sollte ein ganzes Haus voll von Spielsachen sein, und es waren Erwachsene, die sich mit ihnen befaßten!

Diese Leute verweilten unfern den Herren der Börse des längeren auf dem Bürgersteig, oft versammelten alle sich gleichzeitig. In dem kleinen Gedränge, das täglich einmal die Stille der Straße unterbrach, suchte ich mit derselben Aufmerksamkeit meinen Vater wie Herrn Gewert. Ich teilte meiner Mine mit, daß Papa nächstens nach Hause käme, aber auch Herr Gewert werde jetzt gleich zum Essen hinübergehen in den Blumenladen seiner Mutter. Darauf, so versicherte ich ihr, beruhe das Dasein des Theaters. Es habe denselben Sinn wie die Börse, man gehe von dort zum Essen. Sie widersprach mir hierin. Sie verwies auf gewisse Abendstunden, wenn ich schon schliefe. Dann werde das Theater mit Gas beleuchtet, wer schon groß sei, dürfe hineingehn, und es geschähen dort Dinge. Unglücklicherweise war sie außerstande, mir die Dinge faßlich darzustellen. Daher kam es, daß ich mich abends im Bett vor ihnen ängstigte.

Mine hatte das Zimmer verlassen. Das Nachtlicht, das in seinem Öl schwamm, erhellte kaum ein wenig den Tisch und was davorlag. Aus der Dunkelheit eilten Gestalten an dem Tisch vorbei. Es ging sehr schnell und immer schneller, es waren nur Schatten, ja, am Tisch vorbeigelangt, wurden sie weniger als das, obwohl die Gewißheit ihrer Gegenwart mich nie verließ. Hatten indes die Gestalten ihre höchste Geschwindigkeit erreicht, dann verflossen sie zu einer einzigen, und diese war Herr Gewert. Am dritten oder vierten Abend wurde es mir klar. Nicht, daß ich ihn wirklich erkannt hätte. Er blieb dunkel und ungestüm. Seine Runde durch das Zimmer war eher die eines Vogels als die eines Menschen. Niemals zeigte er sein Gesicht. Dies verhinderte schon sein Mantel, ein ungewöhnlicher

Mantel, vielmehr ein Stück Tuch oder auch nur ein Stück Dunkelheit, das ihn dicht umgab. Er schien es mit einer Hand zusammenzuhalten, daher das fahle Aufleuchten dort, wo er an seine Brust griff. Was hielt die Hand, daß sie im Dunkeln zu blitzen vermochte? Ich lehnte mich aus dem Bett, um endlich Herrn Gewert zu erkennen. Er ließ es nicht zu, aber ich war ohnedies meiner Sache gewiß. Mir fiel auf, daß ich mich nicht mehr fürchtete, schon seit einiger Zeit nicht, seit ich wußte, es sei Herr Gewert. Allmählich erwartete ich sein abendliches Auftreten zu meiner Unterhaltung und mit Gefühlen der Freundschaft. Wenn wir genug hatten, ich, ihm zuzusehn, er, mir vorzuspielen, trennten wir uns. Er verschwand, während ich einschlief. Ich sprach von diesen Vorgängen nie zu meinen Eltern und nicht einmal mit Mine.

Meine Eltern wußten freilich, wie sehr das Haus drüben, worin Theater gespielt wurde, mich in Spannung erhielt. Sie kannten auch meine Teilnahme für den Sohn der Blumenfrau. Hatten sie den Eindruck gewonnen, als arbeitete meine Phantasie übermäßig? Eines Tages kündigten sie mir an, daß ich mit ihnen in das Theater gehen werde. Genauer, meine Mutter sagte es mir, als ich schon zu Abend aß. Sie hatte nicht gewollt, daß ich länger als nötig in erregenden Vorstellungen lebte. Ich freute mich, wie sie es erwartet hatte, aber nicht mehr. Sollte ich Herrn Gewert drüben sehen, dann versäumte ich offenbar seinen Besuch bei mir im Zimmer. Ich zweifelte, was vorzuziehen sei. Erst, als ich Mama angekleidet sah, sie streifte ihre langen Handschuhe über, da ward mir bewußt, daß das Größte bevorstand. Ich war gewaschen, mein bester Anzug war hervorgeholt. Auch Mine hatte sich festlich gestaltet. Nachgerade klopfte mir das Herz, da kam Papa in Eile wie immer und fragte: »Seid ihr fertig?«

Wir bestiegen einen Wagen. Der Weg betrug nur wenige Schritte, sogar von Kinderschritten nur wenige. Aber es lag viel Schnee, und die Laternen waren selten. Die Beckergrube fiel steil ab, daher fuhr Kutscher Ehmann ganz langsam. Ich fragte unaufhörlich, ob wir noch zur Zeit kämen. Meine Unruhe stieg, weil ich die Straße nicht wiedererkannte. So spät war ich noch niemals draußen gewesen. Fuhr Ehmann keinen falschen Weg? Dennoch langten wir an. Woran ich nicht gedacht hatte, noch andere trafen ein. Meine Eltern begrüßten so gut wie alle, ich hatte Herren und Damen die Hand zu geben, unzählige Bücklinge mußte ich machen. Darüber vergaß ich für den Augenblick meine ganze Erwartung. Als wir eine Treppe hinaufgegangen waren, fand ich sie wieder. Wir saßen, wie ich erfuhr, in einer Loge. Mein Stuhl stand möglichst nahe an ihrem geöffneten Rand. Mama hielt mich am Arm fest, noch bevor ich mich hinausbeugen konnte, was dennoch alsbald geschah. Ich ging mit dem Blick der rot gepolsterten Brüstung nach und fand, daß sie ringsumlief. Dahinter standen viele Zimmerchen geöffnet, wie das unsere. Sie waren rot ausgeschlagen, ich überzeugte mich schnell von der Farbe des unseren. »Wo ist Herr Gewert?« fragte ich eifrig.

Man ließ es mich oft wiederholen, meine Eltern sprachen mit denen, die nebenan saßen. Ein alter Herr, den ich auf der Straße grüßen mußte, steckte seine Hakennase hinter der Wand hervor und fragte mich mit seinen dünnen Lippen:

»Dann willst du dir also das Nachtlager von Granada ansehn?«

»Ich will Herrn Gewert sehn«, antwortete ich. »Wo ist Herr Gewert?«

»Er kommt noch«, sagten nacheinander der alte Herr und meine Eltern. Ich gab mich nicht zufrieden.

»Wo ist Herr Gewert?« rief ich laut.

Sie versuchten mich zu beruhigen und zeigten auf eine geschlossene Wand, hinter der Herr Gewert nach meinem Ermessen nicht sein konnte. Dann hätte ich ihn nie zu Gesicht bekommen. Daher verlegte ich mich darauf, ihn selbst zu entdecken. Die roten Zimmerchen ringsum enthielten viele Menschen. Gewöhnlich saßen vorn zwei tiefentblößte Damen, die ihre Fächer bewegten. Damit verdeckten sie mir die Herren, die sich rückwärts aufhielten. Überdies brannten Gaslampen gelb und unruhig unter der Brüstung, ihr Licht zeigte mir die Bewohner der Logen wie große Puppen, von denen manches unerhellt blieb. Sie funkelten hier und dort. Die Hälfte eines Gesichts erschien auf einmal grell. Ach! Herr Gewert war es nicht. Der Kronleuchter unter der Decke bestand aus den Kuppeln zahlreicher Lampen. Sie streuten einen gelblichen Schein aus, nur drang er nicht bis in die Tiefe der Logen. Dieses halbe Gesicht blieb grell, aber unbekannt. Jener andere Herr dagegen stand lässig und locker, die Hüfte herausgebogen, hinter seiner Dame. Er war zu sehn vom Knie bis an seinen niedrigen Umlegekragen mit der großen Krawatte. Nichts vom Kopf – mich überkam gleichwohl die Eingebung, dieser sei Herr Gewert. Ohne Bedenken verkündete ich es.

»Herr Gewert!« rief ich hell hinüber.

Meine Eltern verboten es mir dringend. Ich wollte mir meine Entdeckung von ihnen bestätigen lassen, sie ihrerseits verlangten, daß ich schweige. Mine! Mir blieb noch Mine, wo war sie? Verwirrt bemerkte ich, daß ich sie seit dem Eintritt in die Loge aus dem Auge verloren und vergessen hatte – zum erstenmal im Leben. »Mine!« Dies klang schrill wie Angst. Mir wurde daraufhin gedroht, man werde mich nach Hause schicken. Als sie mich ratlos weinen sah, erklärte meine Mutter mir mitleidig, Mine sitze über uns im zweiten Rang. Ein zweiter Rang! Ich hatte ihn noch nicht beachtet. Wie ich senkrecht hinaufsah, traf ich auf das Gesicht Mines. Sie reckte es so weit hinab, wie ich meines hinaufreckte. Beide waren wir bewegt durch die Trennung und das Wiedersehen. Daher riefen wir uns einige Male laut beim Namen. Hierauf unterrichtete ich Mine davon, daß Herr Gewert gefunden sei. Sie wenigstens glaubte mir, ihr Mund bewegte sich mit offenbarer Zustimmung. Leider verhinderte laute Musik mich plötzlich, Mine zu verstehen. Zugleich holte die Hand meiner Mutter mich auf meinen Sitz zurück.

Erregt wollte ich wissen, was jetzt käme.

»Du hörst es doch, Musik. Sei still!«

»Aber Herr Gewert!«

»Der hat noch Zeit«, sagte Mama.

»Er macht sich inzwischen ein braunes Gesicht«, flüsterte hinter mir mein Vater.

Dies brachte mich zum Schweigen, weil es zu abgründig schien, um Fragen zuzulassen. Herr Gewert, kein weißes Gesicht mehr, ein braunes wie der Mohr im Bilderbuch? Als ob dies nicht genügte, öffnete sich auch noch die Wand, der ich es nie zugetraut hätte. Sie rollte hinauf, ein buntes Bild erschien. Mir verschlug es augenblicklich die Rede. Ich hätte nicht geglaubt, daß irgend etwas in der Welt so schön sein könnte, und dies, obwohl ich nichts erkannte. Es war vielleicht gerade darum schön – außerdem aber, weil es mir Lust, eine bange Lust machte, selbst dorthin zu gelangen. Zum erstenmal erblickte ich die Ferne. Ich starrte darauf und fand sie immer ferner. Überdies konnte jeden Augenblick die Wand wieder zugehen. Ich bemerkte auch Menschen, weil sie sich bewegten, aber es waren andere Bewegungen und andere Menschen. Den Mund geöffnet und ohne Augenblinzeln nahm ich alles in mich auf. Es blieb unklar, packte mich aber darum nur stärker.

»Singen sie schön?« fragte meine Mutter.

Ich hatte noch nicht erfaßt, daß sie sangen. Angstvoll fragte ich: »Geht jetzt die Wand wieder zu?« – überhörte aber die Antwort Mamas, denn der singende Mann war Herr Gewert. Mir kam auf einmal die Gewißheit, nicht weniger unwiderruflich als vorhin bei dem Herrn ohne Kopf.

»Herr Gewert!« rief ich.

Die Musik war zu laut, er hörte mich nicht. Wenigstens sollte meine ganze Umgebung es erfahren, ich teilte es meinen Eltern mit, auch Mine droben mußte belehrt werden.

»Beruhige dich«, flüsterte Mama inständig und umfaßte meine Schultern. »Er ist es nicht«, flüsterte sie.

»Hansnarr«, sagte Papa. »Suche mal unter den Räubern!«

Wo waren die Räuber, als Papa dies aussprach? Erschienen sie in dem Stück gleich anfangs oder traten sie erst auf, als der Vorhang zum zweitenmal aufgegangen war? Das sind Fragen von heute. Damals unterschied das Kind noch nicht die Reihenfolge der Ereignisse, sie geschahen ihm alle gleichzeitig. Aber es suchte voll Leidenschaft unter den Gestalten, die sich sichtlich in böser Absicht an einen schlafenden Herrn heranschlichen. Wer hätte es gedacht, da war er. Herr Gewert war ein Räuber. Von hinten aus dem Dunkel schlich er, und in seinem Mantel war nur die Hälfte seines Gesichtes zu sehen, aber ich erkannte es. Der Mantel war in ungewöhnlicher Art um ihn geschlagen wie ein Stück Tuch oder auch nur wie ein Stück Dunkelheit. Wo er ihn aber zusammenhielt, leuchtete es fahl auf. Er zog die Hand hervor, und das Messer blitzte.

»Ist es ein Messer?« fragte ich diesmal flüsternd.

»Es ist ein Dolch«, antwortete meine Mutter.

Da begriff ich, daß dies alles in meinem Zimmer vorgegangen war, schon oft, ehe ich einschlief. Herr Gewert war nicht nur ein Räuber; er hatte mich auch einweihen wollen in das, was er war. Er war an mein Bett getreten – ich meinte, nur aus der Beckergrube. Aber er kam nicht von der Straße, er kam fernher. Er war ein verwegener, dabei düsterer Mann. Abenteuer und Märchen hatten ihn begleitet, auch wenn er nur unter meinem Fenster vorbeiging. Erst jetzt, da er offen seine wahre Gestalt zeigte, verstand ich ihn. Ich verstand seine Schönheit, seine schwungvollen Grüße und alles, was ihn im Wesen unterschied von Konsul Plessen und meinem Vater. Von mir? Von mir unterschied ihn nichts. Ich verband mich ihm, ich ging in ihm auf, indes mein Blick ihm inständig folgte. Jede seiner Bewegungen war mein eigenes Schicksal. Nur daß er sang, und daß ich stumm blieb. Er sang mit den anderen Räubern;

der Herr, in dessen Schlafzimmer sie eingedrungen waren, hätte leicht davon erwachen können. Ich wußte nicht: sollte ich es wünschen oder es fürchten? Zu erwarten war ein unfaßbares Erlebnis, ob Unglück oder Glück. Ich ließ es nahen. Ich selbst stand atemlos unter dem Schicksal.

Es geschah aber, daß die Räuber sich zurückzogen und flüchteten, Herr Gewert als letzter. Ich wollte glauben, er habe mich angesehen, sein Abschiedsblick, bevor er fliehen mußte, habe mir gegolten. Hier brach mein Gefühl aus, keine Rücksicht auf Ort und Menschen konnte es noch aufhalten.

»Herr Gewert!« rief ich gellend. Ich rief es ihm nach, um ihn zurückzuholen, und auch an das Haus wandte ich mich, damit alle Leute mir helfen möchten. Mein Vater packte mich beim Arm, meine Mutter versuchte mir den Mund zu schließen. Ich erwehrte mich aller Fesseln und schrie weiter nach Herrn Gewert. Meine Stimme war überall zu hören trotz Musik. Aus den Logen reckten sich Köpfe nach mir, man lachte oder zischte. Es schien, daß ich das Maß überschritten hatte, meine Eltern befahlen nur noch »Komm!« – und wie verzweifelt ich mich umherwarf auf meinem Sitz, sie zerrten mich fort. Die Tür klappte zu, ich lag draußen.

Schon war Mine zur Stelle, sie bemühte sich, das Kind aufzuheben vom Boden, wo es sich noch verteidigte. Wenn es einmal aufhörte, mit Armen und Beinen um sich zu schlagen, prüften seine verzweifelnden Augen die Tatsachen. Die Eltern unerbittlich hinter jener Tür, Herr Gewert aber, Herr Gewert verloren! Dies ergab eine neue Flut der Gefühle, und Mine warnte:

»Sei nicht eigensinnig! Das macht alles dein Eigensinn!«

Denn im Geiste Mines erklärte ein einfaches Wort die vielfältigsten Vorgänge. Da lag ich als machtloses Kind, und unterbrochen war mein wunderbares Erlebnis. Herausgerissen war ich aus der Vereinigung mit Herrn Gewert. Ein selbstgeschaffener innerer Aufbau war zerstört, nicht anders, als stieße ein fremder Finger mir mein Kartenhaus ein. Ich war unglücklich, aber litt ich nur um mich selbst? Ich litt auch um Herrn Gewert, er war unter denen, die mich den allgemeinen Schmerz lehrten, der erste. Daher begann ich wieder um mich zu stoßen, und Mine beklagte nochmals meinen Eigensinn.

Plötzlich stand ich freiwillig auf und ging mit. Ich eilte sogar. Denn der Gedanke hatte mich erfaßt, daß Herr Gewert doch geflüchtet war. Wenn er aber flüchtete und wahrscheinlich noch immer lief, wohin dann? Aus dem Haus fort offenbar, die Straße hinan ohne Zweifel, den Weg, den er täglich ging und kam. Nur diesmal kehrte er nicht wieder. Er hatte seinen Mantel um sich geworfen bis unter seine Augen und entschwand weiter mit jedem Schritt, entschwand ins Dunkel, und nie sah ich ihn mehr. Ihm nach, nur ihm nach! Ich war voll Hoffnung. Schon baute das zerstörte Kartenhaus sich von selbst wieder auf.

Mine, die mich an der Hand hielt, wurde von mir mitgezogen, über die Treppe aus dem Theater und durch den Schnee.

»Schnell!« forderte ich. »Herr Gewert läuft fort.«

Sie versuchte, es zu leugnen, aber ich glaubte ihr nicht, und sie selbst war von ihren eigenen Worten weniger überzeugt als von meinen. Dies wurde mir klar, als sie sagte:

»Er kann doch besser laufen als du.«

Hierin sah ich eine Aufforderung und beschleunigte meine Gangart. Ich rannte, wie ich konnte, und Mine hinter mir. Sie hatte meine Hand losgelassen, es kam ihr nur noch darauf an, nicht hinzufallen. Wir streckten uns dennoch beide mehrmals auf die glatte Bahn. Das Wiederaufstehen geschah schweigend. Mine schwieg aus ehrlichem Eifer. Ich aber berechnete auch, daß ich nicht weinen durfte, sonst hätte sie mich nach Hause gebracht. An der Ecke, wo es zu unserem Haus ging, wies ich heftig in die entgegengesetzte Richtung.

»Dort – dort läuft er!« rief ich atemlos.

Wahrhaftig erkannte ich das Schwingen seines Mantels,

einen Augenblick, bevor es aus dem schwachen Licht einer Gaslaterne wieder ins Dunkel tauchte. Auch Mine mußte es gesehen haben, denn sie wandte nichts ein. Erst als wir über einen Schneehaufen gestürzt waren, zweifelte sie.

»Er war es wohl. Aber jetzt kriegst du ihn nicht mehr.«

Statt einer Antwort rannte ich weiter. Mine überholte mich, so groß waren mittlerweile ihr Ehrgeiz und ihre Teilnahme. Ich verdoppelte nur meine Anstrengungen. Menschen begegneten uns nicht bei unserem Wettlauf. Endlich gingen wir langsamer, keuchten und sahen uns an. Keiner von uns dachte daran, umzukehren. So gelangten wir zuletzt bis an das Tor der Stadt. Dort blieben wir stehen. Ich spähte hinaus in die Dunkelheit; sie schien mir ungeheuer. Die Bäume der Allee versanken darin ganz plötzlich. Am Rande der weiten Wiesen, wo ich Häuser wußte, stand einzig der schwarze Himmel. Die gelben Punkte entfernter Lichter verstärkten nur den Eindruck des Unerreichbaren. Ohne es zu wissen, hatte ich mich zurückgezogen.

»Jetzt hast du wohl Furcht?« bemerkte Mine nicht ohne Herausforderung.

»Du auch«, behauptete ich zu meiner Verteidigung. Sie sagte ehrlich:

»Auf dem Gemüsekarren bin ich den Weg schon oft gefahren – mitten in der Nacht, und ich war nicht viel älter als du.«

Um mich vollends zu beschämen, machte sie mutig einige Schritte aus dem Tor. Sie kehrte aber um.

»Das geht nun doch nicht«, erklärte sie, und in diesem Augenblick erwachte wieder ihr Pflichtbewußtsein. Ich versuchte nichts mehr dagegen, ich weinte.

»Heule auch noch!« sagte sie abschätzig. »Das kommt alles von deinem Eigensinn.«

Diesmal sollte das mir verhaßte Wort erklären, weshalb wir beide uns zu einer Stunde, da ich längst hätte schlafen müssen, am Ende der Stadt befanden. Ich fühlte, daß damit in Wirklichkeit nichts erklärt sei, aber ich weinte nur. So traten wir den

Rückweg an. Jetzt zog Mine mich an der Hand hinter sich her, und ich machte mich schwer. Der Grund war, daß ich mich von Herrn Gewert jetzt entfernte, anstatt mich ihm zu nähern. Der andere Grund war, daß ich es aufgegeben hatte, ihn zu erreichen, sobald Gefahren sich einstellten. Ihm aber drohten alle Schrecken, in die ich kaum einen schüchternen Blick gewagt hatte. Er irrte als gehetzter Schatten durch die Ängste der Dunkelheit und geriet nur noch tiefer hinein. Mich verließ er. Er überschritt die Grenzen meiner Vorstellung, er war mir verloren, und verschuldet hatte ich es selbst. Wer konnte dies je wiedergutmachen?

Ahnte Mine dennoch die Tiefe meines Kummers? Vielleicht beschäftigten sie eigene Sorgen, und nur darum versuchte sie es im guten mit mir. Jedenfalls wurde sie milder und fast vertraulich.

»Paß auf, daß du nur ja im Bett bist, wenn deine Eltern nach Hause kommen, sonst ist es eine schöne Geschichte.«

Ihre wohlgemeinte Warnung trieb mich tatsächlich an, und wir gelangten recht und schlecht bis in die Nähe unserer Straßenecke. Auf dem Wege schon war die Warnung vergessen, ich verfiel in neues Schluchzen, ja, sträubte mich nach Kräften, um nicht von Mine hinübergezerrt zu werden, und schrie dabei laut. Mehr als mein Widerstand hielt mein Geschrei sie von ihrem vernünftigen Vorhaben ab. Dies begriff ich und ward um so lauter.

»Was werden die Leute denken?« flüsterte sie ängstlich und betrachtete bald die stummen Häuser, bald das Kind, das sich auf den Boden gesetzt hatte.

»Was willst du denn noch?« fragte sie.

Da ich es nicht wußte, konnte ich ihr nicht antworten. Sie verschränkte die Hände über der Brust, als ob sie beten wollte. Ihr gesammelter Geist fand dann auch die richtigen Worte:

»Es war doch alles bloß Unsinn«, entschied sie. »Herr Gewert ist gar nicht fortgelaufen. Warum sollte er fortlaufen?«

›Weil er ein Räuber ist‹, wollte ich erwidern, aber sie ließ mich nicht.

»Er gehört in den Blumenladen«, entschied sie, »und du gehörst in dein Bett.«

Ihr überlegener Ton blieb wieder nicht ohne Wirkung auf mich, ich erhob mich und begleitete sie bis auf die andere Seite. Dort freilich stemmte ich mich gegen die Wand des kleinen Hauses, das sich so rätselhaft in das unsere hineinschob. Es gab mehr Rätsel, wie mir rechtzeitig einfiel. Worte, selbst die eindrucksvollsten, lösten sie nicht alle auf.

»Es ist nicht wahr«, erwiderte ich fest. »Herr Gewert ist nicht im Blumenladen, er läuft!«

In Wahrheit zweifelte ich hier zuerst, ob jemand, und sei es Herr Gewert, so lange laufen könne; und die Festigkeit meiner Sprache hatte ihren Grund gerade in meiner Ratlosigkeit. Mine war zu einfach, um mich zu durchschauen. Auch drängten ihre eigenen Sorgen sie zur Eile.

»Was soll ich mit dir noch machen?« warf sie hin, und zu meiner größten Überraschung begann sie die Beckergrube hinunterzueilen, fort von unserem Haus und von mir. Ich sah ihr nach, ohne sie zu begreifen. Die Furcht, allein zu bleiben, setzte mich dennoch in Gang. Als ich sie einholte, blieb sie stehen, es war vor dem Blumengeschäft, das der Mutter Herrn Gewerts gehörte.

Das Blumengeschäft lag dunkel hinter seiner Glastür. Mine klopfte an die Scheibe. Wir warteten, und sie klopfte stärker. Da ging im Hintergrund eine Tür auf, die alte Frau sah aus der Stube. Ihre Gestalt verdeckte das Zimmer, in dessen Eingang sie sich vorneigte, um nach uns auszuspähen. Da sie nichts gewahrte, wendete sie sich um und bewegte sich auf einen Tisch zu. Daran saß jemand. Die Frau streckte den Arm nach der Lampe aus. Bevor sie zufassen konnte, hatte ich Herrn Gewert erkannt. Er saß und aß.

Er war kein Räuber mehr, sondern wieder derselbe Mann,

der täglich durch diese Straße kam. Nichts Besonderes war an ihm, eher fand ich ihn gewöhnlicher aussehend als bisher. Er bestand keine Abenteuer und Märchen, ich mußte es erkennen. Weder Feinde noch Verfolger jagten ihn in dunkle Fernen, aus denen er auch schwerlich stammte, ich gestand es mir ein. Der Anblick des ruhig essenden Herrn Gewert ernüchterte mich und erfüllte mich mit Trauer. Gleichzeitig aber wurde mir davon leichter. Nur sehen sollte er mich nicht. Bevor seine Mutter mit der Lampe den Laden betreten hatte, war ich schon auf dem Rückzug.

Ich lief nicht; ich verließ die Stätte, obwohl hastig, mit einer gewissen Würde, denn ich fühlte mich im Recht. Herr Gewert war in Wirklichkeit nicht, was er hatte scheinen wollen. Ihm fiel zur Last, wieviel ich diesen Abend und sogar wieviel ich alle diese Abende seines heimlichen Besuches an meinem Bett erlebt und erlitten hatte. Ich dachte jetzt, er sei es nicht wert gewesen – was falsch war. Sie sind es immer wert.

Als Mine unsere Haustür erreichte, stand ich schon eine Weile in den Winkel gedrückt, den Rücken nach außen, als verbüßte ich eine Strafe.

»Hast du ihn gesehen?« fragte sie zornig und dennoch leise. Denn auch ihr war nicht wohl zumute. Wir gelangten aber in unser Zimmer, ohne meinen Eltern begegnet zu sein. Daraus schöpfte sie für sich die Berechtigung, mich mit Vorwürfen zu überhäufen. Ich ließ mich entkleiden und antwortete nicht. Sie hielt es für den bewußten Eigensinn, der sie wehrlos machte. Daher verließ sie mich und nahm die Kerze mit. Ich schlief sofort ein.

Am Morgen erinnerte ich mich nicht gleich des Theaters, und über Herrn Gewert nachzusinnen lag mir fern. Er gab mir niemals wieder zu denken, ich konnte ihn seither unter meinem Fenster vorbeischlendern sehen, ohne mehr Teilnahme als für jeden anderen. Der ehemalige Klempnermeister mit seiner langen Pfeife stand mir fortan näher als Herr Gewert. Immerhin erfuhr ich seinetwegen an jenem Morgen noch eine Aufregung, denn mein arg beschmutzter Sonntagsanzug wurde von meiner Mutter entdeckt, bevor Mine ihn hatte reinigen können. Mama fragte streng nach der Ursache. Ich schwieg, während Mine zu lügen versuchte. Meinem Gesicht entnahm Mama, daß sie getäuscht werden sollte. Sie verhieß mir nach ihrer Gewohnheit, das werde Papa erfahren.

Beim Essen berichtete sie ihm dann auch, aber da Papa es heiter aufnahm, lachte bald auch Mama. Ich hörte es, sah aber von meinem Teller nicht auf, und auf alle Fragen sagte ich nur: »Ich weiß nicht.«

So war es wirklich. Die Leidenschaften, Träume, Erlebnisse des Abends hatten sich mir entfremdet, es kostete mich Mühe, sie mir zuzutrauen. Dasselbe geschah damals, wie wohl später nach einer vollbrachten Erfindung, deren Ursprünge alsbald verlorengehen und schwer wieder auffindbar sind.

VI
Der Freund

Die Straße reichte für einen kleinen Jungen vom Krämer Dreifalt bis zum Hotel Duft. Weiter reichte sie nicht, weil sie verboten war und in fremde Bereiche führte. Dagegen kannte ich von Duft zu Dreifalt jedes Haus und seine Bewohner. Unser Nachbar Hammerfest trank zuviel Bier, wie ich wußte, obwohl er daneben soviel wie möglich Kurzwaren verkaufte. Auf der Gegenseite führte der alte Herr Amandus Schnepel ein besonders gediegenes Geschäft mit Kleiderstoffen. Freilich strich er über ein »Rips« genanntes Fabrikat mit dem Metermaß in einer Art, daß einem die Zähne davon klapperten. Jeder hatte auch seine Fehler und Lächerlichkeiten, so Madame Spiegel mit ihren langen, gedrehten Locken. Im ganzen aber war die Straße gut, und ihre Menschen galten mir als das, was sie vorstellten. Sie waren ehrenwert, herzlich und hilfsbereit. Demgemäß gaben die meisten mir die Hand, wenn ich sie begrüßte, oder sie nickten mir zu.

Die unterste Klasse der Vorschule erfaßte noch nicht den ganzen Menschen. Das Kind gehörte überdies der Straße, und nicht weniger als seine Fibel beanspruchten es die Kornsäcke, die auf Leiterwagen vorbeirasselten. Der Wagen des Doktors erschien und hielt an; so erfuhr man, wer krank war. Dem Kind blieb vorläufig mehr Teilnahme erlaubt für die Dinge des Lebens. Die Schule überwog erst später. Es hatte sogar seine Freunde eher draußen. Die beginnenden Schüler begreifen den Ernst ihres gemeinsamen Weges nur allmählich. Bis jetzt stand keiner seiner Kameraden ihm so nahe wie der Oberkellner im Hotel Duft.

Dieser gesetzte Mann ließ sich mit ihm in die menschlichsten Gespräche ein. Sie schienen beiden Beteiligten gleich bedeutend. Sie fanden auf der Schwelle des Hotels statt, wenn der Oberkellner frei war. Aber sogar dahineilend in seinen Angelegenheiten durch den Hintergrund des Hauses, fand er Zeit, mir zuzuwinken. Ich hoffte jedesmal: ›Jetzt holt er mir die Schaumrolle. Daher läuft er so.‹ Denn in einer besonders menschlichen Stunde hatte er mir eine Schaumrolle versprochen, und ob ich ihn mahnte oder nicht, ich dachte daran immer. Sicher ist, daß ich Schaumrollen auch zu Hause bekam. Aber die Schaumrolle des Oberkellners zeichnete sich aus in meiner Einbildung vor allen anderen, schon gegessenen. Mehr noch als ihr Genuß reizte mich ihre Eroberung. Je länger sie ausblieb, weil vorgeblich keine eingetroffen waren oder die Gäste schon alle verzehrt hatten, um so ersehnter ward sie. Schließlich erlangte sie die ganze Wichtigkeit des ersten eigenen Erwerbes.

Am anderen Ende der Straße, bei Dreifalt, erwarteten mich Geschäfte, die auch nicht ohne Verantwortung waren. Meine Mutter schickte mich dorthin, um Kaffee und Gewürze zu holen. Sie beabsichtigte wohl hauptsächlich, mir einen nützlichen Zeitvertreib zu geben, anstatt daß ich zu Hause nur lärmte. Aber ich stand dann doch im Krämerladen mit einem wirklichen Auftrag. Die Wirklichkeit des Lebens, das war das Wunderbare. Dieser Laden war angeblich kein Spielzeug, obwohl er phantastisch vergrößert genau der gleiche schien, den ich zu Weihnachten geschenkt bekommen hatte. Dieselben Reihen braun lackierter Schiebladen, nur daß sie zu hoch saßen und ich keine hätte herausziehen können. Dieselben Zuckerhüte, aber so groß wie ich selbst, und über den Ladentisch langte ich kaum mit den Augen. Das Verhältnis zwischen mir und dem Verkäufer hatte sich verkehrt, in meinem eigenen Laden war er der Kleinere, und ich beherrschte ihn. Dieser hier behandelte mich aus der Höhe seines richtigen Ladentisches eher nebensächlich. Die Wirklichkeit machte gegen einen kleinen Jungen überall geltend, daß sie die Wirklichkeit sei, er aber spiele nur. Er glaubte es ihr höchstens halb und hatte recht. Einmal sah ich dann auch den so großen Verkäufer aus einer Schieblade heimlich Rosinen naschen. Sonst war niemand dabei, und meines Schweigens versicherte er sich, er gab mir welche ab. Aber ich schloß daraus, daß auch er im Grunde mit seinem Laden nur spielte.

Meine Besuche bei Dreifalt wurden erst denkwürdig durch ein furchtbares Gewitter und was dabei geschah. Hatte Mama, als sie mich hinausschickte, den Himmel nicht beachtet? Wahrscheinlich trieb ich mich nach dem Verlassen des Krämerladens so lange umher, bis es donnerte und blitzte. Die äußerste Gewalt entlud sich sofort. Während ich auf der Straße, die sich plötzlich ins wild Ausgelassene verwandelt hatte, noch meine Maßnahmen überlegte, war ich auch schon durchnäßt. Gewiß war es lustig, durchnäßt zu werden, wenn auch weniger angezeigt für die Päckchen mit den Dreifaltschen Waren. Man konnte sie natürlich fortwerfen. Höhere Mächte rechtfertigten in diesem Augenblick alles. Dann wäre man frei gewesen, sich

den feuchten und geräuschvollen Spielen der Natur hinzugeben. Erinnerungen an Pflicht und Ordnung siegten noch einmal, ich rettete mich und meine Einkäufe in den Eingang des
nächsten Hauses. Da hörte ich pfeifen und sah jemand kommen.

Die Straße war jetzt völlig geleert, sie schwamm in Teichen.
Es krachte, rasselte, Blitze fuhren vorbei, und in all dem nahte,
herrlich pfeifend, mein Schulkamerad Carl. Er ging mitten auf
dem Fahrdamm, die Hände in den Taschen, und sah zum Himmel. Hier bemerkte ich erst, daß er ein kühnes Gesicht hatte.
Seine Augen standen weiter offen als andere Augen, und seine
Stirn war heller. Lag es an dem fahlen Licht des Gewitters, daß
ich seine Haare jetzt gelb wie Gold fand? Da er ohne Hut ging,
troff ihm Wasser vom Kopf; aber seine Haare blieben lockig,
dicht gerollt schwankten sie über der Stirn. Er war von zarter
Gestalt und nicht größer als ich. Was mich in diesem Augenblick einschüchterte und davon abhielt, ihn anzurufen, war
seine Freiheit. Er bewegte sich frei und ungebunden unter dem
Gewitterregen. Er hatte keine Pakete zu tragen. Aber ich
fühlte, seine Unbeschwertheit bestehe nicht einzig darin, daß
er die leeren Hände in die Taschen stecken durfte. Er konnte
überdies gehen, wohin er wollte, diesen Eindruck machte er,
und sogar aus der Stadt hinaus, wenn er wollte. Er war in ihr
nicht geboren. Wie seine weitgeöffneten Augen zum Himmel
sahen, entdeckte ich, daß die Stadt ihn nichts anging, und
wahrscheinlich ging auch ich ihn nichts an. Dies war die neue
und einschüchternde Entdeckung, um derentwillen ich Carl
nicht anrief.

Statt dessen rief er selbst. Er erblickte mich, blieb stehen und
rief aus seinem Sturzbad herüber:

»Du bist feige, daß du dich unterstellst!«

Ich antwortete genauso herausfordernd:

»Das lügst du, ich war schon vor dir naß!«

Um ihm meine Furchtlosigkeit durch die Tat zu beweisen,

verließ ich mein Dach. Würdig und mit augenscheinlicher Nichtachtung der natürlichen Hindernisse trat ich vor Carl hin. Er sagte darauf:

»Fein. Jetzt gehn wir zusammen.«

Wir marschierten mitten durch das Unwetter – nicht in Richtung unserer Häuser, die einander gegenüberlagen, das kam nicht in Betracht. Wir marschierten entgegengesetzt und auf das Ende der Stadt zu. Es waren die verbotenen Bereiche, aber ich fühlte, daß in Gegenwart Carls keine andere menschliche Rücksicht mehr mitzählte. Wir gingen nebeneinander, und alles sonst mochte gehn, wie es wollte. Er sah mich von der Seite an; ich bemerkte es wohl, wenn ich auch den Kopf nicht rührte. Ich hoffte still, daß er so fühlen möchte wie ich. Als er sich wieder weggewendet hatte, prüfte ich selbst sein Profil. Ich fand es vor allem neu und unbekannt, als wäre er gar nicht mein Schulkamerad. In der untersten Klasse betrachtete jeder den nächsten mit großen, unverwandten Augen. Man schätzte einander ab. Das erste Zusammentreffen der verschiedenen menschlichen Arten vollzog sich. Aber Carl hatte ich übersehen oder noch niemals richtig ins Auge gefaßt. Er war mir fremd geblieben, was sollte ich davon halten? Mir fiel ein, daß wir aus der Schule beide sogar denselben Heimweg hatten, ihn aber immer einzeln machten. Diese Tatsache verwirrte mich jetzt, wie ein unbegreifliches Aussetzen der allgemeinen Regeln. Ich beschloß, die Ordnung sofort wiederherzustellen, und begann einen Satz.

»Morgen wollen wir auch –«

Ein ungeheurer Donner schnitt ihn mir ab. Wir wendeten die Gesichter einander zu, diesmal, um Hilfe zu suchen. Wir fanden sie auch. Unter dem Blick des anderen blieb keines unserer Gesichter ängstlich, es hätte sich nicht geschickt. Da wir aber entschlossene Mienen annahmen, wurden wir wirklich erhaben über den Donner. Als er zu Ende gerollt hatte, sagte Carl:

»Ja, morgen gehn wir auch aus der Schule zusammen.«

»Vielleicht ist wieder Gewitter«, sagte ich schnell und nicht ohne Heuchelei. Mir lag nicht an dem Gewitter, sondern an Carl; aber er durfte nicht merken, daß mir heiß vor Freude war. Ich freute mich, weil er meinen Satz ergänzte und genau dasselbe dachte wie ich.

Hier erblickten wir ein Schaufenster mit kleinen Schiffen. Sofort hatten wir nochmals den gleichen Gedanken. Das Wasser, das unter unseren Schritten spritzte, wäre noch unterhaltender verwendet worden, wenn wir ein Schiff gehabt hätten. Wir bewunderten die Auslage, bis wir vergessen hatten, weiterzugehn. Endlich zog sogar das Gewitter fort, und nur noch die Gewässer rauschten durch den Rinnstein.

»Ich habe Geld«, sagte ich plötzlich. Es war ein Einfall, zu dem ich mich beglückwünschte. Ich legte meine Dreifaltschen Päckchen auf den Bürgersteig. Sie hatten mich lange genug vor Carl beschämt und in Nachteil gesetzt. Verdorben, wie sie schon waren von der Nässe, schienen diese Krämerwaren mir keine Bedeutung mehr zu haben angesichts dessen, was ich wagen wollte. Ich zog Geld aus der Tasche meines Kittels, es war beim Einkauf übriggeblieben. »Da!« sagte ich und gab es Carl. »Fein!« sagte er, und wir betraten den Laden.

Ich war mir bewußt, daß ich etwas Ungeheuerliches tat, wenn nur die Gesetze meines Standes als Bürgerkind gegolten hätten. Hier indes traten neue Gesetze ein, das fühlte ich deutlich; und was für mich allein verbrecherisch gewesen wäre, gebot mit Carl sowohl die Selbstachtung wie die Freundschaft.

Das Geld reichte nur für das kleinste der Schiffe, mit ihm spielten wir in der Gosse unter Geschrei und bis zum Vergessen der Welt. Schließlich wurden wir von einem erwachsenen Mann angerufen. Er zeigte sich als erster auf der Straße, seit es weniger regnete. Er richtete den Finger nach einer schwimmenden Masse von Kaffeebohnen und Pfefferkörnern. Das meiste hatte schon die Gosse erreicht und wurde soeben in den Abzug gespült.

»Ist das eures?« fragte der Mann mit ebensoviel Entrüstung wie Hohn.

»Nein«, sagte ich frech, »und Sie geht es auch nichts an.«

Ohne weiteres holte der Mann nach mir aus, was blieb mir übrig, als fortzulaufen. Er setzte mir nach, verlor die Lust und kam schimpfend abhanden. Als ich zu Carl zurückkehren konnte, gab es zwei Neuigkeiten. Unser Schiff war, wie die Kolonialwaren, in den Abzug gespült. Carl aber fand ich damit beschäftigt, schwimmende Bohnen und Körner aufzufangen. Er barg sie in seinen Taschen. Hier sah ich ratlos zu. Nicht wahr? Es wäre für mich eine Schande gewesen, Kaffee und Pfeffer aus dem Rinnstein aufzulesen. Gerade vor Carl hätte es mich beschämt. Jetzt aber tat er es selbst. Ich sah ein, daß ich nicht zurückbleiben durfte, und sammelte mit. Da hörte ich ihn sagen:

»Meine Mama wird sie trocknen.«

Sofort gab ich auf, das Gesammelte in meine Taschen zu stecken. Ich steckte es in seine.

Mir war es fraglich, ob meine eigene Mutter etwas, das aus dem Rinnstein kam, noch verwendbar gefunden hätte. Immerhin fiel es mir nachgerade auf, daß ich meinerseits nicht das geringste nach Haus brachte, weder Kaffee und Pfeffer noch Geld, ja, nicht einmal das Schiff. Auch Carl war ernster geworden. Unser Heimweg begann schweigsam und verlief gedrückt. Wir hoben nur mühsam die Füße, unsere Schuhe waren vom eingesogenen Wasser so schwer, wie wir es Schuhen nie zugetraut hätten.

»Muß man sie fortwerfen?« fragte Carl ohne seine frühere Kühnheit.

Ich wußte es nicht, tröstete ihn aber auf andere Art.

»Den Anzug werden sie bestimmt noch bügeln«, behauptete ich.

Bei der Ankunft hatte nur er die Straße zu überschreiten. Wir sahen uns nicht an, als wir uns trennten. Meine Mutter empfing mich schon im Flur. Sie hatte den Windfang geöffnet und spähte nach mir aus. Der Windfang war eine zweite, gläserne Haustür. Hätte sie in der vorderen Haustür gestanden, was eine Dame niemals tat, wäre meine Sache verloren gewesen. Ich war noch froh. Da sagte sie:

»Jetzt kommst du, ich wollte schon nach der Polizei schikken.«

Hierüber erschrak ich tief, ich senkte den Kopf und schlich mich an ihr vorbei. Dennoch wußte ich, daß sie hinter mir die geschlossene Hand an ihre Wange drückte, was Entsetzen bedeutete. Sie sah wortlos zu, wie ich entkleidet wurde.

»Die Sachen können wir fortwerfen«, beschloß sie endlich. Hier brach ich in lautes Klagen aus.

»Du willst noch weinen?« bemerkte Mama. »Ich, deine Mutter, müßte weinen.«

»Aber Carl!« rief ich unter Schluchzen. »Seine Mama trocknet die Kaffeebohnen. Kann sie nicht auch den Anzug bügeln?«

»Was für Kaffee?« fragte meine liebe Mutter, und dadurch erfuhr ich, wie sehr sie in Angst gewesen war meinetwegen. Denn sie hatte meine Einkäufe ganz vergessen. Ich ging freilich auf ihre Gefühle nicht ein, sondern bekundete nur Sorge um Carl und seinen Anzug.

»Wer ist dein Carl?« fragte Mama ungeduldig.

»Mein Schulkamerad. Er heißt Carl!« beteuerte ich.

»Wer sind seine Eltern?«

»Seine Mutter heißt Fels. Er heißt Carl Fels.«

»Die Dame drüben?«

»Ja«, gab ich zu. Der Ton Mamas gefiel mir nicht. Ich kannte ihn. Sie war im Begriff, mir etwas zu verbieten.

»Das wird Papa erfahren«, entschied sie. Gerade klapperte die Glocke, wie immer beim Öffnen des Windfangs. Papa kam, wir gingen zu Tisch.

»Was hast du heute gemacht?« fragte Papa mich wohlwollend.

»Nette Sachen«, antwortete statt meiner Mama. »Er war stundenlang im Regen, ein Glück, daß es warm ist. Weißt du aber, mit wem er sich herumtreibt? Mit dem Jungen der Fürstin.«

Sie sagte »Fürstin«, ich horchte mit offenem Munde. Noch niemals hatte ich ein lebendes, in der Nähe befindliches Wesen so nennen gehört. Dies wäre die Mutter Carls? Zugleich schien mir das Wort einen Nebenton zu haben im Munde Mamas. Es klang nach einer zweiten Bedeutung, die für mich nicht bestimmt war. Papa dagegen erfaßte sie, er lachte ein einziges Mal stumm auf. Dann strich er mir wohlwollend über den Kopf.

»Du suchst dir deinen Verkehr gut aus.«

Papa lobte mich nicht ganz im Ernst. Ich griff dennoch sofort zu und verschaffte mir die Erlaubnis, Carl einzuladen. Mama wandte freilich ein, daß ich dann auch genötigt sein würde, zu der »Fürstin« zu gehn. Papa, der heiterer Laune war, wie damals immer, machte eine hinausschiebende Handbewegung. Ich war durchgedrungen.

Carl kam, wir waren anerkannte Freunde. Er fuhr auf meinem Rad, wir zauberten, und ich erklärte ihm die Aufgaben. Dann machte er sie ganz anders, und gerade so wurden sie richtig. Ich bewunderte ihn und dachte über ihn nach, was sonst nicht vorkam. Ein kleiner Junge war für den anderen kein Gegenstand langen Nachdenkens. Wie geschah es, daß Carl so oft frei war und sogar nach der Schule sogleich unser Haus betreten durfte, anstatt sich seiner Mutter zu zeigen? Warum trug er feinere Anzüge als ich und steckte trotzdem beschmutzte Kaffeebohnen in seine Tasche, damit sie noch gemahlen wurden? Ich wartete unbestimmt auf ein Ereignis, das mich mehr lehren sollte. Es trat auch ein.

Eines Tages nach der Schule bestimmte Carl:

»Heute gehen wir nicht zu dir. Meine Mutter will, daß du zu uns kommst.«

Sofort fühlte ich eine Gefahr. Wahrscheinlich wurde der Besuch bei der »Fürstin« mir verboten, wenn ich zu Hause darum bat. Einfach nicht heimzukehren, den Streich hatte ich mir noch niemals erlaubt. Ich sprach kein Wort und folgte Carl – hinüber zum Haus des Weinhändlers Riese. Er selbst bewohnte es nicht, er hatte ein viel schöneres vor der Stadt. Hier lagen nur im Keller seine Fässer. Sein Sohn Peter stieg soeben vor dem Hause aus der Kellerluke. Er gehörte zu den Herren, obwohl er aus der Luke stieg, und war auch so gekleidet. Mit seinem Taschentuch staubte er von seinen Ärmeln die Spinnengewebe.

Kaum, daß ich das rote Gesicht Herrn Peter Rieses gewahrte, lief ich auch schon hin und gab ihm die Hand. Natürlich hätte Carl dasselbe tun müssen. Es entsprach der Regel. Statt dessen sah ich ihn mit bösem Ausdruck auf mich warten. Herr Peter Riese inzwischen redete mich an.

»Du gehst wohl auch zu der Fürstin? Na, dann nehmt mich mal mit.«

»Nein!« rief Carl unfaßbar böse. »Sie sollen wieder in Ihren Keller! Das sagt auch meine Mama.«

Hierüber verfiel Herr Peter Riese in schallendes Gelächter. Seine Stimme freilich, als er dann sprach, klang keineswegs erfreut. Sie klang sogar unfreundlich.

»Deine Mutter wird mal wieder wollen, daß ich ihr helfe«, sagte er, und jedes Wort grub sich mir ein, so unerhörte Worte waren es. »Dann kann deine Mutter mich in meinem Keller besuchen.«

Während er es sagte, wurde er mir unheimlich. Einen Augenblick dachte ich mir den Sohn des Weinhändlers Riese verwandelt in ein Ungetüm. Im Dunkeln lag es zwischen den Fässern und schnappte denen, die in seine Nähe gerieten, nach den Waden. Schneller, als ich vorgehabt hatte, war ich bei Carl.

Wir liefen bis in das erste Stockwerk, langten atemlos an und horchten hinter der Tür noch eine Weile, ob Riese käme.

Plötzlich und ohne eine Erklärung führte Carl mich in ein Zimmer. Es enthielt gepolsterte Möbel, einen Blumentisch und ein Klavier. Es wäre demnach wie bei uns gewesen, nur daß die Blumen welk waren. Carl blieb in der Mitte stehen, wir standen beide, wie ein Besuch, der wartet. Mich zog das Klavier an. Als ich nicht mehr anders konnte, öffnete ich den Deckel und drückte beide Hände auf die Tasten. »Laß das!« rief Carl, aber es kam zu spät. Seine Mutter war schon da.

Sie sagte: »Was ist das für ein Lärm?« Und Carl erwiderte: »Er wußte nicht.«

»Ach so«, sagte die Dame. Sie tat, als sähe sie mich erst jetzt. Aber sie hatte mich gleich mit ihrem Eintreten bemerkt, wie ich sicher wußte. Sie verstellte sich; damit machte sie mich sowohl neugierig als befangen.

»Du starrst mich an«, sagte die schöne Dame und lachte unzufrieden. »Du bist der Freund, zu dem Carl geht. Carl wird eingeladen.«

Jetzt lachte sie übermütig. Einen Augenblick wollte ich darüber froh werden. Aber die Lust verging mir sogleich. Carl tat indes etwas Unerwartetes: er küßte seiner Mutter die Hand. Ich hatte dies niemals weder gesehen noch gelernt, ein kleiner Junge, der seiner Mutter die Hand küßt! Er befremdete mich beträchtlich. Ohne den Blick von der Dame zu wenden, beantwortete ich ihre Fragen, wie ich heiße und ob es meine Mutter sei, die so oft drüben am Fenster sitze und Handarbeiten mache.

»Sie ist gut frisiert«, sagte die Mutter Carls zu meinem Erstaunen. »Geht sie zu Philibert? Nein, das weißt du nicht. Ich müßte sie selbst fragen. Nun, ich werde Philibert fragen.«

Dabei wandte sie mir schon die Schulter zu, zwei goldgelbe Locken hingen darüber. Es schien, als bräche sie sofort zu dem Friseur auf. Ein Satz, der in mir längst fertig war, entrang sich mir noch schnell.

Vermutlich: Weihnachten im Buddenbrookhaus
in der Mengstraße (1878) –
Zeichnung von Heinrich Mann
aus den vierziger Jahren

»Warum sitzen Sie nicht auch am Fenster, wie Mama?«

Hierüber lachte sie wieder, bekam aber bei diesem Lachen ein ganz anderes Gesicht. Es wurde komisch, liebenswürdig und flößte Zutrauen ein.

»Ich mache keine Handarbeiten«, sagte sie und kam wieder her. Ja, sie reichte mir zum erstenmal die Hand. Ihre Hand war lang und schmal. Warum mußte ich jetzt blutrot werden? Ich hatte geschwankt, ob ich es machen sollte wie Carl und ihr die Hand küssen. Die Dame winkte uns aber zu, nicht mehr mir allein, uns beiden winkte sie.

»Spielt miteinander! Aber nicht hier!«

Damit war sie schon aus der Tür. Wir beide standen noch stumm in der Mitte, wie vor ihrem Eintreten, da hörten wir ihre Stimme. Sie sang hell und stark. Ich kannte nur die zarte Stimme meiner Mutter und erschrak vor dieser. Sie stieg, fiel, vollführte Bogen und Sprünge und endete in voller Kraft, ohne daß es aus war. Ich glaubte, eine zweite Tür, und diesmal eine undurchdringliche, sei vor der Stimme geschlossen worden.

›Die Fürstin ist schön, aber gekränkt‹, fühlte ich.

Carl sagte: »Wir wollen in mein Zimmer gehn.«

Ich fühlte: ›Sie wäre lustig, aber muß traurig sein.‹

»Warum kommst du nicht?« fragte Carl, und ich folgte ihm.

In seinem Zimmer wartete eine nicht weniger große Überraschung. Es war ein Kasperletheater, wie ich keines kannte, höher als wir beide. Carl erwarb meine ungemessene Achtung: zuerst seine Mutter, dann dies Theater!

»Kannst du spielen?« fragte er. »Ich mache es dir vor.«

Er verschwand hinter dem Vorhang seiner Bühne.

»Singt Mama schön?« hörte ich ihn dort fragen. Es klang stolz, wenn er es auch leise sprach. Ich wollte erwidern, daß seine Mama ganz herrlich singe, da antwortete schon ein anderer: »Ganz herrlich, mein Junge.« Dieser sprach laut quäkend. Ich begriff nicht gleich, daß es Carl selbst war, der seinen Kasperle reden ließ. Er lachte aber bald – wie Kasperle, bald wie er selbst; da lachte ich als dritter mit.

Jetzt ließ Carl den grünen Vorhang hinaufschnellen. Auf den Rand seines Theaters setzte er zwei Puppen, einen Mann und eine Frau. Der Mann hatte Hörner und war schwarz. Es konnte nur der Teufel sein. Dieser sagte zu der Frau:

»Sie müssen Ihre Miete bezahlen. Sonst kommen Sie mit in den Keller.«

»Weißt du, wer das ist?« fragte Carl dazwischen mit seiner echten Stimme, anstatt der häßlichen, die er dem Teufel lieh.

»Ich denke nicht daran«, sagte hierauf die Frau. »Gehn Sie allein in den Keller. Marsch!«

»Weißt du, wer das ist?« fragte Carl wieder. Ich nickte, was er nicht sehen konnte.

Der Teufel schrie: »Dann hole ich das Krokodil!« und verschwand nach unten. Die Frau blieb allein, sie brach in Weinen aus. Es war ein zorniges Wimmern, es überzeugte mich und hätte fast auch mich ergriffen. Aber schon erschien eine neue Puppe im bunten Rock, gewiß der Kasperle selbst. Er tröstete die Frau, er sei auch noch da, ihr werde nichts geschehn. Dabei schwang er verheißungsvoll seine Karbatsche.

»Herr Riese hat Sie zum Weinen gebracht«, quäkte er und schlug um sich. »Der soll was erleben.«

Kaum hatte er dies gesagt, hörten wir alle ein Gebrumm. Wer anders brummte hier, als das Krokodil? Die Frau ergriff die Flucht, das Krokodil tauchte auf. Es bestand ganz aus einem Rachen, der auch gleich nach dem mutigen Kasperle schnappte. Dieser stieß ihm schnell die Karbatsche hinein. »Die nehme ich nie wieder heraus«, erklärte er, »oder Sie versprechen, daß Sie nicht meine Mama, sondern Herrn Riese verschlingen.«

Sogar noch das Krokodil nannte er Sie, und zwar mit der erregten Stimme Carls. Über den Rand des Theaters zeigten sich die erhitzten Augen meines Freundes. Er hatte es aufgegeben, zwischen sich selbst und Kasperle zu unterscheiden. Kasperle verschwand einfach vom Schauplatz; und als Herr Peter Riese zurückkehrte, wurde er vom Krokodil kurzweg gefressen, ohne daß noch ein Wort fiel. Brummen und Wehgeschrei sagten alles.

Ich war den Vorgängen mit leidenschaftlicher Teilnahme gefolgt und nicht weniger von ihnen mitgerissen als Carl. Auf dem Gipfel unserer Erregung blieb uns nur übrig, die handelnden Personen selbst zu verkörpern.

»Du bist Herr Peter Riese!« verlangte Carl von mir.

»Nein! Ich will nicht Peter Riese sein«, rief ich voll Abscheu.

Da er mich trotzdem dafür ansah, mußte ich mich wehren, um nicht alle Prügel zu bekommen. Wir fielen im Kampf zu Boden und warfen Möbelstücke dabei um, das machte Lärm. Ein Mädchen erschien, sie trennte uns, mich schickte sie nach Hause.

Im Laufe desselben Tages faßte ich zwei Entschlüsse. Erstens sollten meine Eltern die Fürstin zu sich einladen. Zweitens mußte endlich der Oberkellner die Schaumrolle herausgeben, und Carl sollte sie mit mir essen. Welche dieser beiden Forderungen war wichtiger oder schwerer zu erreichen? Ich ließ es dahingestellt und handelte. Mitten in der Mahlzeit verlangte ich, daß am Sonntag, wenn Großmama käme, auch die Fürstin dabei sei. Ich sagte es mit nicht ganz fester Stimme, aber entschlossen. Mein Entschluß hatte seinen Ursprung in dem komischen und liebenswürdigen Lächeln der Fürstin. Schon in jenem Augenblick hatte ich gefühlt, daß ihr Unrecht geschähe. Jetzt war ich davon überzeugt.

Mama sah mich groß an und machte »Oh!«. Aber Papa fragte sehr freundlich:

»Nun, mein Sohn, erkläre mir mal, wie du zu deiner Bitte gekommen bist?«

»Carl küßt ihr sogar die Hand!« – dies führte ich als ersten Beweis an.

»Das ist hübsch«, gab Papa zu.

»Und dann geht sie auch zu Philibert«, fügte ich hinzu. Da ich Mama den Mund verziehen sah, wurde mir bange um meinen Erfolg, und ich überstürzte mich.

»Sie singt herrlich, aber Handarbeiten macht sie keine.«

»Das konnte ich mir denken«, warf Mama hin.

Papa blieb milder. »Ich möchte dir den Gefallen tun, mein Lieber«, erklärte er. »Aber dann würde deine Großmama vielleicht absagen. Wen willst du lieber haben, Großmama oder die Fürstin.«

Es ging nicht an, zu sagen »die Fürstin«. Daher mußte ich schweigen. Um so unfehlbarer nahm ich alles in mich auf, was die Eltern weiterhin untereinander redeten.

»Sogar beim Friseur bleibt sie die Rechnung schuldig«, berichtete Mama.

Papa machte die Stirn kraus, sah aber doch gutgelaunt aus. »Sie könnte sofort Geld bekommen«, meinte er. »Sie ist im Grunde eine tapfere Person, daß sie es ausschlägt.«

Mama behauptete:

»Sie nimmt von Peter Riese ohnedies etwas an.«

»Er erzählt es«, entgegnete Papa. »Wenn er Glück bei ihr hätte, würde er eher den Mund halten.«

Ich sagte, mir selbst unerwartet:

»Herr Peter Riese ist ein Schweinekerl.«

Darüber fuhr Mama vom Stuhl auf, als ob ich mich verschluckt hätte und erstickte. Ich wunderte mich über diese Wirkung meiner Worte, jetzt wollte ich alles mitteilen, was ich von Herrn Peter Riese wußte. Aber Papa drohte mir, diesmal ernst, mit dem Finger und begann, zu Mama gewendet, von etwas ganz anderem.

Mir blieb zweitens der Oberkellner. Dort hoffte ich es leichter zu haben, weil der Oberkellner kein Herr war. Ich dachte: ›Wenn ich groß bin, muß er mir hundert Schaumrollen auf einmal bringen.‹ Daher ging ich schon tags darauf mit Carl ins

Hotel Duft. Ich nahm Carl mit, weil ich einsah, wir würden zu zweien mehr Ansehen genießen. Unsichtbar unterstützten uns nicht nur meine Eltern, sondern auch seine Mutter, die Fürstin. Aus den Gesprächen gestern bei Tisch hatte ich Zweifel an ihr herausgehört, aber auch Geheimnis und noch mehr Glanz hatten jene Reden um sie gewoben. Mein Bekannter, der Oberkellner, gab mir bestimmt recht. Ich suchte Verständnis damals bei Entfernteren und bei Menschen unter meinem Stande.

Der Oberkellner empfing uns in der Haustür. Er hielt die Hände auf dem Rücken, nahm sie auch nicht hervor, und von seinen drei Stufen herab lächelte er uns großartig zu. Er gefiel mir sofort nicht, ich kannte ihn viel kleiner und von gleich zu gleich.

»Heute habe ich gerade keine Schaumrolle«, gab er an, noch bevor ich fragte. Dies erregte meinen Unwillen.

»Sie müssen sogar zwei Schaumrollen bringen«, forderte ich schroff. »Carl ist auch da.«

»Ich weiß. Der von der Fürstin.« Hierbei lachte der Oberkellner, daß er wackelte. Er begriff aber, daß er uns dafür wenigstens die Hand reichen müsse. Meinem Freunde liebkoste er sogar die dicke Locke gelben Haares über der Stirn.

»Nun?« erkundigte er sich herablassend. »Wirst du mal deinen fürstlichen Vater besuchen? Oder geht deine Mutter wieder bei's Theater?«

Zum erstenmal bemerkte ich, daß mein guter Bekannter, der Oberkellner, falsch sprach. Dies machte mir einen Eindruck, als verwandelte er sich vor meinen Augen.

Carl inzwischen versetzte: »Das geht Sie gar nichts an«, und wandte den Rücken. Ich folgte ihm, der Oberkellner lachte hinter uns her.

»So sind sie«, sagte Carl. Er stampfte auf und rief: »So sind alle!« – ein Wort, über das ich mehrere Tage lang nachdachte.

Ich verglich Herrn Peter Riese mit dem Oberkellner und fand tatsächlich einen des anderen würdig. Sie hätten vertauscht werden können, so entdeckte ich. Herr Peter Riese hätte seinen Mann ebenso unter Kellnern gestanden, der andere als großer Weinhändler. Ich nahm mir vor, darauf zu achten, ob Riese vielleicht auch »bei's Theater« sagte. Unsern Nachbar Hammerfest sah ich schon zur Mittagszeit betrunken, darüber jubelte ich mit mehreren anderen Jungen, er aber verprügelte den einen, wir anderen liefen fort. Das alles war schon vorgekommen, nur jetzt erfüllte es mich mit einer besonderen, mir neuen Spannung. Ich besuchte sogar mit einem vorgefaßten Argwohn den bisher verehrungswürdigen Amandus Schnepel. Er strich, wie immer, zur Qual meiner Nerven über seinen »Rips«. Außerdem aber bediente er meine Mutter völlig anders als eine ärmere Frau, die neben ihr vor den Ladentisch trat. Er hatte für diese Kundin nicht dieselbe Rücksicht und Geduld, wies sie mit einer geringschätzigen Kopfbewegung an eine unfreundliche Verkäuferin und ließ auch vom Preis nichts nach. Meine Mutter dagegen durfte mit ihm handeln, er begleitete sie trotzdem bis zur Tür.

War Schnepel allein schlecht? Waren auch Hammerfest, der Oberkellner und Herr Peter Riese nur zufällig schlechte Menschen? Carl hatte versichert, so seien alle; er hatte die ganze Stadt gemeint. Ich, der ich ihre Einwohner für ehrenwert, herzlich und hilfsbereit gehalten hatte, ich zögerte, ihm zu glauben. Bis jetzt hatte ich so vielen, die es verdienten, auf der Straße die Hand gegeben. Ich tat es weiter, blickte ihnen dabei aber groß ins Gesicht, ob ihre Freundlichkeit echt wäre. Meinem Freund und seiner Mutter begegneten sie härter, warum nicht auch mir? Warum luden sogar meine wohlwollenden Eltern die Fürstin nicht ein?

Ich zweifelte damals zuerst bei meinen Mitmenschen an etwas, das ich noch nicht benennen konnte. Ich zweifelte an ihrer Gerechtigkeit, bevor ich das Wort kannte. Zugleich ward ich aufmerksam auf mich selbst. Denn auch ich blieb, meiner Erkenntnisse ungeachtet, wie ich war. Nach wie vor erwies ich

Ehren nur dort, wo es geboten schien. So waren denn wirklich alle gleich in der Stadt, denn mich hielt ich nicht für schlechter als die anderen. Immerhin war ich entrüsteter über sie als über mich. Sie hatten mich getäuscht. Ich hatte die Stadt und ihr gesamtes Leben hingenommen als gegeben und daher gut. Seine Freundschaft mit Carl machte einen anderen kleinen Jungen zum erstenmal kritisch.

Einzig Carl entging meinen Zweifeln. Sein Stolz blieb für mich unbeugsam, sein Herz aber zuverlässig und sicher. Ich bewunderte seinen nie beirrten Haß auf Herrn Peter Riese. Auch ich haßte den Hausherrn meines Freundes, aber um wie vieles schüchterner! Einst gingen vor uns her drei Herren, von denen der mittlere Herr Peter Riese war. Wir folgten ihnen über unser Ziel hinaus, anfangs in einiger Entfernung, dann immer näher. Carl drang unausgesetzt in mich, wir sollten den drei Herren jeder einen Stein zwischen die Füße werfen und schnell in einem Haus verschwinden. Ich erklärte dies für unmöglich, obwohl ich den Stein schon in der Hand hielt. Als wir nahe waren, machte ich noch schnell einen Gegenvorschlag. Ich flüsterte:

»Wir rufen hinter ihnen her: Riese schneuzt sich mit den Fingern.«

Ich sah diese Worte für berechtigt an, weil sie eine Wahrheit enthielten. Ich hatte Herrn Peter Riese wirklich dabei ertappt. Carl seinerseits fand die Rache unzulänglich. Wenn wir aber nur riefen, anstatt zu werfen, sollten wir zum mindesten in aller Öffentlichkeit die Stimmen erheben, und zwar gemeinsam. Ich versprach es auch, und ich malte ihm vorher die Wirkung aus. Sie mußte für Herrn Peter Riese vernichtend sein. Seine beiden Begleiter lachten ihn bestimmt aus, und wahrscheinlich bekam er für seine Unarten noch Ohrfeigen. Dies überzeugte Carl, er stellte nur die Bedingung, daß wir schreien sollten, so laut wir konnten. Dann zählte er eins, zwei – und bei drei schrie er.

Er hatte allein geschrien. Mir war im letzten Augenblick der

Mut entfallen. Übrigens trat von den vorhergesagten Folgen keine ein. Die drei Herren setzten ihren Weg fort, als hätten sie nichts gehört; nicht einmal Riese wandte den Kopf. Schon schoben andere Leute sich zwischen die Herren und uns. Wir gingen plötzlich ganz langsam, wie vor einem zutage getretenen Hindernis. Carl blieb sogar stehn.

»Du bist feige«, sagte er und stieß mich. Ich stieß zurück, aber was half es gegen meine eigene Beschämung.

»Du bist feige, jetzt weiß ich es genau«, wiederholte Carl und entfernte sich von mir. Das war beleidigender, als nur zu stoßen. Ich erwiderte trotzig seine feindliche Haltung, und nach Hause gingen wir auf zwei verschiedenen Straßenseiten.

Am nächsten Morgen in der Schule stellten wir uns, als kennten wir einander nicht. Nur böse Blicke verrieten einen dem anderen. Den Heimweg machte jeder zum erstenmal wieder allein. Ich wählte eine von uns nie benutzte Abkürzung. Wem begegnete ich hier? Herrn Peter Riese. Mein erster Gedanke war, umzukehren und zu fliehen. Ich trat ihm aber entgegen und zog den Hut, wie gewöhnlich. Wie zu erwarten war, hielt er mich an und sagte:

»Gestern hat mir jemand etwas nachgerufen. Waret ihr beide das?«

Ich antwortete: »Nein«, und wurde rot dabei.

»Du lügst«, sagte Herr Peter Riese.

Ich antwortete:

»Nein. Wir waren es nicht beide. Ich war es allein.«

»Auch frech bist du noch?« sagte er. Hierbei holte er mit der Hand aus. Ich starrte ihn an, statt daß ich mich mit dem Arm schützte.

Er indessen sah sich erst noch um, gerade betrat jemand den stillen Durchgang. Sogleich ließ Herr Peter Riese die Hand sinken, wenn auch mit Bedauern.

»Na, grüß deinen Vater!« Er lachte wütend und stapfte von dannen.

Ich aber lief, um Carl noch zu erreichen, bevor er angelangt war. Ich traf ihn auch vor seiner Tür.

»Carl«, rief ich. »Riese hat mich hauen gewollt.«

Trotzdem drängte Carl an mir vorbei ins Haus. Ich rief:

»Carl! Er hat gefragt, wer es gewesen ist. Da hab ich gesagt: ich.«

»Das glaub ich dir nicht«, murmelte Carl finster und ließ mich stehen.

Ich war empört und machte keinen Versuch mehr, ihn umzustimmen. In meinem bisherigen Leben war mir noch immer geglaubt worden, außer wenn ich die Unwahrheit sagte. Gerade mein Freund mußte der erste sein, der mir ohne Grund mißtraute. Das empörte mich, in ihn hatte ich sämtliche Hoffnungen meines Herzens gesetzt. Aber auf die Dauer überwog der Schmerz, verkannt zu sein von Carl. Ich übersah ihn von jetzt an wohl mit hochmütigem Gesicht; wenigstens bildete ich mir ein, es sei hochmütig. Vor allem wird es traurig gewesen sein, denn auch das seine war nicht fröhlich. Unser Lehrer, der in der Spielpause jeden der beiden ehemaligen Freunde allein umherstehen sah, forderte uns schließlich einmal auf, miteinander um die Wette zu laufen. Wir liefen. Carl wäre vor mir bei dem Baum angekommen; aber zuletzt ließ er absichtlich um eine Kleinigkeit nach, ich allein merkte es; und so berührten wir den Baum gleichzeitig. Hierauf wollte ich die Hand hinstrecken, nur war sie vom Körper nicht wegzubringen. Carl aber hielt die Augen gesenkt, bis wir uns wieder trennten.

Morgen gebe ich ihm die Hand! Das war mein fester Vorsatz. Er kam nicht zur Ausführung, denn am nächsten Tage fehlte Carl. Ich wagte nicht zu fragen, ob er krank sei. Vergebens suchte ich auf dem Heimweg nach einem Vorwand, zu ihm hinaufzugehn. Vor dem Hotel Duft stand wieder einmal der Oberkellner. Als er mich erblickte, holte er hinter seinem Rücken etwas Eingewickeltes hervor.

»Da hast du deine Schaumrolle«, sagte er und verbeugte sich geradezu vor mir. Ich nahm die Gabe ohne viel Aufhebens entgegen.

»Und die für Carl?« fragte ich im Ton einer Zurechtweisung. Der Oberkellner machte große Augen, öffnete auch den Mund, dann hielt er dennoch an sich. Ich glaubte, er habe schelten wollen. Statt dessen sagte er mit einer mir unverständlichen Vorsicht:

»Eine ist genug.«

Ich vergaß, ihm zu danken. Mir kam der Einfall, daß eine wirklich genug sei, wenn ich sie Carl gab und selbst keine aß. Daher machte ich mich eilends auf. Ich lief nicht. Vor mir her jagte und flog so viel Freude, so viel Vorgefühl des Glückes, daß ich es niemals eingeholt hätte. So schnell ich ging, der kurze Weg wollte nicht enden. Die Treppe stürzte ich hinauf, wie damals mit Carl auf der Flucht vor Herrn Peter Riese. Droben stand die Tür offen, als erwarteten sie mich.

Da ich aber wußte, daß niemand mich erwartete, wurde mir beklommen. Keine Ahnung des Kommenden ergriff mich. Mir klangen nur meine eigenen Schritte fremd im Flur, bis ich wahrnahm, daß kein Läufer mehr dalag. Auch die Türen der Zimmer standen weit auf. Wie unheimlich, sie waren leer. In diesem Zimmer hatte ich mit der Fürstin gesprochen. Jenes war dasselbe, in dem sie gesungen hatte, bevor über ihrer herrlichen Stimme eine Tür zufiel. Sie mußte doch immer noch singen, und in alle Ewigkeit fiel die Tür zu! Ich begriff damals noch nicht, was vergangen heißt. Unfaßbar war das ausgeräumte, verlassene Zimmer.

Meine Hoffnungen wehrten sich gegen ihren Verfall. Carl! Seiner wenigstens war ich sicher trotz allem, das übrige mochte ungeklärt bleiben. Ich bog um die Ecke des Ganges. Ja, im Zimmer meines Freundes war ein Schritt. »Carl!« rief ich, noch ehe ich ihn sah. Wer antwortete mir? Das rote Gesicht Herrn Peter Rieses. Er sagte:

»Haben sie etwas mitgenommen, was dir gehörte? Ich sehe gerade mal nach.«

»Wo sind sie denn?« fragte ich völlig unhörbar. Ich betrachtete fassungslos die Stelle, auf der das Kasperletheater gestanden hatte. Nein, das war nicht mein gewesen. Aber etwas, das mein war, hatte mich dennoch verlassen. Ich wußte nicht, was. Ich fand es nicht, trotz allem Bemühen.

»Wann kommt Carl wieder?« fragte ich mit zitternden Lippen.

»Darauf kannst du lange warten«, entschied Herr Peter Riese grob wie das Schicksal und ging aus dem Zimmer. Endlich brachen meine Tränen aus. Ich glitt auf die Knie, drückte die Stirn gegen den nackten Fußboden und schluchzte in meine Arme. Auch von dieser Lage wünschte ich, daß sie immer dauere. Als mir schon die Knie schmerzten und ich nicht mehr schluchzen konnte, rührte ich mich lange nicht.

Beim Aufstehn erblickte ich am Boden ein Papier, das sich geöffnet hatte, und darin eine Schaumrolle. Ich wußte nicht gleich, woher sie kam. Sie war der Rest aus schönen Tagen. Sie lehrte mich, was vergangen heißt. Da ich ein kleiner Junge war, aß ich sie auf und konnte dabei nochmals aus dem vollen weinen.

Eine Liebesgeschichte

Die Liebe bringt auf Ideen und in Gefahren. Als Beispiel will ich einen einfachen Kaufmann – nicht so einfach wie man denkt, aber doch immer ein durchschnittlicher Mitgänger des Zeitalters, das Verwandlungen durchgemacht hat: während es noch Frieden zu haben glaubte, trug es in seinen Falten schon den Krieg. So auch der mehr oder weniger – eher weniger – imaginäre Kaufmann, Sohn eines Kaufmannes und von ihm der Jurisprudenz bestimmt.

Warum nicht. Die Familie hatte dem Eisenhandel en gros lange genug obgelegen. Es wurde Zeit, nach öffentlicher Ehre zu geizen, anstatt nach Geld. Der Doktor juris führte zu allem. Sein Inhaber war nach dem Herkommen für sein Leben versorgt. Wer das Staatsexamen hatte, mußte nicht ununterbrochen dienen. Er konnte aussetzen: Reisen machen, Musik treiben: sobald er wieder eine Anstellung verlangte, war sie ihm geschuldet. Er stieg um so schneller im Rang, wenn man ihn bemittelt wußte, wie diesen jungen Kaufmannssohn.

Indessen, so weit kam es gar nicht, die Liebe zerriß die Rechnung. Gleich sollte er das Gymnasium hinter sich haben, da, kurz vor dem Abiturium, verführte ihn seine Cousine. Sie war um sieben Jahre älter als der Siebzehnjährige, sie wußte, was sie wollte, ihm dagegen ahnte nichts. Als Waise, die sie war, lebte sie im Haus, sie bewohnte sogar das Zimmer neben seinem. Dem Kaufmann, ja, seiner gesellschaftlich geschulten Gattin verstand sich das Moralische von selbst. So bleibt man trotz Erfahrungen, wenn die frühesten Eindrücke vom Leben den Anstand als das Natürliche hingestellt haben.

Alice besuchte ihren Vetter wohl einmal, wenn er über seinen Aufgaben saß: es war kein Geheimnis. Man kannte ihre Neugier hinsichtlich der unfaßbaren Wissenschaften, denen so ein Junge sich näherte. Sie verhehlte keineswegs ihr Erstaunen, daß er Griechisch las! Damit er sie in einige seiner Künste einweihte, wenn noch so flüchtig, stand sie nahe hinter ihm, schlang um seine Schulter den Arm, ließ ihn ihren Atem spüren, und an seiner Schläfe schwirrten ihre langen Wimpern.

Sie war bis jetzt größer als er, ihre vollgeformte, leichte Büste stützte sich von selbst auf seine Schultern, die schlanke Taille, die gebauschte Tournure waren fortgebogen. Er erhob den Blick nicht vom Buch, dort lag aber ihre schön gestaltete große und nackte Hand. Sie fingerte an den gedruckten Zeilen: ein Fingern mit Anspielungen auf Kenntnisse – oh! kein Gedanke, daß er ihr Wissenschaften hätte vermitteln können, wie sie ihm. Um ihrer Hand zu entgehen, richtete er seine Stirn seitwärts hinauf gegen sie.

Ihr Anblick beruhigte ihn einigermaßen, der harmlose, ungewandte Eifer, den sie zur Schau trug. Ihr kindlich guter Wille machte, daß zwischen den Zähnen, aus dem feuchten, starken Munde die Zunge schlängelte. Ihr ovales Gesicht hatte Farben, glatt, wie nur auf kolorierten Bildnissen von Damen, die es einst gegeben haben soll. Aschblonde Haarfransen fielen von der hohen Frisur herab, in Abschnitten, dazwischen schimmerte die Stirn. Sie blieb gesenkt, die veilchenblauen Augen in den dunklen Wimpern begegneten mitnichten den seinen. Er war darauf angewiesen, ihre Nase zu bewundern, ihm klopfte dabei das Herz.

Ihre Nase, aufwärts gebogen, weit vorgestreckt, wäre von ihrem ganzen Körper das Stück, das er küssen möchte, gesetzt, die Versuchung übermannte ihn. Das einzige, was er weiß, ist vielmehr: Zwei Zoll von mir, aber unerreichbar, existiert Alice, die schönste der Frauen. Der Frauen nur? Nein. Alles was die Erde hat an Begehrenswertem, ihr Endzweck, der ganze Sinn

Vermutlich: Die verführerische Kusine
in Heinrichs Zimmer (1886) –
Zeichnung von Heinrich Mann
aus den vierziger Jahren

des Lebens – Alice! Wie geschieht es, daß sie sich hier befindet?

Dies ist eine kleine, alte Handelsstadt, mancher verläßt sie nie. Alice könnte überall die Schönste, die erste und einzige sein, was geht vor, daß sie es nur bei mir ist? Ich wäre sie niemals wert, kein Mensch ist ihrer würdig. Überdies bin ich zu jung, fünf Jahre werde ich an Universitäten studieren müssen. Zeit genug, daß sie mich vergißt bis auf das Aussehen. Hat sie überhaupt schon beachtet, wie ich beschaffen bin? Es würde nicht lohnen. Ich bin ein gewöhnlicher Schüler.

Dabei hielt er von sich mehr, ihm waren seine schmalen, energischen Züge bewußt – energisch nur, wenn sie nicht zusah. Er erinnerte sich wohl, daß ein Geschäftsfreund seinem Vater zugeflüstert hatte: »Der Junge hat schöne Augen«, denn sein Blick verriet die Fähigkeit zu lieben, bevor es statthaft war. Sie betrat sein Zimmer um der Wissenschaften willen einmal, zweimal, dann lange nicht. Als sie dennoch eines Tages den Arm um ihn legte, hatte er aufreibend nachgedacht, es wurde unerträglich, er mußte endlich in ihr Gesicht blicken und sie in seines. Hier, Kopf an Kopf, allein und im Ernst. Am Familientisch fand man keine wirklichen Blicke.

Plötzlich richtete er sich auf, nach dem Spiegel an der Wand. Sie bemerkte genau gleichzeitig den Spiegel. Niemand weiß, ob eine Sekunde oder mehrere Minuten, Tatsache ist, sie erkannten einander, sehr tief und endgültig. Nachdem dies geschehen, streckte sie ihm lang die Zunge heraus und verließ das Zimmer.

Er blieb zurück mit seinem Entschluß, der gefaßt war. Er wollte sie besitzen, sie wollte, daß er sie besaß. Obwohl aber die beiden Zimmer nebeneinander lagen, kam der Vollzug nicht von selbst, bei weitem nicht. Die Kühnheit des Siebzehnjährigen reichte nicht bis an sein Verlangen, im Gegenteil hemmte ihn sein übermächtiger Wunsch. Er faßte das Hindernis von einer anderen Seite: er verkaufte seine Schulbücher. Von ungefähr begründete er es damit, daß er doch nie studieren werde; es war noch nicht seine Überzeugung, nur die vorläufige Ausrede, die er brauchte, eine Geste, als bräche er Brücken ab.

Die Händlerin kam, sie war eine beleibte, nicht übel erhaltene Figur, das ungepflegte Gesicht faltig, aber lüstern. Haarfransen hatte auch sie. Statt des »Goldfuchses«, den sie für seine Habe bot, nahm er sie selbst, und sie war es zufrieden, doppelt sogar, da sie mit ihrem geretteten Geld wieder abzog. Jetzt, merkwürdigerweise, störte ihn nichts mehr in seinem Vorhaben.

Nur gedulden mußte er sich, bis im Haus alles still war. Da präsentierte er sich heftig und tatbereit, mit Schwung und Sprung, übrigens ohne eine Faser von Bekleidung, seiner Cousine. Sie saß, gleichfalls entblößt, vor ihrer Toilette. Sie streckte ihm diesmal nicht die Zunge heraus, das nicht; sie erschrak sogar, wenn auch mit Anstand. Sie konnte erschrocken sein, weil das vergebens Erwartete endlich doch eintritt. Er, blind von seiner Wut, sah nicht sie, nicht was sie taten, und so verbanden sie sich.

Sie empfing ihn jeden Abend, eine Woche lang. Beim achten Wiedersehen sagte sie: »Jetzt etwas anderes.« An ihm wäre hier das Erschrecken gewesen; aber er wußte sich sicher, zu genau fühlte er: Alice ist mein. Das ganze Leben mit Alice. Er hatte es das erste Mal noch nicht erkannt, beim achten mußte er gar nicht nachdenken. Unversehens lag sie nicht mehr, die hingebreitete Schönheit und immer nehmende, gewährende Liebe, die sie für ihn war. Hochgestützt, die ziselierten Finger an der bläulichen Schläfe, forderte sie ihn auf, mit ihr zu überlegen.

Die Zukunft natürlich, denn wir leben nicht für eine Woche, und wäre es die seligste. »Ich meine« – ihre Aussprache war »iesch«, eine mädchenhafte Geziertheit – »iesch bin offenherzig.« Hierbei lachte sie. Das Wort »offenherzig« wurde in bürgerlicher Gesellschaft verübelt, es konnte auf einen freigelegten Busen anspielen. In ihrer gegenwärtigen Haltung, mit ihrem Herzen über ihm, versenkt in seines, und er dem ihren ergeben auf immer –: beide lachten. Dann folgte das Überlegen.

Es bestand darin, daß sie ihm ihren Willen eröffnete. Er studierte nicht, das war vorbei. Nach bestandener Abgangsprüfung – aber was konnte ihm die Schule noch nützen – trat er alsbald in das väterliche Geschäft. Mit seiner Bildung und Tüchtigkeit genügten ihm wenige Monate bis zur Erreichung eines Gehaltes, von dem sie beide leben konnten. Sie heirateten noch dieses Jahr. Er hörte dies wie eine Offenbarung, obwohl er dasselbe als Vorsatz und Möglichkeit selbst schon erwogen hatte. Hier war es ein Wille, ihr Wille, er betete ihn an, weil er die Frau anbetete. Jeder ihrer weiteren Sätze kehrte Schwierigkeiten weg, zuletzt wunderte es ihn, daß etwas im Weg gewesen sein sollte.

Sie sagte, tiefer auf seinen Körper geglitten, ihre Wimpern kitzelten sein Gesicht: »Zusammen sind wir die Stärkeren. Dich verstoßen oder nach Amerika schicken kommt nicht in Frage. Deine Mutter ist schüchtern aus Wohlanständigkeit. Du weißt: ich bin nicht anständig«, sprach sie ruhig. »Daher sehe ich die Dinge, wie sie sind. Dein Vater wird seine Pläne aufgeben, nachdem er uns etwas gedroht hat. Sein Sohn wird nicht Minister werden, aber Nachfolger in seinem Geschäft. Er wird noch froh sein, dich hineinzunehmen.«

Der Junge unterbrach sie nur, um einzustimmen. »Erst recht, da ich jung genug bin – minderjährig sogar, und dürfte gar nicht heiraten. Aber mein Vater hat Einfluß, er ist nicht reich, nur sehr wohlhabend.« Hier stimmte wieder sie ein: »Das habe ich dich selbst sagen lassen. Deine Minderjährigkeit wird uns nicht stören. Seine Wohlhabenheit haben wir nötig, ja, sie ist unsere Bedingung.«

Nunmehr lag sie vollends auf ihm und sprach ihm von dem, was zuletzt kommt: Geständnisse, die nur gewährt werden, wenn die Liebe erprobt und ein für alle Male gegeben ist. Sie nannte mit Namen den Vorsprung, den ihr Alter ihr sicherte: sieben Jahre mehr als er – und er hatte wohl nicht bedacht, welche Erfahrungen in diesen sieben Jahren ein Mädchen erwirbt? Die Enttäuschungen, die sie sammelt? Ihre Einblicke und die Entschlüsse, zu denen sie gelangt?

Sie war natürlich geküßt worden, in einem oder zwei Fällen noch etwas mehr als das; der ernsteste Bewerber war ein verheirateter Mann. Man läßt sich nicht scheiden, das ist kein Anfang. Übrigens war die Auswahl hier in L. gering und allbekannt; sie konkurrierte mit allen Mädchen ihres Jahrgangs, bei derselben begrenzten Zahl von Direktoren, Agenten, Firmeninhabern gesetzten Alters. Keiner hatte den Mut oder Geist, über die im Leben erreichte Stufe hinauszugehen. Einen Mann ertragen, wenn er bis in die Verkalkung hinein zu bleiben gedenkt, was er vorher schon gewesen war? Danke.

Hier folgten die Worte, die man nicht vergißt, und würde man hundert Jahre alt. »Dich habe ich gewählt und gewollt, weil du mich liebst wie nur ein Jüngerer, wie gerade nur du, und weil die Liebe auf Ideen bringt. Auch in Gefahren, hör ich. Du, mein lieber Junge, stößt um meinetwillen deinen Stundenplan um, das heißt etwas. Du sollst ein ganz anderer sein als vorgesehen, nun, das macht stark, es führt hoch hinaus, oder man läßt es. Du liebst mich, um ein großer Mann zu werden: glaube mir, beinah in dieser Absicht bist du mein. Ich – in dem zarten Jüngling, nicht zu zart bekanntlich, liebe ich im voraus den großen Mann. Sei ruhig, ich liebe auch den zarten Jüngling.«

Kuß, und in nächtlicher Stille der geraunte Rest: »Dein Vater ist sehr wohlhabend, auch das muß sein. Nicht um uns auszuruhen. Aber der reichste Kaufmann, weiter hin als nur hierorts, könntest du ohne eine gesunde Grundlage nicht bald werden. Unsere gradezu meisterhafte Leidenschaft füreinander täte manches, nur zu langsam. Du siehst, alles muß zusammentreffen: so glücklich sind wir.«

Sie kamen von selbst dahin überein, daß morgen, Sonntag, »die Bombe platzen solle«. Beim Nachmittagskaffee war die Familie ohnehin versammelt, man ersparte die Einberufung eines Familienrates, der unvermeidlich schien bei so widergesetzlichen, wenn nicht widernatürlichen Vorgängen. Ihre Berechnung erwies sich richtig. Die erste Reaktion der Versammlung, Eltern, Tante, Onkel, Großmutter, war Geschlagenheit. Alle wurden auf ihren Stühlen kleiner, als stellte sich bei den jungen Leuten eine giftige Krankheit heraus – noch schlimmer, sie hätten sich einer Verbrechergesellschaft angeschlossen.

Im Vordergrund, dem ganzen Halbkreis vollauf sichtbar, stand das entartete Paar, zwei Hände fest ineinander, jeder auf jedem die Augen treu und unverwandt. Der Vater versäumte zu verbieten, was er fertig vor sich sah. Die Mutter flüsterte ratlos über seine Schulter, die sie umklammerte. Die Tante ließ vernehmen. »Die alte Person – das Kind!« Dem Onkel fiel das »Rauhe Haus« ein, wo man abgeschweifte Knaben auf den rechten Weg zurückbrachte. Indessen setzte er selbst hinzu: »Sie sollen dort gänzlich verdorben werden.«

Der Vater, ein Mann von Welt und von Humor, lachte unvermittelt auf. »Das Rauhe Haus! Er kann die Zöglinge in Latein unterrichten.« Die Mutter unternahm ihren so lange aufgeschobenen Versuch: sie fand sich selbst fehlerhaft, wenn sie laut vorging gegen eine wahre Wirrnis von Unstatthaftem. »Ihr werdet freiwillig zur Einsicht gelangen«, sagte sie nur, obwohl ihr gewesen war, als werde sie länger reden.

Das Beispiel seiner Frau erinnerte den Vater an seine Pflicht. So erhob er sich denn und sprach: »Erstens ist euer Altersabstand natürlich unpassend, damit ich nicht sage: anstößig. Er beträgt nicht sieben Jahre, sondern vierzehn, die du mehr haben müßtest, mein Lieber. Ferner bist du auf eine Karriere vorbereitet und wärest fahnenflüchtig. Ein Überläufer taugt auch im Kaufmannsstande nichts. Du weißt schon zuviel aus abgelegenen Gebieten, du würdest scheitern. Es bleibt dabei: du beziehst die Universität. Das genügt.« – Er schloß sogar gütig: »Wir brauchen einander.«

Trotzdem enthielt das Schlußwort die Drohung, auf die beide Schuldigen sich gefaßt gemacht hatten. Sie waren sofort einig. Der Junge berichtete heftig: »Meine Bücher habe ich verkauft.« Dem Onkel wurde die Antwort überlassen. »Man kauft andere«, murmelte er. Jetzt Alice, mit ganz klarer Stimme und einem Blick über den Halbkreis hin: »Wir haben ein Verhältnis.« Der Vater setzte sich wieder. Die Tante behauptete: »Es war ihnen anzusehen.«

Dennoch zeigten alle sich zerschmettert wie bei der ersten Ankündigung des Unheils, diesmal aber endgültig. Die Großmutter, eine fromme Dame, wollte das Äußerste nicht gehört haben, ihr herzlicher Vermittlungsvorschlag ging darauf nicht ein. Der junge Mensch prüfte sich ein Jahr lang unter fleißigem Studieren. Das Mädchen inzwischen wartete ab, ob ihre Gefühle die nächste Ballsaison überstanden. Dieser wohlgemeinte Unsinn, den die Großmutter selbst wohl schwerlich ernst nahm, fiel einfach zu Boden.

Während die ganze Gesellschaft am Ende ihres guten Rates war, wußten nur die Liebenden, was zu tun sei. Sie umschlangen einander, und sie küßten keinen dezenten Kuß von Verlobten, zum Besten einer andächtigen Familie. Sie küßten wie im Schlafzimmer. [...]

(*Ein Zeitalter wird besichtigt*, 1946)

Von Lübeck nach Amerika –
Lebensäußerungen

Es gibt nur wenige Tagebuchnotizen von Heinrich Mann (1871–1951). In seinen Notizbüchern hat er meist Ideen für seine Bücher oder Textpassagen seiner Werke notiert, jedoch selten Privates. Er hat zwar die Autobiographie Ein Zeitalter wird besichtigt *verfasst, doch hier wie auch in den wenigen anderen autobiographischen Texten stehen meist seine Werke, seine Motivation zu Schreiben und politische Einschätzungen im Vordergrund. Sein Privatleben erwähnt er nur selten. Sein Leben, vor allem auch seine Kindheit, hat er jedoch immer wieder in seinen literarischen Texten verarbeitet.*

Heinrich Mann als Vierjähriger
mit dem Vater, um 1875

Haltlos

Er war der Sohn eines vermögenden Hauses; er kannte nicht die Not, kaum die Arbeit. Zum Studium ursprünglich bestimmt, hatte er dieses Ziel infolge fortgesetzten Bummelns auf dem Gymnasium aufgeben müssen. Er bereute dies übrigens keinen Augenblick. Die Bildung, die er sich durch eifrige Lektüre moderner Schriftsteller angeeignet, war sie oberflächlich zu nennen? Aber durchaus nicht staatlich diplomiert, wie sie war, was damit anfangen! Seiner Neigung zur Literatur folgend – wirklich damals hatte er noch Neigungen –, versuchte er's mit dem Buchhandel. Denn zu vernünftig, so sagte er sich, war er damals, zu feig jetzt, entgegen väterlichem Gebot die altgewohnte Herdenkoppel zu durchbrechen und »in freiem Literatenleben den Kampf ums Dasein aufzunehmen«. […] Diese Erfahrung eines öden, abwechslungslosen Alltagslebens vernichtete den letzten schwächlichen Keim von Lebensfreudigkeit, den er aus seiner Kindheit herüberverpflanzt. Die schwarze Flut von Nörgelei und Verachtung, in die schon der Knabe geraten durch fortwährende Selbstbespiegelung, Zerlegung des eigenen Innern und Schlüsse auf die Außenwelt, schlug über seinem Kopfe zusammen, jede Hoffnung begrabend. Er, im ganzen also ein Mensch, der sich stets vom Leben hatte durch das Leben treiben lassen; der keinen eigenen Entschluß kannte, geschweige denn ein eigenes zielbewußtes Streben; dessen Verbitterung, abgesehen von der nörgelnden Langenweile [!] seines Berufslebens, durch keine äußeren, sondern ausschließlich durch innerliche Erfahrungen genährt wurde [...].

(Auszug aus der Novelle *Haltlos*, 1890)

»Natürlich rufe ich Papa nicht ... an für meine Wünsche«

Ich glaube, wenn ich überhaupt zur Analyse gemacht bin, nur auf diejenige der haute vie oder doch auf diejenige eines einigermaßen eleganten Lebens angewiesen zu sein. Die moralischen Dispositionen, die ich meinen eigenen entsprechend aufsuche, finden sich nur dort. Ein kosmopolitisches, durch die letzten kulturellen Erzeugnisse der alten Welt gebildetes und getragenes Dasein muß ich auf alle Fälle kennen, um für die Formung und Verausgabung dessen was ich jetzt mehr ahne als weiß, einen Rahmen und einen Vorwand zu haben. Ich erinnere mich des Wortes, das Papa mir einmal wiederholte, und worin ein berühmter Schauspieler versicherte, daß er nicht Hamlet Prinz von Dänemark spielen könnte, wenn er am Abend Kartoffeln und Häring gegessen habe. Natürlich rufe ich Papa nicht zum Zeugen an für meine Wünsche; er würde weit entfernt sein, sie zu billigen. – Ich führe das kosmopolitische Leben so gut wie es bei so beschränkten Mitteln wie die meinen sind, angeht. Ich pflege die verschiedenen Kultursprachen, lebe das Leben der verschiedenen Länder, genieße überall die eigenthümliche Kunst; das genügt jedoch nicht. Ich bin an kleine, bürgerliche Pensionen gefesselt, jeder Ausgang ist für mich ein Entschluß, zu dem ich meinen Leichtsinn zu Hilfe rufen muß. Mein Gesichtspunkt ist kein freier, über den Interessen und unrealisirbaren Wünschen stehender, es ist der der mehr oder weniger leeren Tasche, der durch alle Einbildungskraft und den möglichsten Dilettantismus niemals so weit corrigirt werden kann, daß er zu denselben Resultaten gelangt wie derjenige einer *gesättigten Existenz*. Ich muß einmal, um das was meine Instincte fortwährend aufsuchen und behaupten, in aller Klarheit verstehen zu können, – wenigstens einmal aus meiner Beschränkung einen Ausflug machen in jenen Lebenskreis, wo die Blume blüht, aus deren Duft ich eine Essenz zu fabriciren habe. Ich glaube daß ich imstande wäre, für die Dauer eines solchen Ausfluges meine gewöhnlichen Eigenstbedingungen hinreichend zu vergessen, um mich ganz selbstverständlich und ohne Hinterhalt »dazugehörig« zu betrachten; ich glaube es, weil mich meine Dispositionen innerlich dort eingeführt haben und auch infolge meines Anpassungsvermögens, wenn ich bedenke, wie vollständig ich das romanische Leben gleich anfangs zu dem meinen gemacht habe. Natürlich müßte Paris der Schauplatz sein. Sobald ich das wenige Vermögen, das mir zukommt, an mich gezogen habe, würde ich eine Summe aufnehmen, die mir einen Monat einer *existence supérieure* ermöglichen würde. 5000 frs sind etwa die monatlichen Renten eines dreifachen Millionärs, das würde also genügen. Von meinem Gesichtspunkt eines kleinen Pensionärs in einem boardinghouse für 5 frs exclusive Wein, kommt mir dies »das würde genügen« fast gotteslästerlich vor; von dem »andern« Standpunkt aus ist es mir ganz natürlich. Ich würde mir also ein kleines Appartement nicht weit von den Boulevards nehmen; da die Herrlichkeit auf Zeit ist, müßte es allerdings möblirt sein; das wird durch Illusion leicht ersetzt. Worauf es ankommt, sind die Details des täglichen Lebens. Von Kopf zu Fuß vom ersten Pariser Schneider gekleidet. Zu Hause seidenes Hemd und dto Schlafrock etc. J'insiste sur ces détails, ils ne sont point ridicules au fond. Jedes Stück, mit dem ich in Berührung komme, muß soignirt sein; wie das seidene Hemd ist auch die Moral, die ich aufsuche und die ich brauche: fein, geschmeidig, frivol (dies vom bürgerlichen Standpunkt gesprochen). Schleunig eine so elegante Frau genommen, wie mit dem Gelde, das ich bieten kann, erreichbar. Die Frau, so

75

seltsam das für Andere erscheinen möchte, wird mir am Ende des Monats die beste Hilfe sein, in meine Schranken zurückzukehren, um den Rest paisiblement en tout petit rentier zu verzehren: sollten sonst meine Wünsche noch nicht gestillt sein, so wird am Ende der 5 Wochen die Physis einfach versagen, und das genügt. Ich kenne mich soweit. Ich bin garnicht Verschwender, quoi qu'on en dise; ich *kann* es gar nicht sein. – Von dieser Pariserin kann ich mich als distinguirter Fremder anleiten lassen; sie wird die restaurants chics und die Logen im Theater wählen. Die Tages- und Nachteinteilung, Toilette und s. w. wird von ihr bestimmt. Ich frage mich wohl, ob ich so nicht befürchten muß, ausschließlich die demi-monde kennen zu lernen.

(*Mein Plan,* Tagebuchaufzeichnungen von 1893. – Übersetzung der französischen Textstelle: »Ich bestehe auf diesen Details, sie sind im Grunde gar nicht so lächerlich.«)

»Man geht grelle Wege«

Man kennt meine Herkunft ganz genau aus dem berühmten Roman meines Bruders [*Buddenbrooks*]. Nachdem wir zwei dicke Bände lang hanseatische Kaufleute gewesen waren, brachten wir es endlich kraft romanischer Blutmischung – laut Nietzsche bewirkt so etwas Neurastheniker und Artisten – bis zu Künstlertum. Ich ging, sobald ich konnte, heim nach Italien. Ja, eine Zeitlang glaubte ich zu Hause zu sein. Aber ich war es auch dort nicht; und seit ich dies deutlich spürte, begann ich etwas zu können. Das Alleinstehn zwischen zwei Rassen stärkt den Schwachen, es macht ihn rücksichtslos, schwer beeinflußbar, versessen darauf, sich selbst eine kleine Welt und auch die Heimat hinzubauen, die er sonst nicht fände. Da nirgends Volksverwandte sind, entzieht man sich achselzuckend der üblichen Kontrolle. Da man nirgends eine Öffentlichkeit weiß mit völlig gleichen Instinkten, gelangt man dahin, sein Wirkungsbedürfnis einzuengen, es an einem Einzigen auszulassen; wodurch cs gewinnt an Heftigkeit. Man geht grelle Wege, legt das Viehische neben das Verträumte, Enthusiasmen neben Satiren, koppelt Zärtlichkeit an Menschenfeindschaft. Nicht der Kitzel der andern ist das Ziel: wo wären denn andere. Sondern man schafft Sensationen für einen Einzigen. Man ist darauf aus, das eigene Erleben reicher zu fühlen, die eigene Einsamkeit gewürzter zu schmecken.

(*Autobiographische Skizze*, 1904, für Albert Langens Verlagskatalog.)

Der Unbekannte

Betäubt von sechs Schulstunden trabt durch die winkeligen Straßen ein Knabe: ein gewöhnlicher Bücherträger, der hier und da ausweicht, um einen Lehrer nicht grüßen zu müssen, dann und wann errötend den Hut abreißt vor einem kleinen Mädchen, mit dem er getanzt hat. Die Gassen steigen und fallen; der Knabe bedenkt, daß er jetzt, entgegen sämtlichen Gesetzen, sich etwas Glück stehlen wird, ein Stück Marzipan kaufen wird, obwohl es ihm den Magen verdirbt, und aus der Leihbibliothek etwas holen, auf dessen Genuß schließlich auch bloß Jammer folgt. Denn das Leben ist zu sehr verschieden von dem, was er meint, was er als Ahnung in sich spürt. Die Bücher, die er sich leiht, versagen auch und brauchen eine Ergänzung: weshalb er zeichnet. Zu Hause in seinem grünen Parterrezimmer, das Efeustöcke an den Fenstern heimlich machen, wartet auf ihn ein Kasten mit Wasserfarben, etwas rauhes Papier, einige Flaschen bunter Tusche; daran denkt er mit einer so lasterhaften Gier, daß ein vorübergehender Bürger sich fragt: »Was macht der Junge für Augen?«

Ein zerrüttendes Laster; denn die Zeichnung, die er, gesprengt von Herzklopfen, fertiggemacht hat, er legt sie, eine

Stunde später, als halbtotes Ding in das Pult. Mit jeder Minute, die der Blick in ihr wühlte, ist sie unzulänglicher geworden. Wenn er sie heute wieder hervorreißt, wird er sie nicht einmal mehr erkennen. Die Träume sind alle vergeblich. Eine Insel aus Rosenblättern trägt einen auf rätselhafte Art einen hohen Atemzug lang. Da taucht sie unter; man ertrinkt. Täglich wieder muß man ertrinken.

In der Schule gelingt es ihm manchmal, einen Lehrer so zu sehen, als hätte er noch nie mit ihm zu tun gehabt. Furcht und Haß fallen ab; er bemerkt: »Also dies Wesen, dies arme Wesen!« Und der Knabe, der nichts weiß, nichts belegen kann, hält in seinem Sinn auf einmal die Gesamtheit solcher Handwerkerexistenz.

Zu Hause klappen die Türen von Besuchen. Oft ist noch des Nachts die Luft warm und dick von Menschen; Gerüche aus Bärten und Ballkleidern verwickeln sich mit denen, die der Küche entsteigen. Musik dringt in sein Zimmer und stapft durch die Dunkelheit, in dem er liegt, Tanzschritte schleifen über seinem Kopf. Manchmal das Kreischen einer Frau, auf der Treppe vielleicht; eine schnarrende Offiziersstimme; auch Rütteln am Türgriff. Rüttelt ihr nur, hier ist's zu Ende, ihr als Balldamen verkleideten Wirtschafterinnen, ihr uniformierten Turnlehrer. Wenn ihr wüßtet, was ihr hier, in dem kleinen dunklen Zimmer, für eine lächerliche Entlarvung erfahrt und wie euer Anspruch darauf, Eleganz, Schönheit, hohes Leben darzustellen, hier zu kläglicher Schande wird. Ein fünfzehnjähriger Pennäler, werdet ihr sagen. Jawohl; und das Tragische daran ist eben dies, daß er sich, begegnete er einem von euch im Flur, in fliegender Scham über den Hof retten müßte und daß es höchst alltäglich um ihn zu stehen scheint. Aber drinnen [gemeint ist: im Inneren Raffaels] ist alles anders, als ihr es sehen könnt, und der gewöhnliche Bücherträger, den jeder von der Wiege her kennt, ist ein Fremder, gestern mit dem Schiff eingetroffen und jeden Tag zur Abreise fertig. Er ist irgendwie verwandt dem Albert Bishop, der, unbesorgt um Zeugnisse, ein paar Schulstunden mitmacht, und, wenn er nach eigenem Ermessen genug Deutsch kann, sein Gastspiel abbrechen und das folgende Land aufsuchen wird. Für diesen Engländer muß die Welt einen andern, bunten und zauberhaften Sinn haben. Dort ist es nicht Schicksal, daß einem zwischen acht und eins nichts freisteht außerhalb der Schulmauern: die Stadt ist offen, es führen Wege, gelassen beschreitbar, über alle Grenzen hinaus: Dinge, greifbar wie ein Schulbuch, liegen in China und Transvaal. Und in der Tat, wenn Bishop einundzwanzig ist: – es gilt dann gleich, wieviel er geschwänzt, wie oft er »Ungenügend« hat; eine Sprachprüfung muß er in London bestehen, dann wird er Dolmetsch bei einer exotischen Gesandtschaft. Solche freien Lebensläufe gibt es – indes man hier um den Einjährigen dient und weiter um das Abiturium und weiter um Gott weiß was.

Denn wohin dies einmal führen soll, weiß so gut wie niemand. Es ist doch wohl ausgeschlossen, daß solch ein Mensch, der im eigenen Elternhaus vor den Leuten davonläuft, der Marzipanessen und Zeichnen wie ein Laster treibt, der das Gemeinverständliche nur halbwach über sich hingehen läßt, mit seinen Füßen überall auf leere Luft tritt, an den Menschen nicht haften kann und sich fortwährend klein machen muß, damit es nicht herauskommt, wie es anders um ihn steht: es ist doch wohl ausgeschlossen, dass er einst erwachsen, tauglich und eingereiht sein wird. Er wird nicht älter werden, als er ist: was sollte er noch? Dies verträgt keine Zukunft. An seinem vorigen Geburtstag, abends im Bett, hat er mit der Hand sein Herz befühlt, tiefstill von Erkenntnis. »Wie sonderbar, daß ich noch lebe!«

(Auszug aus der Novelle *Der Unbekannte*, 1905)

» Vorwärts, wozu denn leben, wenn nicht mit der Seele.«

Bis zu meinem 28sten Jahre habe ich kaum geschrieben. Ich weiß nicht mehr, wie ich mir damals die Zukunft dachte; wohl garnicht. Die Entdeckung, daß ich einen Roman schreiben könne, gab mir Machtgefühl. Es ist dasselbe, als habe man eine Frau erobert oder sonst in der Welt irgend einen Erfolg errungen. Es ist mehr. Alle andern sind Theilerfolge. Kunst ist die Eroberung des Ganzen. Sie ist das Leben selbst; und sie ist ein genauer genommenes Leben als das gewöhnliche, ein tiefer ermessenes, stärker erlittenes und ein viel verantwortlicheres. Durch das Gestalten der Empfindung verfeinert und erweitert sich die Fähigkeit zu empfinden. Man kämpft viel. – Trotzdem habe ich immer das tiefe Gefühl gehabt von der Nothwendigkeit dessen was ich hervorbrachte, und zugleich von meiner Spielerei. Mein Verdienst schien mir eng bestimmt und das Werk, all seine Zusammenhänge, Sache und Stil, schon vorhanden in irgend einem vor dem Leben gelegenen Bereich: ich hatte es nur herauszuholen. Man organisirt, steigert, entscheidet, u. mitten im Kampf erstaunt man zuweilen selbst, wie Schicksale und eine Welt sich runden. Das hat die Ernsthaftigkeit u. Andacht eines Kinderspiels, das um seiner selbst willen geschieht. Es hat die Ernsthaftigkeit des Lebens. Denn überall fügt sich Schlimmes und Gutes, Großes und Armseliges, wie zu einem Werk, und als wär es nur, damit Alles ausgehe und recht sei. In den heiligsten Ängsten horcht Meinesgleichen manchmal auf und fragt sich, ob dies nun ganz, ganz ernst zu nehmen ist.

Das Wesen, das ich mir am nächsten gewußt habe, war meine Schwester [Carla]. Sie war Schauspielerin, schön und elegant, ein Kind des Lebens, so voll Bereitschaft, es ganz durch ihr Herz gehen zu lassen, – und doch nahm sie es im Tiefsten nur wichtig als beherrschtes Spiel; und da sie dies endlich aus dem Auge verlor und vollkommen »ernst« sein wollte, mußte sie sterben.

Ich habe mich viel in Italien aufgehalten: anfangs um der Farben und Linien willen, die hier Land und Kunst haben, allmählich immer mehr aus Interesse am Volk. Früher brauchte ich in meinen Romanen ein empfindendes Einzelwesen, um es einer unzulänglichen Welt entgegenzusetzen. Zuletzt gefiel es mir, zum Träger meiner Empfindungsformen ein Volk zu machen, eine Gemeinschaft von Durchschnittsmenschen, woraus sie schwankend und in den Brechungen des Alltags hervorsteigen. Ich bin überall zu Hause, wo Menschlichkeit, das immer wachsende Erbe Europas gedeiht. Dies italienische Volk bot sich mir für die Darstellung meiner Dinge an durch seine naive Empfindungsfreudigkeit und seine freie Geste. Höher achte ich das französische, weil es am Meisten gekämpft hat für die Ziele der Menschheit. Fühlen, daß Alles vor uns im Reich des Ungeborenen schon bestimmt ist; – was uns Muth und Willen stärkt; aber daß unsere ganze Kraft nöthig ist, um es ans Licht zu ziehen: das ist das Leben u. das ist die Kunst.

Mit 40 Jahren sehe ich die vier, fünf Orte, zwischen denen ich so lange Zeit hin und her gezogen bin, immerhin schon recht voll von alten Erlebnissen. Manchmal riecht es ein wenig nach Leichen. Man thut gut, darüber hinwegzusteigen u. Neues zu leisten. Die Werke freilich bleiben auch dahinten, Blut von ehemals, und lassen einem nicht weniger Melancholie als Stolz. Sich als Begleiter den Ruhm wünschen? Er mag Lohn für Vieles sein, wenn man ihn jung und auf einmal empfängt. Man darf nicht Zeit haben, ihm bei seiner Bildung zuzusehen … Aber fragt mich ein junger Mensch, der mir gleicht, ob er denselben Weg gehen soll? Vorwärts, wozu denn leben, wenn nicht mit der Seele.

(*Autobiographie*, 1911)

»Das Leben selbst aber, … war einzig die Arbeit.«

Sehr verehrter Herr Paul Hatvani,
auf Ihr freundliches Schreiben vom 30. März antworte ich
Ihnen gern das Folgende:

Schon als Kind in meiner Vaterstadt Lübeck fühlte ich mich
einigermassen fragwürdig und dem normalen Erwerbsleben,
worin meine Vorfahren sich seit 100 Jahren ausgezeichnet hatten, stark entfremdet. Andererseits sah ich mich auch nicht als
künftigen wohlbestallten Dichter. Irgendwo las ich damals,
Lord Byron sei eines Morgens berühmt erwacht. Dieses mär-
chenhafte Erlebnis traute ich mir nicht zu, und hatte nur zu
recht. Es hat einer fast 20jährigen, ganz auf mich selbst gestell-
ten Arbeit bedurft, bevor mein Name über die Literaturblätt-
chen hinausdrang, – und nicht einmal diese hatten ihn gern genannt.

1891 tauchte ich in Berlin auf und war unter denen, die das
Pflaster des alten Westens beherrschten. (Der neue bestand
noch nicht.) Ich habe später in einigen anderen Städten längere
Jahre, nie aber lange genug gelebt, um Berlin zu vergessen, das
mich zu meiner bildsamsten Zeit in Besitz nahm und wo ich
durch Miterleben erfuhr, was geistige Bewegung ist. Die Bewegung war der Naturalismus. Als stummer, geduldeter Jüngling
wohnte ich einer Sitzung des Vereines Freie Bühne bei. In den
Vorstadttheatern, wo die Entscheidungskämpfe tobten, gehörte ich zu der dunklen Jugend, die, während sie mitkämpfte,
sich heimlich prüfte, wie es wohl um sie selbst stehe. Ich habe
mich, als ich endlich selbst producirte, vom Naturalismus weit
genug entfernt, verbunden bleibe ich ihm durch uneigennützige Erinnerungen.

Die Production begann noch lange nicht. Vom Herbst 1893
bis zum Frühling 1898 sass ich tief in Italien, ich könnte sagen: ich sass fest. Denn wohin mit einem unregelmässigen
Dasein, das weder Erwerb noch einen bestimmt entschiede-

nen Beruf hat, das einfach dahingeht, immer nur aufnimmt und nichts damit anfängt? Ich habe damals das Land wahrhaftig nicht als distinguirter Fremder bereist. Äusserst wenig Geld und keine Garderobe, damit ist man genöthigt, zu leben wie ein Einheimischer aus der grossen Menge, in Schichten, die nicht einmal der Einheimische von Rang kennt. Ich lebte mit dem Volk, mit den Männern und mit den Frauen, in Rom und auf dem Lande. Viel später ist daraus die *kleine Stadt* entstanden, und hätte anders nicht entstehen können. Auch in dem hierauf folgenden Jahrzehnt bin ich häufig für Monate nach Italien zurückgekehrt, um in guten Wohnungen oder Hotels meinen Arbeiten obzuliegen. Meine innere Kenntnis der Menschen und Dinge stammt aus den Jugendtagen, als ich noch nicht schrieb.

Das Jahrzehnt von 1898 bis 1908 ist die Zeit meiner schärfsten Arbeit. Hierüber sprechen die Ergebnisse selbst, vom *Schlaraffenland* bis zur *kleinen Stadt.* Ich verweilte abwechselnd in Florenz oder Venedig, in München und Berlin. Ich erlebte wohl auch, seien es leidenschaftliche, seien es schmerzliche Dinge. Das Leben selbst aber, sein ganzer Ernst und seine ganze Strenge war einzig die Arbeit. Sie war einsam und unbedingt, keine Rücksicht, keine Hoffnung auf Erfolg reichte an sie heran.

Nicht, dass ich seither gefeiert hätte. Die Romane gingen weiter, unterbrochen freilich durch Versuche für das Theater. Im Jahr 1910 zeitigte der grösste Schmerz, den das Leben mir beschert hat, mein erstes Theaterstück *Schauspielerin.* Gefeiert, nein; aber das Theater ist nicht ganz die einsame, weltabgewandte Arbeit, die ich vorher kannte. Es ist dies bei Weitem nicht. Ich danke ihm vielmehr einen Theil der Wirklichkeit, die jedes Leben braucht.

Der schönere Theil ist die Ehe, die ich 1914 einging. Ich gestehe ruhig, dass ich meine Arbeiten in einen völlig weltlichen Zusammenhang mit meinem Kinde bringe. Der Gedanke, noch 30 Jahre nach meinem Tode werde meine Arbeit Frucht tragen für mein Kind, erhöht in meinen Augen ihren Werth. Dabei räth mir die Vernunft zur Sympathie mit dem Sozialismus, ich widerspreche mir.

1914 vollendete ich auch den *Untertan*, der 1912 begonnen, aber schon 1906 entworfen war. Die Romanreihe, die hiermit anfing, ist in meinem Gesamtwerk nichts Alleinstehendes oder Neues. Durchweg sind meine Romane soziologisch. Den menschlichen Verhältnissen, die sie darstellen, liegen überall zu Grunde die Machtverhältnisse der Gesellschaft. Die am häufigsten von mir durchgeführte Idee ist eben die der Macht. Einfälle, denen Niemand es angesehen haben würde, führten sich mir, je länger je deutlicher, auf jene Idee zurück. So sass ich ahnungslos im Teatro Alfieri zu Florenz, die Pause kam, ich kaufte eine Zeitung und las, aus Berlin berichtet, von einem Professor X, der im trauten Verein mit einer Chanteuse auf die traurigsten Abwege gerathen war. Ein Moment der selbstvergessenen Empfängnis, und *Professor Unrat* lebte. Sein Vorbild aus der Zeitung stellte sich später als Börsenredakteur heraus. Für mich aber war das Phänomen vom ersten Augenblick an ein Gymnasialprofessor, der Mann der Ordnung und des festen Befehls, der fallen, sich in Anarchie auflösen und den Tyrannen von seiner Kehrseite zeigen musste ... Ich hatte, wo immer ich sass und fremde Zeitungen las, das Problem des deutschen Kaiserreiches in mir. Romane, wie meinesgleichen sie schreibt, sind die innere Zeitgeschichte, die Geschichte, die noch Niemand sieht oder wahr haben will, bis Schicksalstage sie furchtbar bekräftigen.

Dies, geehrter Herr Hatvani, schreibe ich angeregt durch Ihren Brief; es heisst nicht, dass Sie es, abgesehen von den blossen Tatsachen, benützen müssen. Ich wünsche selbst nicht, dass Sie mich in Ihrem Buch direkt reden lassen. Jedenfalls aber wollte ich Sie darüber unterrichten, wie ich denke; ich schulde es Ihnen schon für die Ehre, die Sie mir mit Ihrem Vorhaben erweisen. Nehmen Sie meinen Dank und die Versicherung meiner lebhaften Theilnahme. Ich wünsche Ihnen Glück zur Arbeit.

Ihnen ergeben
Heinrich Mann

(Brief an Paul Hatvani, München, 3. April 1922)

»Ich bin aus Lübeck, einer freien Stadt«

Lieber Herr Bertaux,

[…] Gern sage ich Ihnen alles, was Sie brauchen können über mich. Die Chronologie meiner Bücher gab ich Ihnen schon, nicht auch die Lebensdaten? Ich bin aus Lübeck, einer freien Stadt, mein Vater sass im »Senat«. Die väterliche Familie war immer schon dort in der Kaufmannschaft. Dagegen war von meinen beiden Grossmüttern die eine portugiesische Brasilianerin, die andere Tochter eines französischen Schweizers, der im Gefolge der Napoleonischen Kriege nach Lübeck kam. […] Ich studirte in Berlin und verbrachte dann 5 Jahre fast ganz in Italien: noch nicht um zu arbeiten. Ich versuchte mich nur im Leben und nahm auf. Da ich nur das nothwendigste Geld hatte, lebte ich mehr im Volk als unter Wohlhabenden. […] Bis 1914 wechselte ich, immer produzirend, sehr oft den Ort, aber es waren immer dieselben Orte: ausser Berlin und München einige italienische Städte, die letzten Jahre auch Ihr schönes Nizza, das ich überaus geliebt habe. Nun, das war die Regel, alle reisten: besonders wir Deutschen nahmen vorweg, was wir heute versäumen müssen. Seit 1914 bin ich, mehr zufällig, in München haften geblieben. Meine Frau ist eine Pragerin, wir haben ein 6jähriges Mädchen. […]

Herzlichst Ihr

Heinrich Mann

Heinrich Mann als Redner
in der Weimarer Republik, 1927 (56 J.)

Die Photographie, ich gestehe es, ist nicht ganz neu, ich bin etwas dicker geworden. Aber meine Frau wünschte, dass ich Ihnen ein Bild schicke, das den geistigen Charakter nach ihrer Meinung besser wiedergiebt.

(Brief an Félix Bertaux, Bad Schachen, 10. Mai 1923)

»Bücher von heute sind morgen Taten«

Fragen wir das Kind, das schon schreibt. Es kennt Märchen und es versucht, selbst eins zu machen. Warum nur? Es hatte auch Zehnpfennighefte, worin sowohl das Käthchen von Heilbronn wie Aschenbrödel für das Puppentheater bearbeitet waren. Aber das Kind unternimmt nicht ohne Erregung, ein neues Stück zu schreiben. Es könnte sich die Mühe doch sparen, besonders da zum Schluß keine reine Befriedigung bleibt. Die Erregung war glücklicher als das Erreichte. Dies seine früheste literarische Erfahrung.

Den Übergang zum Jüngling begleitet ein Lieblingsdichter. Der Heranwachsende liebt den längst Verstorbenen lebendiger und mit mehr Tränen als die Märchen, die er liebt. Er zeichnet sein Bildnis nach, er macht Verse wie die seinen. Er lebt seine Schicksale, seine Geisteshaltung noch einmal – unsichtbar für die Welt, in seinem engen Schülerzimmer, das Raum hat für diese Auferstehung, dies Mysterium.

Die Folgen des ersten überwältigenden Erlebnisses sind lähmend. Der junge Mensch glaubt alles schon geschehen und vollbracht, er sieht nicht weiter. Er ist Inhaber des Zweifels, Witzes, Schmerzes seines Toten und nimmt nicht an, ihm bleibe noch zu lernen. Da stirbt sein Vater, – der aber war Mensch, kein geistiges Gebilde. Der ungesuchte Schmerz überfällt den Sohn wie eine Schuld. Er erkennt, daß er vom Schmerz, ja vom ganzen Leben nur erst kostenlose Proben vorweggenommen hatte. Die Wahrheit ist härter und ohne Genugtuung. Erfahre jetzt die wirkliche Welt, in die du hinaus mußt, den Beruf, die Fremde!

Er erfährt sie und merkt schon bei den ersten Schritten, daß nur das Wort ihm helfen kann, sie zu bestehen. Trauer, ungeliebte Anstrengungen, die Demütigungen des Anfängers, dem Stolz nicht zugebilligt wird, alles endet daheim des Nachts in geschriebenen Worten. Um der Worte willen ist es erträglich, beinahe erwünscht. Die grobe und ungestalte Wirklichkeit befreit doch ein noch unbekanntes Innere, sie schafft erst die Persönlichkeit, die sie angreift. Sie löst eine Zunge, des Nachts strömen Worte.

Viel mehr ereignet sich. Die Welt mit ihren Taten hat natürlich keinerlei Absichten auf die Worte, die ein junger Mensch heimlich für sich macht. Betätigt sie sich denn um seiner Worte willen? Sie ist als Stoff für Worte nicht gedacht, er glaubt es nicht. Er weiß, daß bei ihm Worte sind, was bei ihr Handel und Wandel. Dieselbe Bewegung der kämpfenden, fliehenden Tage bringt dort äußere Welt hervor, hier immer nur Worte. Aber auch das Wort ist Bewegung. Es gibt ein unsichtbares Land, wo Bewegung gleich Wort ist. Dies Land ist das seine. Er hält es für souverän. Er stellt sich in voller Gleichberechtigung neben die Welt, – weil er die Muße, die sie ihm läßt, benutzt, um sie darzustellen.

Was freilich arg mißlingt. Er kann nichts, dies ist die harte Tatsache des Zwanzigjährigen. Eines Tages wird er können, er fühlt es voraus, er behauptet im Grunde seine Überlegenheit über alle, die sich schon ausdrücken. Ihm aber fehlt noch der Hebel für seine Welt, – und fehlt nicht sogar die Welt? Ihn treibt unweigerlich jene innere Bewegung, die ans Ziel will, jener Rhythmus, der nach Form drängt, jene Anfänge von Musik. Ach! Musik, die stumm bleibt, Drang, der nie hinkommt.

Der Zwanzigjährige kennt sich selbst nicht. Auch später wird er sich nicht kennen, wird aber gelernt haben, in seinem inneren Dunkel Gestalten zu sehen. Später wird ebenso die

Welt, wenn nicht ihre eigene Wahrheit, so doch die seine hergeben, er wird sie klären und durchdringen. Wie könnte es der Zwanzigjährige? Die Welt bleibt ihm fremde Gewalt, er ahnt sie kaum erst von fern – der Arme, der sich selbst voll Überraschungen, unfaßbar und noch formlos ist.

Er will zugreifen, vom Erlebten oder Erträumten etwas festhalten. Er fiebert. Welche durchbebte, hochgespannte Nachtstunde! Bei Tage nüchtern wiedergelesen, war alles Ohnmacht. Es war Erguß statt Beherrschung, kein Werk, nur ein hilfloser Brief an das Leben. Er hat, wenn er schrieb, das Leben an sich reißen wollen vor der Zeit, das rächt sich. Die Enttäuschungen der Zwanzigjährigen sind überaus grausam. Sie werden ertragen und leicht vergessen, aber nur Jugend ist so widerstandsfähig.

Einige Jahre später fügt sich ihm ein Werk. Es geschieht wie durch Zauberschlag, er war sich nicht bewußt, seither besser zu denken, erstarkt und im Leben weiter zu sein. Gewissermaßen ist er kindisch geblieben, der junge Erfinder springt bis zur Zimmerdecke aus Freude über seinen Einfall. Was er wirklich besitzt, ist eine ganz außerordentliche Fähigkeit, sich zu freuen, eine geheime, tiefinnere Heiterkeit. Es ist von Vorteil, so ausgestaltet an die dichterische Bewältigung der Welt zu gehen. Grämliche wären ihr nicht gewachsen.

Der Freude entspricht Leiden, seine Begabung umfaßt beides. Kein erlösendes Wort hebt Leiden auf. »Mir gab ein Gott –« hilft nicht viel. Er ist empfindlich für Verachtung, ihn beleidigt, was falsch und ohne Charakter ist. Die großen Schläge des Lebens aber treffen selbst den Gereiften jedesmal wie ein Gewaltstreich, der noch soeben unmöglich schien. Er weiß vom Unglück, vergißt es aber immer wieder, und jeden Morgen glaubt er an das Glück. Es ist der allgemein menschliche Optimismus, nur die größere Erregbarkeit dieses Menschen macht daraus etwas Neues. Ihn selbst erhält sie neu, er bleibt um so länger jung, je reizbarer er erlebt.

Nicht nur Gefühle, sogar seine Gedanken sind reizbar. Die Zahl seiner Ideen ist beschränkt, und sind es auch nur seine? Aber sie bekommen durch ihn Auftrieb und Macht von Leidenschaften. Sie können greifbare Gestalten der Sinne werden bei ihm. Gedanke und Sinne widersprechen sich hier endlich nicht mehr, in dieser aus Worten erschaffenen Welt ist, anders als in der wirklichen, Einheit. Wie kommt es? Ihr Schöpfer selbst bleibt doch sein Leben lang voller Widersprüche, im Leben verleugnet er täglich sein Werk. Indes ihm viele arglos vertrauen, verliert er nur selten das Gefühl: wenn ihr wüßtet! Wer bin ich?

Gleichwohl weiß der Erfahrene, daß sie schließlich doch vertrauen dürfen, soweit Vertrauen überhaupt geraten scheint bei der Unsicherheit unserer Herzen. Ein Schriftsteller hat doch in beherrschter Leidenschaft viel Schicksal, viel Menschliches zu seiner Sache gemacht – und sich zu ihrer. Er tat es vor allem um seiner nie vollendeten Selbstzucht willen, nicht aber für unmittelbaren, groben Nutzen – selbst überrascht, wenn nach vielen Jahren, Jahrzehnten sogar, die Welt sich bei ihm wiedererkennt und ihn hinnimmt wie er ist. Oder doch ein Teil der Welt nimmt ihn jetzt hin; mehr war nie zu hoffen. Dafür war er lange Zeit überaus allein, lag im geistigen Kampf mit der Welt, eroberte sie stückweise durch Wissen und Miterleiden, ja, trug am Ende Verantwortung für sie.

Denn merkwürdig ist, daß jemand, der schließlich nur Erfindungen schreibt, eine Art Mitschuld fühlen kann am Gang der wirklichen Welt. Ihre Taten, die oft schlimm waren, haben ihn beschwert wie eigene Fehler und Mißerfolge. Ihre Langsamkeit im Bessern macht ihm noch immer heiß, als bliebe er selbst schmählich hier stecken. Dabei will er von ihr nichts. Wer ihr moralisch kommt, will fast immer viel für sich. Der Schriftsteller hat, ohne daß er handelte, Gewissen für die Handelnden.

Sollte er dennoch gehandelt haben? Vielleicht im Namen

Künftiger schon? Bücher von heute sind morgen Taten, und eine Vorgestalt des Geschlechts, das kommen soll, lebt im Schriftsteller schon.

(*Was ist eigentlich ein Schriftsteller?*, 1926)

»Muth zu einigen geistigen Wagnissen«

Im Hause meiner Eltern zu Lübeck habe ich eine so glückliche Kindheit verbracht, wie die Schule es irgend erlaubte. Denn ich war für gewisse Fächer, wie Mathematik, unbegabt und ohne Interesse. Mit dreizehn Jahren machte ich meine erste große Reise. Mein Vater, der Reeder war, ließ mich auf einem der Schiffe, die ihm mit gehörten, allein zu Verwandten nach St. Petersburg fahren. Mein Vater, dessen Gesichtskreis über die Enge der Zeit und seines kleinen Wohnortes weit hinausging, wollte mir, nach begreiflichem Zögern, die literarische Laufbahn zu wagen helfen. Er starb aber 1891.

In Berlin hörte ich einige Vorlesungen der Professoren Ludwig Geiger, Erich Schmidt, Moritz Lazarus. Ich fühlte sogleich, dass eigene Studien mich weiter brachten. Überdies erkrankte ich und wurde von meiner besorgten Mutter zuerst in eine Wiesbadener Kuranstalt gebracht, dann an den Genfer See geschickt. Dort begann meine Beschäftigung mit der französischen Literatur, die seither andauert.

In Italien vertiefte ich mich die folgenden Jahre wohl in Kunst und Kultur, noch mehr aber in Land und Leute. Ich lebte als junger Mensch mit wenig Geld inmitten des Volkes, daher die Kenntnisse, die mich später befähigten, den Roman *Die kleine Stadt* zu schreiben.

Nach frühen Versuchen, denen eine nur dem Erleben gewidmete Pause folgte, begann meine zum Bewusstsein erwachte Produktion 1897. Ich habe bis 1909 fast in einem Zuge sechs Romane geschrieben, von 1910 bis 1913 vorwiegend für das

Theater gearbeitet (Frau Tilla Durieux brachte als Erste meine Stücke auf die Bühne) und seither besonders den sozialen Roman gepflegt. Ich folgte der mir im Blut liegenden Überzeugung, dass die Literatur zeitgeschichtlich bedingt und den Kämpfen der Mitwelt verpflichtet ist.

Bis 1914 lebte ich abwechselnd in Italien, München, Berlin. 1914 heirathete ich und blieb in München, wo meine Mutter noch lebte. Sie starb 1923. Sie war als Kind aus Brasilien nach Lübeck gekommen. Ihre Mutter war Brasilianerin gewesen. Muth zu einigen geistigen Wagnissen und Abentheuern kam mir im Lauf meines Lebens zweifellos auch daher, dass meine Mutter aus einem mir immer unbekannt gebliebenen Land stammte.

Meine Frau [Mimi Mann] ist die Tochter eines Prager Kaufmannes. Sie war beim tschechischen Theater und wollte zur deutschen Bühne übergehn, als wir uns kennen lernten. Meine Frau erleichtert mir das Leben auch durch ihre Gabe der Menschenbehandlung. Seit 1916 haben wir eine Tochter.

(*Lebenslauf*, 1926)

>>*Guter Schlaf stimmt hoffnungsvoll
sogar in der reizbarsten Morgenstunde.*<<

Lieber Herr Doctor,
 auf Ihr gefällige Frage vom 11. Juni:
 Ich thue meine wichtige Arbeit vormittags so gut wie nüchtern. Essen, rauchen und trinken kann man später noch genug. Gesellschaften sind auch nicht das Richtige, während man selbst eine nicht uninteressante Gruppe von Menschen im Kopf umherträgt.

Anregungen des Geistes und der Sinne können zur Konzeption eines Planes führen. Für die tägliche Arbeit sind sie werthlos. Unsere Natur hat sich durch sich selbst zu steigern. Sie muss sich täglich wieder in den unumschränkten Besitz ihrer selbst setzen. Erwünscht sind nicht Anregungen sondern Ruhe und Seelenfriede. Daher natürlich auch Schlaf.

Guter Schlaf stimmt hoffnungsvoll sogar in der reizbarsten Morgenstunde. Der Tag scheint aussichtsreich zu stehen nach einer guten Nacht, die Arbeitszeit wird bringen, was irgend von ihr zu erwarten ist, nämlich Freude. Eine Seite der Freude ist besser als zwei des Unbehagens. Die beste Freude kommt freilich erst aus überwundenem Unbehagen.

Am Nachmittag bedarf es manchmal nur zehn Minuten Halbschlaf, einer ganz kurzen Bewusstlosigkeit, damit eine Gestalt, eine Scene viel weiter vorrücken, viel sichtbarer werden. Man hat sie so lange in sich bewegt, dass sie jetzt schon von selbst handeln, während man nicht hinsieht. – Übrigens glaube ich, dass jeder andere Gegenstand, genau wie der mir gewohnte literarische, diese Wirkung haben kann auf den Menschen, der mit ihm und für ihn lebt. Ich führe mich nur als Beispiel an.

Heinrich Mann

(Brief an Niels Kampmann, Bad Gastein, 17. Juni 1927. – Heinrich Manns Brief ist die Antwort auf eine Umfrage, die im *Berliner Tageblatt* veröffentlicht wurde.)

Der Weg aus dem Land

Was mich betrifft, ließ ich mich ungern warnen, als mir sichtlich doch keine Wahl blieb. Das Land musste ich jedenfalls verlassen. […] Auch nahm ich mir die Zeit, meine Arbeiten zu ordnen im Hinblick auf ihre Fortsetzung anderswo. Das Reisegeld war auf der Bank noch erhältlich. Ich sei unter den ersten, hatte man mir gesagt, denen der Paß abgenommen werden sollte. Wahr oder nicht, das Wahrscheinliche ist nicht immer wahr – Boileau könnte seinen Satz auch umkehren. Die tatkräftigsten Willensmenschen werden ihre zahlreichen Sorgen nicht alle gleichzeitig in die Hand nehmen. Das Haus, in dem ich mir unklugerweise eine Wohnung neu eingerichtet hatte, wurde ständig bewacht, gut damit.

Als ich am übernächsten Tage, dem 21. Februar, wirklich abreiste, hätten Gepäck, Wagen und andere Anzeichen des versuchten Entkommens mich ohne weiteres ausgeliefert. Indessen trug ich nichts als einen Regenschirm – meinen letzten; Mr. Chamberlain zu Ehren habe ich mir ihn abgewöhnt. Zu Fuß ging ich nach der Haltestelle der braven, anonymen Straßenbahn. Keine unanständige Eile, den Zug nach Frankfurt zu besteigen! Es ist nur Frankfurt, meine Fahrkarte reicht nicht weiter, wer hat etwas dagegen. Mit meiner liebevollen Frau [Nelly] wandele ich auf und nieder, so viele Minuten noch fehlen. Dank ihrer Geschicklichkeit liegt der Rest meiner Habe glücklich im Netz. Sie möchte sprechen, schluchzt, unterdrückt die Schwäche. Vornehmlich wünscht sie uns ein schnelles Wiedersehen. Wann? Morgen? Vielleicht kehre ich erst übermorgen zurück. So sieht, will es scheinen, der Rubikon aus. Hinter dem verhängnisvollen Fluß, den ich wähle, liegt das Exil.

(*Ein Zeitalter wird besichtigt*, 1946. – Heinrich Mann beschreibt in der Autobiographie seine Flucht am 21. Februar 1933 aus Deutschland ins Exil.)

Späte Erinnerung an Lübeck

Ob vor fünfzig Jahren oder nur seit fünf, gekommen war ich aus dem kleinen, alten Haus einer Stadt unfern der See. Seine Trümmer sind aus den Bombengruben kürzlich weggeräumt. Übrigens sah ich den Ort das letzte Mal mit zweiundzwanzig Jahren.

(*Ein Zeitalter wird besichtigt*, 1946)

Heinrich Mann 1949 vor seinem Haus in Santa Monica,
ein Jahr vor seinem Tod

(787.)

Abschied von Europa

Das spannende Marseille

Meine Frau löste in Nice unsere Einrichtung auf. Im gleichen Augenblick meldete das Finanzamt seine Forderung an, ich beglich sie gern. Den Staat Hitlers, der mein Guthaben stahl, hatte ich freiwillig nicht beschenkt. Hier, den jungen Advokaten, meinen anhänglichen Freund, tröstete ich mit der Hingabe von Erinnerungen. Über das Unwahrscheinliche ist man leicht getröstet: er glaubte an meine Abreise vielleicht nicht fester als ich. Mein Gefühl wollte noch immer leugnen, daß dieser Boden im Ernst für mich verloren sein sollte.

Sieben und ein halbes Jahr früher hatte ich es weniger abenteuerlich gefunden, unsere Berliner Wohnung zu verlassen, als ginge ich in das nächste Café. Das erste Exil enthüllt viel später, was es war. Dem Lande, das ich damals aufgab, hatte ich einiges vorzuwerfen. Diesem hier – nichts. Als dieses Land mich nicht mehr schützen konnte, bekam mein alter Gang durch Berliner Straßen, Februar 33, endlich sein wahres Gesicht. Die Verbannung aus Europa war es, sie hatte ich damals angetreten.

Die Cannebière, Hauptstraße von Marseille, wurde 1940 lebhaft kontrolliert von französischer Polizei, wenn auch in höherem Auftrag. Wen wollten sie eigentlich noch festnehmen, die Verschwörer regierten schon. Aber Papiere: wer keine Papiere oder nicht die richtigen hat, wird aus dem Grand Café geholt. Es gleißt mit überlebensgroßen Stukkaturen und Gemälden der weiblichen Typen, die 1890 die reizvollsten waren. Sie lächeln aus den Spiegeln, schwelgerisch umfängt ihr verjährtes Bild den Verzehrer von 1940, vor seinem prozentual herabgesetzten Alkohol, der dreimal wöchentlich erlaubt ist – und gleich wird jemand nach Papieren fragen.

Eines schwülen Abends blieben wir zu lange auf der Straße

sitzen. Wir sahen eine Truppe gegen uns anrücken, es blieb nur übrig, ihr die Stirn zu bieten. Als wir aufbrachen, hielt sie den Rand des Gehsteiges besetzt, der Offizier spähte jedem Passanten unter den Hut, der bei einigen tief im Gesicht saß. Ich fand es geraten, den Kopf höher als sonst zu tragen. Die Gelegenheit empfahl mir dringend, etwas vorzustellen, womöglich den Präfekten der Bouches-du-Rhône. Der Kommandant des Ordnungsdienstes glaubte es mir, er ließ von mir ab, wir waren vorüber.

Die Augenblicke von Sein oder Nichtsein sind märchenhaft, solange sie spielen: man geht ungläubig hindurch. Nachher überwiegt der Ärger über eine plumpe Falle, in die man sich um ein Haar begeben hätte. (Andere sind aus gleichen Anlässen, die sie etwas zu weit kommen ließen, ohne viel Ehre verunglückt.) Wir vertauschten das kleine Bahnhofshotel, das vielleicht unauffällig, vielleicht verdächtig war, mit dem vornehmsten der Cannebière – es konnte auch wieder so und anders ausfallen. Vor allem bekümmerte ich mich ernstlich um die amerikanische Hilfe. Ich hätte nicht gewußt, wo anfangen, indessen ein guter Kamerad war da.

Lion Feuchtwanger ist schon lange ein amerikanischer Autor, ohne daß er aufhört, Europäer, sogar ein Deutscher des biederen Schlages zu sein. Sein Publikum in den Vereinigten Staaten hat staunend von ihm Geschichte gelernt, römische, jüdische und die großen Augenblicke Münchens, als es Weltruf erhielt durch Hitler, seinen Erfolg – und den Roman »Erfolg«, der mehr Dauer verspricht. Lion Feuchtwanger ist zuverlässig, er hat Schulung, Können und Charakter, zusammen ein seltener Besitz. Es kommt immer noch darauf an, ihn klug zu verwenden.

Er behandelte das Problem unserer Abreise wie einen seiner Romane, auf Grund sicherer Kenntnisse – der Gegebenheiten, der Personen – und im vernünftigen Hinblick auf das Abenteuer, das endlich eintreten soll. Es wäre unwahrscheinlich ohne die gewissenhafte Vorbereitung. Improvisationen verdienen keinen Glauben, zum Beispiel taugt die Fischerbarke nichts. Was für ein Roman wäre das, wenn auf hoher See unser gemietetes Schiffchen aufgehalten würde von einem feindlichen Fahrzeug – feindlich sind jetzt alle –, und die untersuchte Ladung für Nordafrika ergäbe nur drei geschlachtete Hämmel, aber sechs noch lebende Emigranten. Mäßig erfunden, schwach komponiert.

Dergleichen Pläne unbestimmten Ursprungs folgten schnell aufeinander, jeder wurde fallengelassen; Feuchtwanger hatte ihn nicht erst wichtig genommen. Er schätzte seine Freunde, die frommen und tatenlustigen Mitglieder verschiedener Sekten von drüben, Unitarier, Quäker und so. Sie bewegten sich in dem spannenden Marseille ohne persönliche Befürchtungen, aber mit der Freude am Geheimnis. Feuchtwanger, mein seriöser Mentor, hatte in dem verschwiegenen Garten, seinem Aufenthalt, den ich beinahe als einziger kennen durfte, für alle bequemen Fabeln nur sein weises Lächeln.

Er allein hat gewußt, daß Erleichterungen diesmal nicht gewährt wurden. Uns dient mehr oder weniger ein Papier, das richtig scheint; einem geübten Gedächtnis hielte es auch nicht stand. Menschen werden uns nicht schützen: die guten machen sich Bewegung, sie betätigen sowohl ihre Weltfreundschaft wie die Nächstenliebe. Uns werden sie in der Stunde der Stunden, l'heure H, keineswegs helfen. »Zwischen sieben und zehn gibt es keine Protektion« – das Wort einer Heroine, aus den militanten Zeiten des Theaters. Wenn sie sich selbst verläßt, ist sie verlassen: so auch wir.

Wir werden zu Fuß und auf eigene Verantwortung über die Pyrenäen gehen müssen. Diese und keine andere war von Anfang an die Tatsache selbst gewesen. Phantasien wichen ihr nur aus. Daß sie es nicht zu lange taten! Richtig sehen ist nicht alles, ich ließ mich dennoch hinhalten, weil ich meine Abreise aus Europa überhaupt bezweifelte – unausweichlich, wie sie war. Die Geduld meines Kameraden war verdienstvoller als meine; er leistete keinen inneren Widerstand, hat aber endlich sogar länger als ich gewartet.

Über den Berg

Der Tag brach an. In Wirklichkeit war er um drei Uhr durchaus nicht angebrochen, aber der früheste Zug wurde am wenigsten kontrolliert – meinte unser Geleiter, der wackere Unitarier. Er hatte seinerseits die vergangene Lehrzeit benutzt, verzichtete auf Abenteuer und ging sicher, oder begnügte sich mit der Hälfte. Schwerlich vergesse ich die ansteigende Straße nach dem Bahnhof, weithin nur wir, mit unseren Rucksäcken, die wir der Unbefangenheit wegen am Arm schlenkerten. Sie enthielten aber alles, was wir greifbar besaßen. Unser Gepäck sollte folgen, wenn ein ansässiger Geschäftsmann es besorgte. Früher oder später mußte auch er von hinnen. Er starb gleich ganz.

Den frischen Wind dieses Morgens fühle ich noch. So kann ich die Luft verschiedener, sehr verschiedener Morgenstunden zurückrufen, wenn ich einst aufbrach und hatte vor Freude nicht geschlafen, oder vor Unruhe nicht, vor Sehnsucht. Oder ich war wundervoll ausgeruht, weil nur das Vertrauenswürdige bevorstand, ein grüner Berg, zweitausend Meter hoch. Mein älterer Freund, damals hatte ich ältere, geleitete die bunte, sorglose Gesellschaft. Der Duft der Kräuter! Er erinnerte meine Sinne an bestandene und an vertraute Arbeiten, an ein Glück, das schon wartete, während ein abgelaufenes noch weh tat. Der kalte Hauch meines Aufbruches von Marseille befremdete eigentümlich. Ohne weiter zu insistieren, brachte er Nachricht aus künftigen Tagen, die nichts mehr von Belang zu melden hatten.

Die Bangigkeit verging, als unsere Fahrt nach der Grenze

von den Amtspersonen, die dafür bestellt gewesen wären, gar nicht beachtet wurde. Bis jetzt ist Frankreich, bis hierher nichts verloren. Vorschriftsgemäß hätten wir weder in Perpignan zu Mittag essen noch an dem nächsten Aufenthalt übernachten dürfen. Unser Dasein bestand aus illegalen Schritten, die allerseits begriffen und still gebilligt wurden. Ich glaube, was mir wohltut: ohne Geld hätten die Leute uns immer noch das Stück Brot gegeben und den Weg gezeigt. Die französische Güte, eine intelligente Güte, die auch wegsehen kann, kein Wort der Teilnahme und Demütigung verliert, Flüchtlinge für Touristen nimmt, ihnen sagt »Auf Wiedersehen«: das Beste weiß ich von ihr seit meinem letzten Tage.

Wir ergingen uns am Meeresstrand, zehn Uhr vormittags, in der Meinung, bis übermorgen hierzubleiben. Der verläßlichste Beamte wurde dann erwartet. Indessen erschien unser Unitarier, infolge genauer Nachforschungen hatte er anders beschlossen: wir brachen auf, wie wir dastanden. Die Rucksäcke holen war alles. Ein Hut meiner Frau, der nachfolgen sollte, versäumte es – wieder ein Stück weniger. Ausgangspunkte unseres kleinen Ausfluges standen zur Wahl. Während unser Amerikaner den rechten erkundete und wir auch, kam er uns abhanden.

Mein Neffe Golo wollte sich auf die Suche machen, ich hielt ihn dringend zurück: zuletzt wäre jeder von uns einzeln durch die Berge geirrt. Wir fragten einen Einheimischen, der uns gleich verstand. »Nach Spanien? Hier.« Die Hand des Mannes riet uns, von der Straße abzuweichen auf einen kaum gebahnten Anstieg. Bald verlor der Weg sich im Gestrüpp. Von einem Steinblock zum anderen mußten wir die leidliche Verbindung finden. Am besten versetzte man sich in die Gewohnheiten der Ziegen, die hier sonst verkehrten. Heute, Sonntag, blieben sie zu Hause. Unterwegs waren nur wir.

Eine Wendung, die wir machten, legte unterhalb unseres Klettersteiges die bequeme Straße frei. Sie wäre länger gewesen; außerdem hätte sie uns genötigt, das französische Zollhaus zu betreten. Zwei Gendarmen gingen davor auf und ab. So gut wie sie sahen, bemerkten sie uns. Sie konnten uns anrufen. Sie wendeten uns den Rücken, und wir entschwanden.

Der Ziegensteig nach dem Exil überhob vieler peinlicher Eindrücke, er strengte körperlich an. Ich hatte seit Jahrzehnten keinen beträchtlichen Berg mehr bestiegen, war nunmehr ungeschickt und nicht jung: ich fiel recht oft auf die Dornen. In die Füße drangen sie ohnedies, fehlte noch, mit den Händen hineinzugreifen. Mehrmals unterstützte mein Neffe mich, dann überließ er es meiner Frau, die an sich selbst genug gehabt hätte. Er nahm die noch steileren Abkürzungen, kehrte aber zurück, wenn wir gescheitert auf einem Stein saßen. Er verließ uns nicht, eher machte er den Weg dreifach.

Er war ein ernster junger Mann mit wenig weltlichem Eifer, viel mehr geistigem Ehrgeiz – weshalb ich den Irrtum beging, als könnte er sich mir anschließen. Ein unerlaubter Irrtum. In meinen Jahren sollte die Frage abgetan sein, wohin die Jugend sich neigt. Zu der anderen Jugend natürlich, und wäre es die unfreundlichste. Dann haßt man einander und ist mitten im Leben vereint: eine klare, leichte Sache. Wie verhält man sich aber hinsichtlich des halbwegs Ausgeschiedenen? Schon sitzt er auf dem Stein und schöpft Atem.

Wer alt ist, weiß es nicht – will heißen, daß er nicht ganz im Ernst daran glaubt. Das Alter ist beschwerlich: noch mehr für die Jüngeren, die mit ihm zu tun bekommen. Ihm unter die Arme greifen, so daß es fühlen müßte, was es nicht hören will? Das wäre nicht schonend. Allein weiterlaufen verbietet sich auch. Übrigens trägt ein Junger an sich selbst nicht leicht, die besten am schwersten. Mein lieber Neffe hatte die französische Universitätslaufbahn vergebens versucht. Dennoch kehrte er, als Krieg war, aus der Schweiz zurück, bereit, in der tschechoslowakischen Legion zu kämpfen.

Wie geschah ihm nun? Unter dem Vorgeben, daß er nach

einem Soldatenlager geführt werde, sah er sich plötzlich in dem Lager der Entwaffneten und der Lästigen. Festgehalten, bis sie der Übergabe Frankreichs nicht mehr im Wege sein konnten; nachher mochten sie zusehen, wo sie blieben; derart geriet der junge Mann endlich auf denselben Berg wie der alte. Er war besser zu Fuß, dafür mußte er durch härtere Erlebnisse gehen. Er verschwieg sie, weil er sich schämte für dieses vielgeliebte Land. Einer beim anderen fanden wir kein Wort des Unwillens.

Er hätte sich beklagen können, ich nicht. Wenn ich an nichts anderem leiden wollte als an meinen persönlichen Unbequemlichkeiten, sie zählten gar nicht, das Unheil des Landes und so vieler, die ihm vertraut hatten, nahmen einem J [Heinrich Mann] das Recht, sich besonders zu beachten. Ich erging mich auf meinem Dornenweg noch immer wie Gott in Frankreich. Ob ich die Grenze des anderen Landes in zwei Stunden oder nie mehr überschritt, ich durfte es dem Lauf der Welt anvertrauen. Das erleichtert immerhin. Mühselig, aber mit Sorgen unbeladen, kletterte ich weiter.

Siehe, ein Zeichen. Für unseren verlorengegangenen Amerikaner war plötzlich ein anderer da. Bergab in großen Sätzen sprang er uns entgegen; sein Amt und Beruf waren gerade wir, Leute wie uns pflegte er zu holen. Der griff mir unter die Arme, oh! er fürchtete nicht, jemand zu beschämen, weder mich noch Frankreich. Ihm war trefflich zumut. Diese Europäer hatten sich durch Dummheiten, die zu begreifen nicht lohnte, in eine verdammte Lage gebracht. Er half ihnen über den Berg, damit war alles in Ordnung.

Oben angelangt, die spanische Landstraße tief drunten, erklärte er uns, das übrige könnten wir allein. Was ihn betraf, er müsse noch andere heraufholen. Hauptsache sei für uns: die Straße zurück, bis nach dem Zollhaus! Ganz unumgänglich, das erste Amtslokal des neuen Staates! Ich versuchte den tüchtigen Jungen zu belohnen, bei mir herrschte die Leichtlebigkeit des Zwangsausverkaufes. Indessen versicherte er, in Amerika habe er Geld. Später hörte ich, er sei hier, wo er soviel Gutes getan, zum Konsul ernannt worden. Hoffentlich hat es für ihn nicht mit der Auslieferung an die deutsche Macht geendet. Er war ein musterhafter Vertreter des Kontinentes, nach dem es mich drängte.

Der Abschied

Der Gendarm im Zollhaus bekundete mehr Mitgefühl als Neugier, verkaufte übrigens Zigaretten. Der Weg zum Städtchen erwies sich reich an Schleifen, aber man wanderte, als wäre das Ziel ein Pyrenäenbad mit seiner entschlafenen Fremdenindustrie. Auf der französischen Seite kannte ich manche, nun gut, dies war die spanische. Angelangt, warteten wir, nicht bis das Bad bereitet wäre, sondern daß man geruhte, unsere Papiere zu prüfen.

Auch ein Pole saß da, nicht so ruhig, wie man sein sollte. Die Altersgrenze, bis zu der sie noch auswandern und durch das neutrale Spanien reisen durften, betrug siebzehn Jahre. Mit allen seinen Bartstoppeln nannte er sich siebzehn. »Wenn wir noch lange warten müssen«, sagte meine Frau, »werden Sie inzwischen achtzehn.«

Er wurde es. Er wurde sogar siebenundzwanzig. Fast war er durchgelassen, da entdeckte der Beamte in dem Paß die Fälschung. Als der Pole hörte, daß er zurück müsse, weinte er wie ein echter Siebzehnjähriger. Umsonst, das neutrale Spanien wachte darüber, daß Hitler keines deutschen Soldaten verlustig gehe, und wär es ein Pole. Ein Vernichteter, unter Millionen Gezeichneter.

Unser eigenes Papier war keineswegs gefälscht, es traf nur nicht zu. Es diente hier, es diente in Barcelona bei der deutschen Lufthansa: diese einzige Gebieterin der spanischen

Lüfte beförderte uns willig nach Madrid und bis Lissabon. Papiere, echte Papiere überzeugen auch Straßenräuber und Propagandisten, die autoritären Menschenarten. Vor Papieren danken sie ab. Gerührt gedachte ich meines Freundes Feuchtwanger.

Der Gipfel des Wunders: ein richtiges Papier trotzt der Dichtigkeit der Materie, aus einem Verschluß hervor strahlt es Kräfte aus. Im Flughafen Lissabon hatten wir Gründe, unser Papier zu verheimlichen. Wir behaupteten, es befände sich in unserem Gepäck – morgen sollte der Koffer eintreffen, illusorisch, wie er war. Der portugiesische Herr über Sein oder Nichtsein betrachtete den Fall, er ließ ihn im Zweifel, bis wir von den zahlreichen Ausgeschifften der Lufthansa als letzte übrigblieben. Ein deutscher Graf, der mich zu erkennen schien, hatte geschwiegen. Eine tschechische Frau, in Spanien als gefährlich für die öffentliche Sittlichkeit abgestempelt, wurde zurückgewiesen, wie an einem andern Tag der Geschicke der nicht mehr siebzehnjährige Pole. Reiseregeln: Meide den Geschlechtsverkehr! Das Schlachtfeld sei dein liebstes Ziel!

Wir kamen durch. Vielleicht, daß unsere naive Unkenntnis uns vertrauenswürdig machte. Wer es wagt, papierlos aufzutreten, könnte zum Schluß das beste haben? Oder war der Herr von geradezu entsetzlichem Scharfsinn, durchschaute die dichte Materie eines vorgeschützten Koffers und gefiel sich als unsere Vorsehung? Auch ist zu bedenken, daß er endlich schlafen gehen wollte. Die kleinen Stunden, le ore piccine, brachen an.

So entließ er uns nach der Stadt, mit dem Versprechen, morgen unsere Papiere bei der Polizei vorzuweisen. Das Versprechen unterlag mentalen Vorbehalten, auch von seiner Seite. Wir selbst – ach! dem Überschwang der papiernen Sucht begegnen zu müssen macht treulos. Wir haben uns nie gemeldet. Für niemand war es von Nachteil. Dagegen bedaure ich, daß die Papiere seither sich rächen an dem wohlwollenden Portugal.

Spione Hitlers haben Papiere, so viele irgend nötig, um dem Land zu schaden.

Entlassen, wie wir waren, nahmen wir am Lufthafen das letzte Autotaxi: es hatte uns unverdrossen erwartet. War der hübsche, junge Portugiese, der sich einfand, verabredet, mit ihm, mit uns? Genug, er stieg ein. Von ihm beraten, besichtigten wir das nächtliche Lissabon. Die Hotels, unser erstes Augenmerk, gingen in das Wesenlose über, nachdem zwei oder drei sich besetzt erklärt hatten.

Der Chauffeur und der Mitreisende verzagten unseretwegen noch nicht. Mir scheint, daß ich nur fuhr, um zu fahren, durch Straßen ohne eindringliche Gegenwart, eine Seite tiefschwarz, die andere vom Mond sehr weiß. Die Bogenlampen vergesse ich, in meiner Pietät für die Häuser, die sie gern entbehrt hätten. 18. Jahrhundert, seine ernste, steife Manier. Was vorher dastand, fiel 1755 plötzlich um. Stürzen wird fortan mehr. Unvermeidlich, sooft man umkehrt, ist der große Platz mit seinen Cafés; aus Schläfrigkeit sind sie offengeblieben, auf den Terrassen lagern immer dieselben Nachtgestalten. Obdachlos, obwohl mit geblähten Taschen? Ihre Gedanken geistern – nach einem Dollarkonto jenseits? Nach Schiffskarten, die zu erringen, falschen Papieren, die für Geld an den Mann zu bringen sind?

Um die dritte Morgenstunde bekam unser Taxichauffeur es satt, vor Hoteltoren zu hupen, immer vergeblich, wie er im voraus wußte. Seine nächste Anregung galt einem Seebad, nur anderthalb Stunden entfernt, wahrscheinlich mit verfügbaren Betten. Der junge Landessohn, unser Begleiter, war geduldig die ganze Zeit mit uns umhergeirrt, ohne ein Wort davon, daß sein eigenes Hotel auf halbem Weg nach dem Seebad lag. Angelangt, stieg er aus, nahm herzlich Abschied, bewegte sich heiter durch Palmen nach dem prächtigen Gebäude, dessen einwandfreier Gast er war. Der letzte Europäer ging nach Haus.

In dem unbekannten Seebad wurden wir, noch bei Nacht, vor einem altmodischen Grand Hotel abgesetzt. Um unseretwillen war der Wächter auf. Wir bekamen, unser Haupt hinzulegen, ja, auch kalt zu essen. Seit Mittag und Madrid wird man hungrig. Wie erfreulich, nun wieder Tag ist, in einen beliebigen alten Hof zu blicken. Verschlungene Gartenwege suchen ihn zu vergrößern und machen aus ihm das Beste. Sogleich stand fest: hier werde ich das Schiff erwarten. Die Szene soll bald von Grund auf wechseln; wohin sich vorher noch bemühen.

Eine bemerkenswerte Kolonialausstellung war damals am Meeresstrand errichtet; die Kleinbahn nach der Stadt ging vorüber, hielt eigens an – ich bin deshalb nicht ausgestiegen. Das macht der Abschied: man nimmt ihn innerlich, ist stark beschäftigt. Was sonst berückt hätte, wird übersehen. Der eigene Brigantin des Entdeckers Vasco da Gama lag haushoch auf dem Wasser. Wenn auch nur nachgeahmt, strahlten die phantastischen Umrisse doch von Vergoldung. Meinetwegen hätte der berühmte Reisende selbst droben gestanden und den Hut geschwenkt: meine bevorstehende Reise setzte die seine herab. War er nicht zurückgekehrt?

Meine Frau war eifrig im Kampf um die Schiffskarten. Es erforderte einige, immer dringlichere Angriffe auf Agenturen und Ämter, natürlich gewappnet mit Papieren. Ich nahm teil ohne rechte Überzeugung, als hätten wir reisen können oder nicht. Noch immer fragte ich: würden sie mich hier dulden, jahrelang, und wäre es zu wünschen? Die Dollars in meiner Tasche erwiesen sich bei jeder Rechnung unersetzlich. In Frankreich hatte ich mein übliches Einkommen gehabt, zum kleinen Teil aus Frankreich, alles aus Europa. Deutschland war so lange entbehrlich gewesen: das nunmehr geraubte Europa war es nicht.

Der Blick auf Lissabon zeigte mir den Hafen. Er wird der letzte gewesen sein, wenn Europa zurückbleibt. Er erschien mir unbegreiflich schön. Eine verlorene Geliebte ist nicht schöner. Alles, was mir gegeben war, hatte ich an Europa erlebt, Lust und Schmerz eines seiner Zeitalter, das meines war; aber mehreren anderen, die vor meinem Dasein liegen, bin ich auch verbunden.

Überaus leidvoll war dieser Abschied.

(*Ein Zeitalter wird besichtigt*, 1946. – 1940 kapituliert Frankreich vor den Hitlertruppen. Heinrich Mann muss Europa endgültig verlassen, er sollte es nie wieder sehen. In *Ein Zeitalter wird besichtigt* schildert er seine dramatische Flucht gemeinsam mit seiner Frau Nelly über die Pyrenäen nach Lissabon und weiter in die USA.)

»Ich habe sogar das Beste verloren, meine Frau.«

Der Wille zu leben war tatsächlich alles; wer nachliess, war verloren. Ein Berliner Arbeiter schrieb mir neulich und fing damit an: »Am meisten hat mich gewundert, dass Sie noch leben.« Der hatte die Lage erfasst. Es war nicht leicht durchzukommen; ich habe sogar das Beste verloren, meine Frau [Nelly]. Seitdem lohnt sich die Bemühung nur noch halb.

[...] Hiermit haben die biographischen Daten begonnen, falls Sie denn meine Biographie in Aussicht nehmen. Ich kann Ihnen weder zu- noch abraten. Soviel ich selbst beigetragen hätte, lesen Sie in *Zeitalter* und dürfen es nicht versäumen. Natürlich gibt es mehr. Der erste Teil von *Zwischen den Rassen* ist die Kindheit meiner Mutter, in Brasilien. Meine eigene Kindheit hat ihren Nachklang in ein paar Geschichten aus dem Buch *Sie sind jung*.

Wohlgemerkt, dies und ähnliches – der Roman *Eugénie* aus der *Bürgerzeit*, meiner Kinderzeit; auch *Ein ernstes Leben*, das mehr oder weniger der Roman meiner geliebten Verstorbenen ist –: alles ist von mir allein. Kein anderer besass Kenntnis und Hingabe, um meinen Aufstieg darzustellen; er geschah nicht vor Zuschauern. Die ersten fünfzehn Jahre meiner Tätigkeit, bis fünfundvierzig, hatte ich kein grosses Publikum. Als ich es hatte, war es mir niemals sicher. Meine Beliebtheit oder Autorität schwankten mit den veränderlichen Zuständen des Landes, der Menschen, meines eigenen Geschickes. Es scheint aber, dass hierauf kein Biograph sich einlässt.

(Brief an Karl Lemke, Los Angeles, 7. November 1946)

»Das typische Greisendasein«

Liebster Freund,
Golo sagt, Sie erwarten Nachricht von mir. Ich glaubte, Sie seien an der Reihe. Aber es ist möglich, dass ich mich irre, da ich während des Schlussteils meines Romans ausserhalb von Zeit und Raum gelebt habe. Nichts nimmt mich mehr gefangen als ein gut herbeigeführter Schluss. Alle zehn Tage besuche ich meinen Bruder und seine Familie. Ich empfange einige Freunde, mache einen Spaziergang in der Sonne. Abends lese ich meine Lieblingsbücher wieder, Flauberts Briefe oder die Romane von Voltaire. Mit einem Wort, das typische Greisendasein. Da die in früheren Zeiten begangenen Fehler nicht ungeschehen gemacht werden können, bleibt nichts anderes übrig, als sich damit abzufinden. Mit der Gesundheit ist es wie bei Ihnen, einschliesslich Asthma und Bronchitis. Das verstärkt noch die Altersmüdigkeit. Lassen wir das. Während ich schamlos meine letzten Tage geniesse, häufen sich um mich die Toten. Eines der letzten Opfer ist meine plötzlich dahingeraffte erste Frau. Sie lebte für unsere Tochter. Goschi [Heinrich Mann Tochter] ist nun ganz allein. Sie arbeitet für den Prager Rundfunk. Übermorgen werde ich auf dem Friedhof wieder eine andere Tote [seine zweite Frau Nelly] grüssen. Sie dürfte mich erkennen, hat sie doch schwere Jahre mit mir geteilt. [...]

(Brief an Félix Bertaux, Los Angeles, 15. Dezember 1947)

»Aber erstens müsste ich von
meinem Bruder Abschied nehmen.«

Mir ist klar genug, wie schwer Sie es dort haben. Dennoch bin ich oft versucht, hinzukommen [nach Deutschland]. Aufforderungen ergehen immer dringender, man verspricht mir soviel man kann, vielleicht mehr. Aber erstens müsste ich von meinem Bruder Abschied nehmen. Zweitens, wie viel vertrage ich noch? Die Strapazen beginnen vorher. Man unterschätzt dort wohl die Mühen mit zweifelhaftem Erfolg, die es macht fortzukommen.

(Brief an Maximilian Brantl, Los Angeles, 17. April 1948)

»Rechtzeitig in Berlin«

Möglich, am 17. April bekomme ich einen Platz auf dem polnischen Schiff von New York nach Gdynia (bei Danzig). Dann wäre ich rechtzeitig in Berlin, wo im Mai die Akademie eröffnet.

So sind die Vorsätze, aber noch sitze ich an diesem, jetzt nasskalten Platz mit allerlei Beschwerden. Auch Tommy hatte dergleichen; er ist wieder wohlauf. Katia schreibt wohl seltener, weil sie bei Behörden und Konsulaten überall bemüht ist, damit ich reisen kann. Schwer hat man's in dem Jahrhundert. [...]

(Brief an Nelly Mann [Schwägerin], Santa Monica, 22. Februar 1950. – Heinrich Mann sollte Präsident der neugegründeten Akademie der Künste in Ost-Berlin werden. Dazu kam es nicht mehr. Er starb am 12. März 1950 in Santa Monica, Kalifornien.)

Erinnerungen an die Eltern

Heinrich Manns Vater, der Kaufmann Thomas Heinrich Mann (1840–1891), übernahm 1862 die Firma seines Vaters Johann Siegmund Mann. Am 4. Juni 1869 heiratete er die elf Jahre jüngere Julia da Silva Bruhns (1851–1923). Die Ehe war für die Lübecker eine kleine Sensation, denn Julia, die Tochter eines Lübecker Kaufmanns und einer Brasilianerin, war nach dem Tod ihrer Mutter mit sechs Jahren aus Brasilien in die Hansestadt gekommen. Dort wurde sie im Pensionat der Therese Bousset erzogen. Thomas Heinrich und Julia Mann hatten sechs Kinder: Luiz Heinrich (1871–1950), Paul Thomas (1875–1955), Julia (1877–1927), die Lula genannt wurde, Carla (1881–1910) und Viktor (1890–1949). Der Vater war ein angesehener Mann in Lübeck: 1877 wurde er zum Senator gewählt. Doch schon kurz nach dem hundertjährigen Jubiläum der Firma starb er mit nur 51 Jahren am 13. Oktober 1891. Senator Mann hatte sich in seinem Testament vehement gegen die Neigungen seines ältesten Sohnes zu einer literarischen Tätigkeit ausgesprochen. Sein Geschäft wurde liquidiert, und die Mutter Julia zog 1893 mit ihren drei jüngsten Kindern nach München. Sie litt später sehr unter der zunehmenden Entfremdung der Geschwister untereinander und versuchte immer wieder zu vermitteln. Julia Mann starb am 11. März 1923 in Weßling bei München.

Die Eltern Julia und Thomas Heinrich Mann –
jung verheiratet, um 1870

Das erste gedruckte Gedicht

Anfangs Mai findet das 100jährige Jubiläum der Firma Joh[ann] Siegm[un]d Mann statt (auch hierüber Diskretion!), und ich hoffe, meinem Vater dann durch Zusendung meines ersten gedruckten Gedichtes eine (hoffentlich angenehme) Überraschung machen zu können. Dass Du meine Dir übersandten Gedichte meinen Eltern vorgelegt hast, will ich Dir nicht weiter übelnehmen, Du konntest wohl kaum anders, als Du darauf angesprochen wurdest. Da ich aber von jeher (d. h. seit einem halben Jahre) den Grundsatz gehabt habe, den lieben Meinigen meine Meisterwerke immer erst dann vor Augen zu führen, wenn der Erfolg errungen, d. h. wenn sie gedruckt sind – so bitte ich Dich freundlich, aber dringend Herrn Gossmann, der natürlich auch diesmal wieder der Indiskretere ist und meine Mutter während einer Gesellschaft mit nichts anderem als Lobsprüchen auf mein Talent zu langweilen wusste, fortan den Genuss meiner (Dir privat gesandten) ›Werke‹ vorzuenthalten. Auch meinen Bruder, der mich nach Deiner Vorlesung sofort mit einem schwärmerischen Bewunderungsausbruch in Schrecken setzte, lasse beiseite.

(Brief an Ludwig Ewers, Dresden, 9. Februar 1890. – Heinrich Manns erstes Gedicht *Geh schlafen* erschien 1890 in der *Gesellschaft*.)

Wegrast.

Meiner Mutter.

In diesen Tagen hab' ich mildre Luft,
Scheint mir, in meine Lungen aufgenommen.
Die Mittagssonne über'm leisen Kräuseln
Der See – das Bild hat mir mit sanftem Streicheln
Die Nerven eingelullt. Die große Stille
Hat meinem Geist für Wochen Rast gegeben.

Ich bin kein Freund sonst von der geistigen Ruhe.
Es scheint auch mir, wie manchem Jungen, einzig
Das Werden Leben, alles »Reif sein« Tod,
Und Ringen um Entwickelung ist mir das,
Was Du wohl Gottesdienst benennen würdest.

Nun aber hatte sich der Weg gebogen,
Den ich im Schatten, einsam, fortgegangen,
Und eine Lichtung lud mit Sonnenblicken
Zum Ausruhn mich, und mit der Hand die Stirne
Beschattet, war mir's eigenes, stilles Glück,
Das Stück zu überschaun, das ich geschritten.

An jedem dieser Abende, die rückwärts
Gerichtet, ließ Erinnerung jede Spur,
Die ich betreten, wieder mich erkennen,
Wenn mir, in meinem Dämmern, Deine Stimme
Fouqué's und Arnim's Wunderzeit zurückrief.

Ich sah der Schwestern Staunen ob der ihnen
Noch fremden Welt, die ich vorzeit durchmessen.
Nach immer Neuem spannte mein Verlangen
Die Flügel aus. Es wuchs mein Mut … das ist's,
Weshalb ich diese Tage nicht vergesse.

Nun sieh, Mama, das hast Du mir gegeben
In diesen Tagen, und das dank ich Dir.

Zum 14. August 91.   L[uiz]. Heinrich Mann (207.)
(*Wegrast*, 1891. – Der Autor widmete seiner Mutter dieses Gedicht zum vierzigsten Geburtstag.)

Aus dem Trauerhause

»Übrigens kam ich um mehrere Tage zu früh. Mein Onkel
lebte noch; wenn man das mechanische Arbeiten des Herz-
muskels Leben nennen will. Das Gift, welches das Blut des
Mannes zersetzt hatte, war bereits ins Hirn vorgerückt, das
nicht mehr funktionierte. Der Geist war abgestorben, und
dennoch bewiesen häufige Reflex-Bewegungen einzelner Glieder, dass das animalische Leben noch fortdauerte. Es war ein
Fall von einer materialistischen Beweiskraft, schlagend genug,
um – ich würde sagen, einen Metaphysiker zu bekehren, wenn
ich nicht erfahren hätte, dass gegen den Seelenglauben kein
Kraut gewachsen ist. Die Verwandten, welche das Bett des
Sterbenden umstanden, setzen den Versicherungen der Ärzte,
es sei in diesem Zustande jede Empfindung ausgeschlossen,
strikte Verneinung entgegen. Sie durchlebten treulich alle
Qual, die sie der fest vorausgesetzten Seele des Kranken zu-
schrieben. Das sind die Tröstungen des Glaubens.

So sehr interessant mir diese Beobachtungen waren, so enthielten sie für mich doch nicht das wichtige Moment, das Auf-
rüttelnde, fast Tragische, von dem ich Ihnen erzählen wollte.
Diese Stimmung war ohne Entwickelung. Sie war durch die
lange Agonie des Familienhauptes bereits zufällig vorbereitet,
dass sie nach dem endlich eingetretenen Tode desselben selbst
bei seiner und seinen Kindern nicht mehr verschärft werden
konnte. Auch die Thränen, welche jetzt, nachdem die aller-

Julia Mann in Trauer, 1891 (40 J.)

letzte Hoffnung abgeschnitten war, häufiger vergossen wurden als zuvor, blieben wirkungslos, sogar bei den Kleinen. Sie schienen hier ihre erlösende Kraft verloren zu haben. Eine Schwester des Verstorbenen verletzte mich durch ihr christliches Pathos. Aber auch dies war eruptiv, losgerissen von allem Übrigen. Es brach hervor; man wusste nicht woher es kam und wohin es ging – und gleich darauf wieder alles unverändert. Immer die gleiche Stimmung, diese blasse, schweigende Stimmung, welche mit gedämpften Schritten über die Teppiche eines Hauses geht, in dem frische Trauer wohnt.

Die Leiche ward aufgebahrt, die ersten Condolierenden kamen, und die Stimmung blieb dieselbe. Ich glaube nicht einmal, dass dazu die instinktive Rücksicht, welche Leidtragende auf ihren eigenen Schmerz zu nehmen pflegen, indem sie den Besuchern mit Leichenbittermienen entgegentreten, besonders viel beigetragen hat. Diese erste, unverwischte Trauer ist wie ein Rausch. Wie im Traume liess die Familie die zahlreichen Beweise der Teilnahme, welche ihnen nach dem Ableben des beliebten Advokaten von seinen Mitbürgern zuteil wurden, über sich ergehen. Dann die Beerdigung, an der des Verstorbenen Schwester und Gattin sowie die beiden kleinen Mädchen des Letzteren nicht teilnahmen, da ihnen der Arzt unbedingte Ruhe auferlegt hatte, abgesehen davon, dass die dortige Sitte den Frauen verbat, der Leiche zu folgen. Von der Familie stand ausser mir nur der sechzehnjährige Sohn des Toten am Grabe, und der Junge nahm ganz betäubt die Händedrücke der Freunde seines Vaters entgegen. In das Haus zurückgekehrt fand ich das Bleigrau der Athmosphäre um vielleicht noch eine Schattierung verdunkelt: Es fehlte etwas in dem und dem Zimmer, was dort bis an diesem Morgen gelegen. Man hatte den Vater doch so lange im Hause gehabt, wenn auch tot.

(*Aus dem Trauerhause*, 1891. – Nach dem Tod des Vaters entstand diese frühe Novelle Heinrich Manns.)

»Die einander fremden Charaktere der beiden Gesichtshälften«

Sie [Dora] machte in ihrem zugleich eleganten und anspruchslosen Morgenkleide von weißen Spitzen, welches in gut geordneten Falten um ihre etwas zu schlanke, in den tiefen Sessel geschmiegte Gestalt lag, ganz den Effekt einer großen Dame. Auf ihren Knien ruhten, zwei Finger ineinander gelegt, ihre Hände, die den jungen Mann seit ihrer ersten Bewegung lebhaft beschäftigt hatten. Sie waren lang und schmal, jedoch von einer nicht vollendeten, etwas harten Form und, ebenso wie das Gesicht der Frau, von einer eigentümlichen, leicht gelblichen Färbung überhaucht, durch die der Betrachtende den darunterliegenden weißen Teint zu sehen meinte. Das Haar der Dame war trotz der frühen Stunde mit aller Kunst geordnet, wobei besondere Sorgfalt auf eine kluge Verteilung der Stirnlöckchen verwendet war. Die Stirn selbst war ziemlich niedrig und von nicht reiner Form. Um so reiner und tadelloser war der Ansatz der sehr leicht gebogenen Nase, deren feine Flügel leise vibrierten. Ebenso waren Kinn und Mund fein gebildet, wenngleich auch sie der Weichheit entbehrten. Die einander fremden Charaktere der beiden Gesichtshälften ließen in diesem Gesichte die Vermischung verschiedener Racen vermuten. [...]
Dora Linter stammte väterlicherseits aus einer deutsch-jüdischen, seit zwei Generationen getauften Familie. Ihr Vater hatte in Rio de Janeiro, wo er sein Vermögen gemacht, eine gefeierte Dame der dortigen Gesellschaft, eine Kreolin, geheiratet. In früher Kindheit mutterlos geworden, war Dora ohne viel andere Gesellschaft als die ihrer Dienerinnen aufgewachsen. Und während das bei seiner auffallenden lichten Blondheit eigentümlich stille und indifferente Mädchen von frühauf an das unthätige, bloß vegetierende Dasein der südamerikanischen Damen gewöhnt wurde, wuchs zugleich ihre Verschlossenheit und ihr Trotz. Körperlich und geistig schnell entwik-

kelt, wie sie nach Art der dortigen jungen Mädchen war, schien es nicht ausbleiben zu können, daß sich früh das südländische Blut in ihr zu regen begänne. Gleichwohl befand sie sich bis fast an ihr sechzehntes Jahr in einem Zustande der seelischen Unberührtheit und Ahnungslosigkeit, dessen sie sich später, in den Leiden ihrer durch streitende Triebe gebrochenen Natur, häufig mit schmerzlichem Neide erinnerte. Daß das junge Mädchen so lange in ihrem Sinnenleben ein Kind blieb, mochte nicht zum kleinsten Teil der religiösen Erziehung zu danken sein, der einzigen gründlichen, welche sie überhaupt erhielt, und welche zu frühe Wünsche mit sanfter Hand zurückhielt, während sie zugleich dem Gefühlsleben der Heranwachsenden ihre reiche Nahrung zuführte.

(*In einer Familie*, 1894. Die Romanheldin Dora in Heinrich Manns erstem Roman trägt die Züge seiner Mutter.)

»Das Kind lernte sprechen von seiner schwarzen Amme«

I

Die Schwarzen, die das Pferd am Zaum geführt hatten, mußten ihre Herrin auffangen: ihr ward schwach; – und dann lag sie in Farren versteckt; ein Palmenblatt ward bewegt über ihrem dunkeln Scheitel; der große, hellhaarige Mann beugte sich zu seiner bleichen Gefährtin; und das Kind kam zur Welt. Die Bäume des Urwaldes standen starr und übermächtig daneben. Dorther, wo er sich lichtete, kam das Schlagen des Ozeans und von drüben, aus der Finsternis, das wilde Geschrei der Papageien und der Brüllaffen.

Das Kind lernte sprechen von seiner schwarzen Amme und laufen auf dem Sand zwischen Wald und Meer. Vom Rande des Meeres holte es Muscheln, die es von großen Steinen löste; und am Waldsaum erntete es abgefallene Kokosnüsse: daraus zogen ihm die Diener mit glühenden Spießen die süße Milch. Große, zuckerige Früchte hingen überall bei seinen Händchen; im Garten ertrank es in Blumen; und als goldene Funken schossen Kolibris um seinen Kopf.

Dann ward Brüderchen Nene groß genug, daß sich mit ihm spielen ließ. Man suchte zwischen Mauerritzen nach den winzigen runden Eidechseneiern und den Natterneiern, rund und weich. Vom Schwanz des Gürteltieres brachten einem die Neger die kleinsten Ringe: damit schmückte Nene der Schwester und sich selbst alle Finger; und dann fuhr man in einem Zuber den Bach hinab, und die schwarzen Kurubus auf ihren Büschen sahen einem, über ihre feuerroten Krummschnäbel hinweg, hoheitsvoll nach.

Und man erlebte in der Hauptstadt den Tropenregen: in den Straßen fuhren Kanus, und unablässig mußten die Schwarzen mit Schaufeln das Wasser aus den Zimmern stoßen; – und den Karneval! An der Jalousietür saß man auf einem Stühlchen, über dem Gewimmel der Masken, und die schöne Mama warf Wachsbälle hinab: die platzten und tränkten die bunten Trachten mit flüssigem Duft. Aber aus einer Muschel, die ein ganz roter Mann an den Mund setzte, fuhr ein so schrecklicher Ton, daß man ihn nicht ertragen konnte, sondern sich mit seinem Stuhl zurückwarf und auch Nene mit umriß.

Und auf der Großen Insel – das Haus der Großeltern schwamm im Duft der Orangenblüten – sog man inmitten eines Heeres erntender Neger an einem Stückchen Zuckerrohr. Und zitternden, schreienden Laufes kam man von einer Begegnung mit der Boa heim! Und schaute, mit allen schwarzen, gelben und weißen Kindern der Pflanzung, erregten Auges und jubelnd zu, wie der Großvater viele Papierröllchen anzündete und sie in weiten, leuchtenden und zischenden Bögen über das Meer schoß. Das Meer schob einem lange, laue Schlangen über die bloßen Füßchen; im Hemdchen, das ein Gürtel enger schloß, fing sich ein Stoß warmen Nachtwindes; und hob man den Blick, schwindelte es einem, so voll war er auf einmal von Sternen!

Es war herrlich: man war wie alle andern Kinder – und doch nicht ganz so. Vornehmer war man. Man hatte blondes Haar; nicht einmal Nene hatte es; und die schwarze Anna war sehr stolz darauf und konnte nicht genug Locken daraus wickeln. Man hatte auch einen blonden Papa: wer hatte den noch? Und kam er zu Besuch auf die Insel der Großeltern, und ging man an seiner Hand umher: viel größer war er als alle Menschen und immer ernst – und sah man alle ihn bewundern, dann durchrann einen selbst ein Schauer von stolzer und ehrfürchtiger Liebe.

Da aber – was bedeutete dies? – saß eines Nachmittags im Saal, wo Großmutter klöppelte, Mama, die schöne Mama, und weinte: ja, weinte laut. Kaum aber hatte sie ihr kleines Mädchen erblickt, stürzte sie darauf los, riß es an sich, fiel vor ihm auf die Knie, rief und rang das Schluchzen nieder:

»Lola! Meine Lola! Sag: bist du nicht mein?«

Mit einem Finger vor den Lippen, erschrocken fragend sah das Kind nach der Großmutter: die saß da, grade und streng wie immer, und klöppelte.

»Bist du nicht mein?« flehte die Mutter.

»Ja, Mai.«

»Man will dich mir wegnehmen. Sag, daß du nicht willst! Hörst du? Du willst doch nicht fort von mir, von uns allen?«

»Nein, Mai. O Gott! Wohin soll ich? Ich will dableiben: bei Pai, bei dir, bei Anna! Die Luiziana hat mir ein kleines Kanu versprochen; morgen bringt sie es!«

Aber schon am Abend wartete auf die kleine Lola ein großes Kanu. Die schöne Mai lag in einer Ohnmacht; Nene hing schreiend an Lolas Kleid; – aber ein Schwarzer machte sie los, trug sie, und die Ärmchen der Geängsteten würgten ihn, ans Wasser, setzte vorsichtig seinen nackten Fuß von einem der großen überfluteten Steine auf den nächsten … Das Meer brandete wütend; zerrissene Finsternis flatterte umher; und manchmal warf ein Stern ein böses Auge herein. Nun ward das Kind ins Boot gelegt; es hatte nicht geschrien, es weinte unhörbar im Finstern; die Schwarzen ruderten schweigend; und das Kielwasser leuchtete fahl, als sei es die Spur eines Verbrechens.

II

An Bord des großen Dampfschiffes, auf das Lola gebracht ward, standen Pai und die schwarze Anna. Welch Wiedersehen! Dann:

»Pai, ist es wahr, daß wir ganz wegfahren? Und Mai? Und Nene? Und wohin fahren wir denn?«

Herr Gustav Gabriel fuhr mit seiner kleinen Tochter nach Hause, weil sie eine Deutsche werden sollte.

Mit neunzehn Jahren war er herübergekommen und hatte sich begeistert eingelebt. Bis zu seinem dreißigsten Jahre berührte ihn niemals Sehnsucht nach seinem Vaterland. Er dachte seiner wie an etwas Kleinliches und Bedrücktes; machte ihm auf einer Europareise einen spöttischen Besuch; fühlte sich mit Stolz als Brasilianer ... Eines Tages bekam er zu spüren, daß er's nicht sei. Er hatte geschäftliche Einbußen erlitten: was zu Demütigungen führte von seiten seiner Freunde und der Familie seiner Frau. Er sah sich plötzlich allein und ihm gegenüber eine ganze Rasse, deren für immer unzugängliche Fremdheit er auf einmal begriff. Nun fing er an, auf das Land seiner Herkunft als auf eine Macht zu pochen, sich selbst als Erzeugnis einer Kultur zu fühlen, von deren Höhe seine Umgebung nichts ahnte. Bei der Umschau nach Bundesgenossen begegnete er den Blicken seiner Kinder. Auch diese sollten in Sitten und Sprache eines niedrigeren Volkes erwachsen? Seine Feinde werden? Die Laute, die ihm in herzlichen Stunden kamen, die er von seiner Mutter erlernt hatte, sie sollten sie nie verstehen?

Er hatte sie, wenn er ihnen deutsche Kosenamen gab, sich anblicken und lächeln gesehen … Das sollte anders werden! Ihr Vaterland war nicht dieses, und er wollte sie ihm zurückgeben! Mit dem Jungen würde es vielleicht schwer gehen: die Nachfolge im hiesigen Geschäft ward ihm bereitet; – aber seine Tochter! Er erblickte sich schon mit ihr in dem Garten, worin sein Elternhaus stand. Dort wollte er einst enden. Er sah sich den Weg zum Tor des Städtchens gehen, und an seiner Seite ein blondes junges Mädchen: seine Tochter. Sie war blond; sie war sein Kind und eine Deutsche. Er nahm sie für sich allein; mochte seine Frau – wie fremd sie ihm eigentlich geblieben war! – sich an dem Jungen schadlos halten: seine Tochter sollte ihn verstehen lernen, sollte in solcher Reinheit und Gediegenheit leben, wie man nur zu Hause lebte. Sie sollte nach Haus.

Nie war Pai so zärtlich gewesen mit Lola! Übrigens sollte sie bald zurück; und Mai und Nene würden sie besuchen, dort, wohin sie fuhren. Solche Fahrt war lustig: sie sollte sehen.

Vorläufig ward ihr sehr übel; es dauerte drei Tage; aber Pai selbst pflegte sie; er selbst tat alles, was Anna hätte tun müssen. Zwischen ihren Krisen lag Lola in aller Erschöpfung ganz glücklich da; und wenn sie ihre Hand in Pais schob, war ihr's, als sei sie selbst ganz in Pais Hand geschlüpft.

Dann konnte sie aufstehen und zusehen, wie die Matrosen Fische heraufzogen: einen Fisch sogar mit einem langen Säbel an der Nase!

Da aber nahte jemand mit einem Wasserschlauch und bespritzte alle Kinder. Man mochte sich hinter dem Schornstein verstecken oder in einer Taurolle: überall trieb der Strahl einen wieder hervor: es war ein angstvolles Vergnügen. Die durchnäßten kleinen Mädchen kreischten, und die Damen und Herren freuten sich laut, daß sie trocken waren. Überhaupt war es zum Erstaunen, wie lustig alle waren, wie freundlich miteinander und mit Lola. Es schien, sie hatten nichts anderes zu denken, als wen sie jetzt erfreuen wollten. Nie hatte Lola so viele liebe Menschen gesehen. Einer war da, der allen Kindern Schokolade schenkte und ordentlich flehte, bis man sie nahm. Selbst Pai war selten mehr ernst. Und Meer und Himmel strahlten unauslöschlich.

Dennoch geriet man nochmals in graues Wasser mit Wolken darüber und ward arg geschaukelt. Doch Lola focht das nicht mehr an; und Pais Mantel, unter dem sie auf Deck lag, war, wenn sie mit ihren Knien ein Dach machte, so gut wie ein eigenes Haus: die Sturzwellen mochten darüber hingehen. Auch ward bald ausgestiegen; alle waren viel ernster geworden; – und Lola fand sich mit Pai und Anna in einer großen, nicht schönen Stadt, in deren Straßen man sich müde lief. Immerhin gab es Spielsachen, wie sie daheim nie welche gesehen hatte, und Pai kaufte ihr so viele, daß sie sich wunderte. Eines Morgens dann eine Fahrt mit der Bahn: und da waren sie in einem seltsamen Städtchen mit höckrigen Häusern und mit Gassen, die über Berge kletterten und rutschten – und gelangten in einem riesigen, schaukelnden Wagen vors Tor und an ein Haus, daraus sprang hurtig eine kleine alte Frau hervor, lief auf Pai zu und hüpfte ihm an den Hals. Lola war erschrocken: denn Pai weinte. Wie war das möglich? Da griff aber die alte Frau ihr selbst unters Kinn und zog Lolas Gesicht ganz dicht zu ihrem, bis in das Wimpernfächeln ihrer Augen – die sehr gütig blickten. Aber was wollte sie? Sie redete so viel Unverständliches. Lola sah fragend auf Pai; und indes sie ins Haus gingen, erklärte Pai ihr, dies sei seine Mama, und heute feiere sie ihren Geburtstag, und er bringe ihr Lola zum Geschenk.

Im Hause roch es nach Kuchen und Blumen; Pais Brüder waren da und umarmten ihn. Sie gaben Lola die Hand; einer ließ sich von Pai etwas ins Ohr sagen, und dann wünschte er Lola in ihrer Sprache Willkommen. Sie lachte über ihn; alles wäre gut gewesen: da aber kam die neue Großmama, aus lauter Herzlichkeit, auf den Gedanken, die Arme um Lolas Hüften zu legen und vor ihr auf die Knie zu fallen. Lola hatte plötzlich ein zum Weinen verzerrtes Gesicht. Alle stießen Fragen aus, und Pai übersetzte:

»Was ist dir?«

»Nichts, Pai.«

Lächelnd und stammelnd:

»Ich dachte an etwas.«

Grade so hatte, am letzten Tage, die schöne Mai vor Lola gelegen: aber in Tränen und Jammer. Lola dachte: ›Ist es wahr, daß ich bald zu ihr zurück darf?‹

Einer der Onkel heiterte sie auf: er klatschte in die Hände, und sie mußte vor ihm davonlaufen. Sie tat es aus Gefälligkeit und lächelte höflich, wie er sie fing. Nun spielten alle mit und wollten sich verstecken, und der lustige Onkel sollte sie suchen. Man zeigte Lola einen sehr guten Versteck: hinter einem kleinen Gartenhause und unter einem dunkeln Baum. Da stand sie lange, und niemand fand sie. Kein Geräusch im Garten. ›Sollten sie mich vergessen haben?‹ Eine hastige Angst überfiel sie: ›Pai ist fort, Anna ist fort: sie haben mich allein gelassen!‹ Sie senkte, betäubt, den Kopf und legte die Hände vors Gesicht. Ganz allein! Da kamen Schritte herbei; Lola nahm sich zusammen und gab einen kleinen hellen Vogellaut von sich. Es dauerte etwas; sie lauschte atemlos, zwitscherte nochmals, und dann fand man sie.

»Damit du mich nicht zu lange suchen solltest«, erklärte sie, obwohl der Onkel doch nichts verstand.

Beim Abendessen ward sie lebhaft und sang sogar ein Lied, näselnd wie die Schwarzen, von denen sie es gelernt hatte. Mitten in aller Vergnügen aber, und wie auch Pai grade lachte, nahm sie seine Hand und flüsterte ihm, als überrumpelte sie ihn, eilig zu:

»Nicht wahr, Pai, wir reisen bald nach Haus?«

Pai nickte; aber er war nun wieder ernst, und Lola hatte gesehen, daß er beinahe ärgerlich geworden wäre. Verstört schwieg sie: war's möglich, daß man sich auf Pai nicht mehr verlassen konnte?

»Weißt du nicht, wann wir nach Haus reisen?« fragte sie nachher im Schlafzimmer die schwarze Anna.

Nein, Anna wußte es nicht, und ihr glaubte Lola. Anna sah sich, mit kleinem tierischen Kopfrücken, im Zimmer um, wie in einem Käfig; Lolas Augen folgten ihr; – und dann betrachteten die beiden einander ratlos.

Aber die neue Großmutter war so heiter! Man konnte nicht an ihrer Hand durchs Haus laufen: in den Saal, wo die Äpfel lagen, auf den Boden, woher sie bunte Kleider und alte, seltsame Puppen holte – ohne daß irgend etwas Lustiges vorfiel. Der zweite Onkel brachte seinerseits viel Leben mit; – und dann war es ziemlich spaßhaft, mit Anna auszugehen, unter die hiesigen Kinder, die scheinbar noch nie eine Schwarze erblickt hatten. Da ward man angesehen! Manchmal zwar liefen einem zu viele nach und machten sich lästig: da half nur, daß man ihnen Bonbons hinwarf, um zu entkommen, während sie sich rauften ... Ferner war unter den freundlichen Menschen, die Lola kennenlernte, ein schwarzgekleideter Herr mit weißem Bart, der eines Tages in Großmamas Zimmer saß und Lola etwas fragte. Pai bedeutete ihr, es handele sich darum, ob sie zum protestantischen Glauben übertreten wolle; er rate ihr dazu. Sie sagte ja, bekam von dem alten Herrn einige glatte bunte Bildchen und ward am Abend in den Zirkus geführt ... So viel hatte man erlebt, daß gewiß schon ein Jahr herum war.

»Nicht wahr, ein Jahr sind wir bald hier?« fragte sie eines Abends. Pai erwiderte:

»Was denkst du. Sechs Wochen erst.«

»Erst? Aber es ist doch schon wieder Winter?«

»Nein, Kind, so ist hier der Sommer.«

Sie hätte sich gern einmal wieder nach der Heimreise erkundigt; aber Pai schien nicht aufgelegt; er hatte die schon lange nicht mehr gesehene Falte zwischen den Augen. Auch die andern sprachen heute viel weniger. Sogar Großmama lächelte nur halb. Lola ging bedrückt zu Bett.

In der Nacht träumte ihr etwas Trauriges: sie sah einen Neger – welchen, wußte sie nicht, aber es war einer, den sie gern hatte – von einem Aufseher grausam prügeln, hörte sein Winseln, brach selbst in Weinen aus und lief, es dem Großvater zu klagen: weinte und lief. Da erwachte sie, noch immer schluchzend – und auch das andere Schluchzen ging weiter. Die schwarze Anna kauerte, über das Bett gebeugt, und jammerte erstickt:

»Kleine Herrin, ich muß fort. Schon morgen reisen der Herr und Anna mit dem Dampfschiff fort, zurück in unser Land; die kleine Herrin aber bleibt hier.«

Und da Lola, auffahrend, in Geschrei ausbrach:

»Ganz leise! Anna darf nichts sagen: Der Herr hat es verboten. Anna sollte ohne Abschied weggehen: sie kann doch nicht!«

»Du sollst nicht weggehen! Hörst du, du tust es nicht! Ich befehle es dir!«

Des Kindes Stimme brach sich vor Zorn.

»Pai läßt mich nicht hier zurück; das sind alles Lügen.«

Die Amme wiederholte nur, eintönig klagend:

»Ganz leise! Anna muß fort.«

Und in ihrem Gemurmel ging der Zorn der Kleinen allmählich unter. Sie ließ sich auf Annas Schulter fallen, gebrochen, mit Schluchzen und Bitten.

»Geh nicht fort!«

»Anna muß gehen.«

»Wenn du fortgehst, dann –«

Der Schmerz schüttelte das Kind. Es preßte sein Gesicht auf die nackte schwarze Schulter; – und mit dem öligen Geruch dieser Haut, an der es einst die ersten Atemzüge getan hatte, erhob sich die dunkle Flut seiner frühesten Erinnerungen und überschwemmte es. Lola sah, in einem aufgeregten Gedränge von Bildern, zuerst einen Palmenwald, dann viele grimassierende Negergestalten, die ihr namenlos schön erschienen, um Fleischtöpfe hocken, in die sie oft ihre Händchen getaucht hatte; sah ein Stück schäumenden, heftig blauen Meeres und die buschigen Wedel des Zuckerrohrs davor; sah Nene, den Bach und die Kurubus ...

»Wenn du fortgehst«, wimmerte sie, »dann –«

Es entstand ein Wogen großer Blumen hinter ihren an Annas Schulter gedrückten Lidern; und tief in den Blumen hing die Hängematte mit der schönen Mai, die ihr zunickte und langsam und wie von einer nicht mehr Anwesenden das Gesicht wegwandte.

»Wenn du fortgehst, dann ist ... alles aus!«

Am Morgen trat Pai ins Zimmer und sagte:

»Meine kleine Lola, Pai muß nun auf kurze Zeit zurückreisen, und bis er wiederkommt, läßt er dich hier.«

Da das Kind nur den Kopf senkte:

»Es wäre für dich nicht gut, schon wieder so weit zu reisen.«

Lola schlug die Augen auf und sagte hell, wie eine verzweifelte Schelmerei:

»Pai, nimm mich mit?«

»Meine kleine Tochter ist vernünftig, nicht wahr«, erwiderte Pai, ohne Frage im Ton; und Lolas kleines gespieltes Lächeln brach ab. Pai nahm sie bei der Hand und führte sie zur Stadt, über einen Marktplatz und in ein altes Haus, an dessen gläserner Flurtür die Glocke lange klapperte.

»Hier wohnt«, sagte Pai, »eine gute Dame, die sich meiner Lola annehmen will, solange Pai nicht da ist.«

Der Flur war weit; auf seinen Steinfliesen gingen Arm in Arm, zu zweien oder in langen Reihen, viele Mädchen umher. Andere hüpften zwischen den Flügeln einer Tür, in der buntes Glas war, in den Garten hinab. Es waren große und kleine; aber die kleinste, sah Lola gleich, war sie selbst. Sie sah es aus dem Zimmer, worin Pai mit ihr wartete. Es hatte weiße Tapeten mit goldenen Blumen darauf, eine goldene Stutzuhr, sehr hohe Fenster mit den Bäumen des Gartens dahinter; und Lola wandte sich, beklommen seufzend, von einem Gegenstand zum andern. Gleich war's nun soweit: Pai war fort. Noch hielt er sie doch an der Hand: und war schon fast fort! Oh, oh, was für eine drängende Menge von Dingen hätte sie ihm zu sagen gehabt; er mußte doch einsehen. Mit zuckender Lippe brachte sie hervor:

»Pai, sieh, was für ein komischer Mann ist auf der Uhr.«

Und fieberhaft dachte sie: ›Das war's doch nicht, was ich wollte.‹

Hatte Pai wirklich gar kein Erbarmen? Sie lugte zu ihm auf, mit unverstelltem Jammer. Pai sah gradaus; er hatte den Mund fest geschlossen, die Falte zwischen den Augen; – und zum ersten Male fühlte Lola, daß er ein strenges Gesicht mache, weil er traurig sei; daß er sich streng stelle, weil er sie liebhabe. Es ward ihr ganz warm und glücklich; sie drückte Pais Hand; Pai sah hinab, ihr in die Augen: da aber ward es draußen bei den Mädchen viel stiller, und eine kleine Dame im schwarzen Kleid lief eilig an dem gelben Treppengeländer entlang. Schon war sie unten, und nun kam sie auf das offene Zimmer zu. Gab es denn keine Rettung? Pai tat nichts? Die kleine Dame trug die eine ihrer schmalen Schultern höher als die andere, sie hielt die Arme gekrümmt zu den Seiten ihres zerknitterten Trauerkleides, und ihr blasses, langes Gesicht bekam vom Lächeln eine krause Nase: Lola sah das alles mit schreckensvoller Genauigkeit. Ihr war wie in einem Traum, worin man davonlaufen möchte und kann sich nicht regen. Da fühlte sie schon die dünnen langen Finger der Dame kühl um ihre Hand. Was sagte nun die Dame? Ratlos wandte Lola sich nach Pai um.

»Fräulein Erneste begrüßt dich«, erklärte Pai, »und verspricht dir, sie wolle dich liebhaben und dich alles Gute lehren. Du mußt ihr danken.«

»Danke«, sagte Lola, mit Anstrengung.

Darauf begann das Fräulein unter Lauten freudiger Erregung überall in Lolas Gesicht Küsse zu werfen, die hart waren und schmerzten. Lola begriff nicht; sie erschrak; und inzwischen hatte das Fräulein schon wieder eine Menge geredet, und alles klang fragend. Allmählich hörte Lola, daß sie immer dasselbe sagte, und immer langsamer und deutlicher sprach sie es aus. Wieder suchte Lola Hilfe bei Pai, aber Pai hatte sich in einen Stuhl gesetzt und bekümmerte sich nicht um sie. Und das Fräulein drang immer strenger auf sie ein, mit steil aufgerichtetem Zeigefinger. Lola hielt sich nicht länger; sie brach, und sah dem Fräulein dabei immer starr in die Augen, in entsetztes Schluchzen aus. Da geschah etwas sehr Seltsames. Die eifrige, Gehorsam heischende Miene des Fräuleins fiel jäh in sich zusammen und ward ganz unsicher und hilflos. Das Fräulein war auch anfangs nicht groß gewesen; jetzt aber war es nicht mehr viel höher als Lola, und es tastete schüchtern, während es den Kopf zum Bitten schief legte, nach Lolas Hand. Darüber erschrak Lola nochmals: aber nicht für sich selbst. Was hatte das Fräulein? Ein verlegenes Mitleid berührte ihr Herz, und sie lächelte zart. Ein wenig höher noch hob sie des Fräuleins Hand, die um ihre lag: zögernd – und plötzlich legte sie die Lippen darauf. Sogleich aber trennten sie sich, und Lola lief auf Pai zu, fiel ihm um den Hals und rief, um Pai von dem Fräulein und seiner Verwirrung abzulenken: was für ein herrlicher Apfelbaum da zum Fenster hereingreife. Pai hob, da das Fräulein ihm etwas zurief, Lola hoch empor, und sie konnte eine Frucht brechen.

Alle drei gingen nun in den Garten; Lola fühlte sich irgendwie beglückt; und ehe jemand es sich versah, saß sie droben im Apfelbaum. Pai schalt, aber sie hörte, daß es Spaß sei; das Fräulein lachte von Herzen, und aus allen Ecken des Gartens liefen Mädchen herbei, sich die kleine Wilde anzusehen. Sie tanzten um den Baum, schrien und streckten die Hände aus. Pai sagte hinauf, das Fräulein erlaube, daß Lola zur Feier ihrer Ankunft den Mädchen Äpfel pflücke. Lola warf sie ihnen zu; sie kletterte von Ast zu Ast, suchte sich mit ernster Miene eine aus und warf ihr die Frucht in die Schürze. Als sie herunterstieg, umringten die Größeren sie und liebkosten sie. Aber eine Glocke läutete, und alle eilten ins Haus. Pai und Lola folgten dem Fräulein zu einer Laube, wo ein Frühstück bereitstand.

Lola bekam zum Essen ein halbes Gläschen Wein; dann nahm Pai sie auf sein Knie, küßte sie und sagte: »Nun lauf umher.«

Trotzdem behielt er sie im Arm und sah sie an. Sie entschlüpfte.

»Einen Kuß noch, kleine Tochter«, rief Pai ihr nach.

»Gleich!«

Und sie sprang hinter einem Schmetterling her. Ihr war lustig zu Sinn, sie dachte: ›Solche großen Klatschrosen! … Ich muß sehen, was dort in der Mauer für ein dunkles, dunkles Loch ist … Pai ist gut, auch das Fräulein ist gut … Eine Eidechse, husch … Ob die Mädchen nicht wiederkommen? … Der schöne Tag!‹

»Pai!« jauchzte sie.

»Er kann mich nicht hören, so groß ist der Garten. Wo ist denn die Laube geblieben? Ah, um diese Hecken muß ich herum … Nun aber: Pai!« Und sie lief.

Plötzlich hielt sie an: vor der Laube stand das Fräulein allein. »Pai?«

Lola kam langsam näher. Ihre Augen durchforschten die Laube, überflogen den Garten und hafteten, verzagend, am Blick des Fräuleins. Was sagte er? Doch nicht das? Er konnte nicht! Lola nahm sich zusammen und fragte:

»Wo ist Pai, Fräulein?«

Das Fräulein sagte etwas, wieder mehrmals dasselbe, aber gar nicht langsam und deutlich wie vorhin: und doch verstand Lola. Sie warf, haltlos jammernd, die Arme in die Höhe.

»Er wollte noch einen Kuß von mir! Wie kann er fort sein, wenn ich ihm doch noch den Kuß geben soll!«

Sie taumelte einmal um sich selbst und schlug, unsicheren Laufs, den Weg zum Hause ein. Mitten darauf blieb sie stehen, ließ die Arme fallen, senkte den Kopf; und die rinnenden Tränen wuschen ihr von den Lippen den Kuß, den sie nicht hatte geben dürfen.

(*Zwischen den Rassen*, 1907. – Die Kindheit der Mutter in Brasilien ist Thema der ersten zwei Kapitel des Romans *Zwischen den Rassen*.)

Kummer um die Kinder

Vielen Dank für Deine Sorge um mein Befinden. Meine Mutter macht sich immer Kummer; wenn grade keins ihrer Kinder dazu Anlass gibt, sind es die Eisenbahnunglücke.

(Brief an Ludwig Ewers, Nizza, 19. Februar 1910)

Erinnerungen an den Vater

Mein Vater, ein Kaufmann, der den kleinen Freistaat Lübeck zum guten Teil regierte, denn er verwaltete die Abgaben, las die Zeitung: eine neue Rede des Fürsten. Sie sollte lange in aller Munde bleiben, besonders der Satz: »Wir Deutsche fürchten Gott, sonst nichts in der Welt.« Senator Thomas Heinrich Mann, geboren 1840, war skeptisch wie sein Jahrhundert. Er schnob Luft aus und meinte leichthin: »In Wirklichkeit fürchten wir manches.« Dies mit Zärtlichkeit für den gewagten Ausspruch und seinen Urheber. Der Knabe, der ich war, las über die Schulter des Vaters mit. Er hat gedacht: »Wahr oder nicht, es ist gut gesagt.«

(*Ein Zeitalter wird besichtigt*, 1946 – Ausschnitt aus *Die geistige Lage*. Mit dem »Fürsten« ist der Reichskanzler Fürst Otto von Bismarck gemeint.)

Wir könnten anders sein

Als ich in Frankreich wohnte, besuchte mich ein brasilianischer Diplomat mit seiner Frau, die aus Toscana gebürtig. Wir saßen schon eine Weile im Gespräch, da erwähnte ich, daß meine Mutter von Brasilien nach Deutschland gekommen sei, einst um 1860. Ihre Mutter, damals verstorben, sei von durchaus einheimischer Abstammung gewesen. »Jetzt weiß ich, warum wir uns gleich verstanden haben«, sagte der Mann. Ich sah ihn an und dachte: »Mama hätte auch dort bleiben können, ich wäre vielleicht, was er ist!«

Der Mann, hoher Wuchs und feiner Kopf; die Dame, das Gesicht des unvergänglichen Italien, klassisch modelliert, die Abwandlungen modern. Ich sah auf ihren Mund, aus dem die Laute Toscanas klangen. Sie überließ es ihrem Mann, französisch zu sprechen. Sobald sie merkte, daß ich sie verstand, blieb sie in ihrer Natur – die bei allen untrennbar von ihrer ersten Sprache ist. Ich dachte: »Zehn Jahre meines Lebens habe ich mich im Bereich dieser Musik bewegt!«

Plötzlich fühlte ich, so nahe habe ich es nur diesmal gefühlt: »Kein Unterschied, ob zehn Jahre oder die Ewigkeit.« Ich hätte noch vor meiner Geburt bestimmt sein können für diesen Wohllaut, klar und sanft, die äußerste menschliche Distinktion, wenn Lippen wie diese sich öffnen und schließen.

(Ein Zeitalter wird besichtigt, 1946)

»Der eine küsste dem andern die Hand,
er küsst sie ihm noch heute.«

Man müsste denn die Vorgeschichte des Knaben kennen. Ungeeignet befunden für das väterliche Geschäft, eine über hundertjährige Handlung, Schiffsreederei, Getreide Im- und Export, hätte der Sohn den Vater auch nicht befriedigt, wenn er ein staubiger Sortimenter wurde – alle dieser Branche sahen verstaubt aus. Senator Mann hat natürlich gewusst, dass sein Junge nur fort wollte, aus Lübeck, von der Schule, gleichviel in welche Art Leben. Zuhälter wär er bei passenden Umständen auch geworden. Baldmöglichst brannte er von der Stelle durch, warf sich in Berlin auf das Gebiet seiner Neigungen [...], machte Schulden. Von dem allen erfuhr der Vater nichts mehr, er starb noch in dem Jahr, 1891. Dem Zwanzigjährigen sagte der Sterbende, was er längst gemeint, nur verschwiegen hatte: »Ich will dir helfen.« Schriftsteller zu werden: beiden war es klar; der eine küsste dem andern die Hand, er küsst sie ihm noch heute.

(Brief an Karl Lemke, Santa Monica, 27. Oktober 1948)

Heinrich Mann
und seine Geschwister

Die vier Geschwister Heinrich, Thomas, Carla und Julia Mann, um 1887

Der Bruder Thomas

Heinrich Mann war vier Jahre älter als sein Bruder Thomas (1875–1955). In jungen Jahren verbrachten sie viele Monate gemeinsam in Italien. Wie Briefe Heinrichs an seinen Schulfreund Ludwig Ewers belegen, gab es schon früh Konkurrenz zwischen beiden Brüdern.

1905 heiratete Thomas Mann Katia Pringsheim (1883 bis 1980). Die beiden hatten sechs Kinder (vgl. Seite 309–318). Erste große Kontroversen zwischen Thomas und Heinrich Mann gab es 1903 wegen des Romans Die Jagd nach Liebe, *den Thomas unter anderem wegen seiner erotischen Szenen ablehnte. Außerdem warf er Heinrich vor, ihn plagiiert zu haben. Das Verhältnis der beiden Brüder war seitdem gespannt. 1915 kam es zum Bruch unter anderem wegen Heinrich Manns Essay* Zola, *dessen Aussagen Thomas als vernichtende Kritik an seiner Person empfand.*

Vermittlungsversuche der Mutter blieben erfolglos. Der »Versuch der Versöhnung« von Heinrich Mann scheiterte 1917. Erst 1922, nach einer lebensbedrohlichen Erkrankung Heinrich Manns, kamen sie sich wieder näher. Ab 1933 lebte Thomas Mann im Schweizer Exil, besuchte aber häufig die deutschen Exilanten, die sich in Sanary-sur-Mer in Frankreich niedergelassen hatten, unter ihnen auch Heinrich Mann. Im Exil in Amerika ab 1940 war Heinrich Mann auf die finanzielle Unterstützung seines Bruders angewiesen. Thomas Mann war bereits im September 1938 während einer Vortragsreise in den USA geblieben. Er kehrte – nach dem Tod Heinrichs am 12. März 1950 – im Jahr 1952 wieder in die Schweiz zurück. Am 13. August 1955 starb Thomas Mann in Kilchberg.

»Die Lyrik meines vielversprechenden Bruders«

Da ich indes gerade beim Kritisieren bin, so möchte ich Dir noch ein paar Worte über die Lyrik meines vielversprechenden Bruders sagen, mit der Du ja so sehr einverstanden scheinst. Du kannst ihm diese paar Worte mit Vorsicht beibringen. Bei der Lektüre seiner letzten Gedichte (die ich beifüge) bin ich aus dem peinlichen Gefühl gar nicht herausgekommen, das mir in ähnlicher Weise nur Platen, der Ritter vom heiligen Arsch, verursacht hat. Diese weichliche, süsslich-sentimentale ›Freundschafts‹-Lyrelei

– als an Deiner Brust ich ruhte ...
– als um den Freund den Arm ich schlang,
Und ich in süsser Lust mich wiegte ...
Wenn *das wahres Gefühl* ist (traurig genug, wenn dies der Fall ist!) – so danke ich für Obst, nehme nicht einmal Käse, sondern französischen Abschied. – –

(Brief an Ludwig Ewers, Dresden, 27. März 1890)

»Mein armer Bruder Tomy.«

Mein armer Bruder Tomy. Lass ihn nur erst in das Alter kommen, wo er unbewacht und – bemittelt genug ist, seine Pubertät zum Ausdruck zu bringen. 'ne tüchtige Schlafkur mit einem leidenschaftlichen, noch nicht allzu angefressenen Mädel – das wird ihn kurieren. Sage ihm das aber nicht. Ironisiere die Geschichte; das hilft. Nur nichts tragisch-ernst nehmen! Er will »meine Ansicht« durch Dich wissen. Sage ihm also das inhaltsschwere Wort »Blödsinn«. Ich denke, das genügt.

(Brief an Ludwig Ewers, Dresden, 21. November 1890. – Heinrich Mann fand sehr deftige Worte für die latente Homosexualität seines Bruders.)

»Eine recht nette Talentprobe«

Tommy, mein Bruder, hat im Novemberheft der *Gesellschaft*
eine Novelle *Gefallen* veröffentlicht, die meiner Meinung nach
eine recht nette Talentprobe ist. Darauf bekommt er einen
höchst schmeichelhaften Brief von Hrn. R[Richard]. Dehmel,
der sich ihm als Verwaltungsrats-Mitglied des *Pan* vorstellt und
um Einsendung von Manuskripten bittet. Honorar für die
Seite 10–15 M. Ist Dir schon mal so was passiert? Mir auch
nicht.
(Brief an Ludwig Ewers, Dresden, 3. Dezember 1894)

»Wir sollten nur trachten, einander nicht nur gelten zu lassen, sondern sogar zu genießen« – An Tommy. Nach Die Jagd nach Liebe

Lieber Tommy,
[…] Jede »schlechte Kritik« richtet in mir zunächst Verhee-
rendes an. Ich bekomme die Kehrseite meiner heissen ästheti-
schen Empfänglichkeit zu fühlen, die mich auch ganz fremde
Empfindungsformen z. B. Deine geniessen lässt, was Dir mein
Urtheil liberal macht. Dein Brief übergoss mich beim ersten
Lesen heiss und kalt, ich kam mir ertappt vor, entlarvt, unmöglich gemacht. Das alles, weil der Brief gut geschrieben ist. Jetzt
hab' ich ja die mir geläufige Rechtfertigung meiner Selbst, die
Du für einen Augenblick über den Haufen geworfen hattest,
wieder aufgerichtet. Trotzdem geb' ich Dir in der Beurtheilung
meines Buches und des Eindrucks, den es machen muss, noch
jetzt zum grossen Theil Recht. Was ich besser weiss, ist erstens:
warum ich es geschrieben habe.
[…] Ich bin bis gegen mein 27. Jahr nur ein latenter Künstler gewesen. Bis zu diesem Lebensjahr, demselben in dem Du,
auf Grund mehrerer Werke, zu Stellung und Wohlhabenheit

gelangt bist, habe ich nichts als ein unbeträchtliches Novellen-bändchen geschrieben. Mein Hauptinteresse war – es ist es noch heute, nur in anderer Weise – die Frau. Ich habe mit einer Naivität, die Du scheint es verkannt hast, so lange es irgend ging, nur meiner Sinnlichkeit gelebt. Da sich meine Sinne draussen im Leben bethätigten, durfte ich mit mir selbst der gelassene Liebhaber sein, den Du heute so sympathisch findest, und gegen den Du damals alles Moderne behaupte-test.

[…] So trainire ich mich nicht der Arbeit zuliebe, sondern ich arbeite, um nur Leben zu spüren. Die Arbeit ist mir keines-wegs Selbstzweck. An der Masse des Geleisteten liegt mir nichts; am Erfolg so wenig, als irgend nur einem Geist daran liegen kann. Die Nerven meine ich nicht, die dehnen sich bei Applaus und krümmen sich bei Zischen. Aber mit meiner blei-benden Vernunft, stehe ich über dem Erfolg. Ich weiss, was der Ruhm, wenn er käme, wäre: ein weithin verbreiteter Irrthum über meine Person.

[…] Auch bin ich zu fremd dem Volk für das ich schreiben muss, wie denen für die ich lieber schreiben würde. Ich gebe ihnen nichts. Was können sie mir geben. Meine »Sensation« gilt also vor allem mir selbst. Und wenn ich ausserdem noch »es mit Sensation machen muss«, so ist dies zu machende »es« viel-leicht ein Häuschen nebst ein paar Tausend Mark. Ich muss schon bitten, mir das zu glauben. Ich jage nicht nach Wirkung. Niemand kann einsamer sein und einsamer sein wollen, als ich. Und Niemand kann ein theurer bezahltes Recht auf Verspot-tung eitler Wirksamkeiten haben.

[…] Das sind grosse Worte und es handelt sich ja nur um ein paar Romane. Etwas anderes verlangt Niemand von uns. Nie-mand fragt danach, wie es in dem Hirn anfing, aus dem das Buch kommt. Wir brauchten einander danach auch nicht zu fragen und sollten nur trachten, einander nicht nur gelten zu lassen, sondern sogar zu geniessen. Beachte nochmals: Was ihr

ca 29 J. Heinrich und Thomas Mann, ca 25 J.
um 1900

auch seid, welcher geschichtlichen Tendenz ihr auch entsprechen mögt, es fällt mir nicht ein, gegen euch zu protestiren. Ich geniesse von euren Hervorbringungen, so viel ich kann. Inzwischen vergeht Zeit; es kommt nach dieser Epoche, die Dich freut, gewiss eine, die mich – gefreut hätte und wo »international« kein Schimpfwort mehr ist. Auch die geht vorüber, und Bücher wie Du sie machst und Bücher wie ich sie mache werden abwechselnd genossen und vergessen – ganz so als wären es bestimmte Frauentypen. Welcher schöner ist, kann doch nie Jemand entscheiden. Mir genügt es, dass ich nicht auf einen einzigen beschränkt bin: ich kann mehrere geniessen. Der »schlechte Kritiker« gesteht schliesslich immer, dass ihm ein Genuss entgangen ist.

[...] Erinnerst Du Dich wohl der ersten Keime zu B[uddenbrooks]? Es war in Palestrina, wo es fing damit an, dass wir gemeinsam die Listen der Lübecker machten, die herhalten sollten. Wir verfielen täglich Jeder auf neue Einzelheiten, erinnerten uns: das soll vorkommen. Das zusammen Denken ging so weit, dass Du mir einmal vorschlugst, ich solle den ersten, Dir zu »historischen« Theil des Buches schreiben. Hast Du wirklich späterhin während der ganzen ersten Hälfte Deines Romans nicht das Gefühl gehabt, als sässe ich dabei, verständnisvoll nickend wie Einer, der das so oder ähnlich auch hätte machen können? Du warst keineswegs zu stolz, manches von mir anzunehmen, und Du thatest recht. Es sind Figuren darin [...], die Du ohne mich entweder kaum gekannt oder wenigstens nicht *so* gesehen hättest. [...] Ich bin, trotz einiger Bemühung, das Gefühl nicht losgeworden, dass diese Erbitterung über den vermeintlichen Raub von drei, vier der eigenen Wörter, Dein Urtheil über das ganze Buch mitbestimmt hat.

Also ja, schliessen wir nun. Jetzt thu' ich es gern, und das heutige soll Dir nur danken. Dein Brief hat mich bewegt und auch ziemlich vernünftig gestimmt. [...] Daher [...] liegt mir umso heftiger daran, wenigstens von Euch halbwegs anerkannt zu werden, von Dir, womöglich auch von Lula. Carla hat mir ja die Freude gemacht, sich bei dem Buch zu amüsiren und einverstanden zu sein mit der Ute; und da sie hierzu die nächste ist, wiegt das viel auf. Aber [...], ich gestehe, bei euch paar Menschen, an denen ein Stück von meinem Leben hängt, könnte ich Geringschätzung nicht gut aushalten. Es geht auch nicht, dass man, wie Lula möchte, den Menschen vom Schriftsteller trennt. Das kann man nur durch einen mehr oder weniger willkürlichen Irrthum. Du weisst das ja so gut wie ich, und solltest es ihr mal auseinandersetzen.

Solche Sachen also wie eure Familienbeschlüsse über mich, müssen einem einmal gesagt werden, damit ich nach den vorausgegangenen Briefen von Dir und Lula, wieder eine richtige Vorstellung bekomme von eurer Stellung zu mir. [...] Im Übrigen fühlst Du wohl, dass Du selbst eine geschlossenere, trotz aller Pathologie doch geglücktere Persönlichkeit bis als ich. Ich bin gespalten und entwurzelt; [...]. Vor allem wendest Du auf mich Deine eigene, selbst erlebte Definition des Künstlers an, was nicht geht.

(Aus einem Notizbuch um 1903 / 1904. – Thomas Mann hat Heinrich in einem Brief heftige Vorwürfe zu seinem Roman *Die Jagd nach Liebe* gemacht. In den hier zitierten Briefentwürfen versucht Heinrich Mann sich zu rechtfertigen.)

»Sache derer, die früh vertrocknen sollen«

Der Schriftsteller, dem es bestimmt war, unter allen das größte Maß von Wirklichkeit zu umfassen, hat lange nur geträumt und geschwärmt. Sache derer, die früh vertrocknen sollen, ist es, schon zu Anfang ihrer zwanzig Jahre bewußt und weltgerecht hinzutreten. Ein Schöpfer wird spät Mann. Zola war der poetisierende Jüngling, der sich hingibt und der glaubt, bevor

Thomas Mann und Katia Pringsheim zur Zeit
ihrer Verlobung, 1904

er zweifeln und sich behaupten lernt. Absichtslos mit Kinderhänden werden Vorräte gesammelt an seelischer Triebkraft, tragendem Gefühl: Besitzergreifung seiner selbst, eine Art innerer Meisterschaft vor der produktiven; und eben sie wird dann den Arbeiter unverbraucht erhalten bis zum Schluß, ihn unnachsichtig tapfer bleiben lassen in Jahren, wo Andere schon nachgeben, wo Andere sich schon ergeben. […]

Ihr Talent wirkte modern, ihr Geschmack war oft der zarteste. Gaben sie sich pessimistisch, leugneten sie geistreich den Fortschritt und gar die Menschheit, indes es ihnen nie beikam, zu leugnen, was bestand und gefährlich war: wir sahen gewollte Paradoxe darin, verwöhnten Überdruß am Einfachen und Echten, keineswegs stichhaltig, weder vor ihrer eigenen Vernunft noch vor den Ereignissen. Im äußersten Fall, nein, dies glaubten wir nicht, daß sie im äußersten Fall Verräter werden könnten am Geist, am Menschen. Jetzt sind sie es. Lieber als umzukehren und, es zurückbannend, hinzutreten vor ihr Volk, laufen sie mit seinen abscheulichsten Verführern neben ihm her und machen ihm Mut zu dem Unrecht, zu dem es verführt wird. Sie, die geistigen Mitläufer, sind schuldiger als selbst die Machthaber, die fälschen und das Recht brechen. […] Ihr falschen Geistigen dreht Unrecht in Recht um, und gar in Sendung, wenn es durch eben das Volk geschieht, dessen Gewissen ihr sein solltet. Euer Volk hat den Auftrag von der Geschichte, aber an welche trostlose Geschichte glaubt ihr denn, da ihr nicht an den menschlichen Fortschritt glaubt? Euer Volk ist Abriß und Bestimmung der Menschheit, – die ihr leugnet. Euer Volk ist heilig, ist die Idee selbst, die erste freilich, die ihr nicht bezweifelt. Es hat die tiefsten Erkenntnisse, und jenseits von ihnen darf es handeln wie ein reiner Tor, dies ist sein Vorrecht und sein Ruhm. Es bedarf keiner Erziehung, noch des Beispiels der anderen Völker, die sämtlich verfallen und verurteilt sind, was nicht hindert, daß ihre Besiegung ein Beweis wäre für seine schicksalhafte Größe. Der ganze nationalistische Katechismus, angefüllt mit Irrsinn und Verbrechen, – und der ihn predigt ist euer eigener Ehrgeiz, dürftiger noch, eure Eitelkeit. [...] Durch Streberei Nationaldichter werden für ein halbes Menschenalter, wenn der Atem so lange aushält; unbedingt aber mitrennen, immer anfeuernd, vor Hochgefühl von Sinnen, verantwortungslos für die heranwachsende Katastrophe, und übrigens unwissend über sie wie der Letzte! ... Mit Zorn und mit Schmerz nahm Zola damals die Trennung vor von denen, die er trotz allem für seinesgleichen gehalten hatte. Dulden und Hinfristen war nicht länger erlaubt, die äußersten Prüfungen waren angebrochen und verpflichteten die Geister, streng und endgültig gesondert, hinzutreten, die einen zu den Siegern des Tages, die anderen zu den Kämpfern für die ewigen Dinge. Kameraden bislang, gleich auserlesen, wie es schien: plötzlich aber vertiefen alle Züge sich, und auf jenen steht Untergang, auf diesen Leben. Jene waren oft die verlockenderen gewesen, auch für ihn selbst wohl; jetzt macht es nichts aus, daß man in eleganter Herrichtung gegen die Wahrheit und gegen die Gerechtigkeit steht; man steht gegen sie und gehört zu den Gemeinen, Vergänglichen. Man hat gewählt zwischen dem Augenblick und der Geschichte, und hat eingestanden, daß man mit allen Gaben doch nur ein unterhaltsamer Schmarotzer war. Sogar die Gaben kamen jenen jetzt abhanden, Zola sah die gehaltensten Dichter unvermittelt den windigsten Journalismus treiben. Ein Journalist aber, der heute auf seiten der Wahrheit und der Gerechtigkeit stand, konnte Kraft und Höhe davontragen für sein übriges Leben.

(*Zola*, 1915. – Thomas Mann bezog diese Stellen des Essays, besonders den zweiten Satz des Essays auf sich. In späteren Drucken hat Heinrich Mann einige der Passagen weggelassen.)

Versuch einer Versöhnung

Lieber Tommy,

Dein Artikel im B[erliner] T[ageblatt] wurde in meiner Gegenwart verlesen. Ich weiss nicht, ob es den Hörern auffiel, mir selbst schien es, als sei er in einzelnen Abschnitten an mich gerichtet, fast wie ein Brief. Daher glaube ich Dir antworten zu müssen, wenn auch ohne den Umweg über die Presse und nur zu dem einen Zweck, um Dir zu sagen, wie unberechtigt der Vorwurf des Bruderhasses ist. – In meinen öffentlichen Kundgebungen kommt kein »Ich« vor, u. daher auch kein Bruder. Sie sind in das Weite gerichtet, sehen ab – wenigstens will ich es so – von mir, meinem Bürgerlichen, meinem Vortheil oder Nachtheil u. gelten allein einer Idee. Liebe zur Menschheit (politisch gesprochen: europäische Demokratie) ist allerdings die Liebe einer Idee; wer aber sein Herz so sehr in die Weite hat erheben können, wird es des öftern auch im Engen erwiesen haben. »Güte von Mensch zu Mensch« verlangt das Stück, für das ich dem Verfasser Dehmel sogleich nach dem Anhören der Generalprobe meine wärmste Sympathie dargeboten habe. Ich weiss, dass ich im Lauf des Lebens von dieser Güte einiges gewonnen [?] habe, und kenne Fälle, in denen ich sie öfter gewährte als empfing. Dein ganzes Werk ist von mir begleitet worden mit dem besten Willen, es zu verstehen u. mitzufühlen. Die Gegnerschaft Deines Geistes kannte ich von jeher, u. wenn Deine extreme Stellungnahme im Krieg Dich selbst verwundert hat, für mich war sie vorauszusehen. Dieses Wissen hat mich nicht gehindert, Dein Werk oftmals zu lieben, noch öfter in es einzudringen, wiederholt es öffentlich zu rühmen oder zu vertheidigen, u. Dich, wenn Du an Dir zweifeltest, zu trösten wie einen jüngeren Bruder. Bekam ich von dem allen fast nichts zurück, ich habe es mich nicht verdriessen lassen. Ich wusste, um sicher zu stehen, brauchtest Du die Selbstbeschränkung, sogar

die Abwehr des Anderen, – und so habe ich auch Deine Angriffe – sie reichen von den Zeiten eines Blattes namens »Frei-
statt« bis in Dein jüngstes Buch – noch immer ohne grosse
Mühe verwunden. Verwunden u. nicht vergolten – oder erst
dann ein einziges Mal vergolten, als es nicht mehr um Persön-
liches ging, nicht mehr um literarische Vorliebe oder geistige
Rechthaberei, sondern um die allgemeinste Noth u. Gefahr.
In meinem, *Zola* betitelten Protest war es, dass ich gegen die
auftrat, die sich, so musste ich es ansehen, vordrängten, um zu
schaden. Nicht gegen Dich nur, gegen eine Legion. Anstatt
der Legion sind es heute nur noch einige Verzweifelte; Du
selbst schreibst wehmütig; – u. Dein letztes Argument wäre
mir der Vorwurf des Bruderhasses? Ich kann Dir betheuern,
wenn nicht beweisen, dass er mich nicht trifft. Nie aus solchem Gefühl habe ich gehandelt – u. habe ihm grade entge-
gengehandelt, als ich Annäherung suchte sogar in der Zeit, als
es hoffnungslos schien. Unsere Mittheilung von der Geburt
unseres Kindes wurde nicht gut aufgenommen. Vielleicht finden meine heutigen Erklärungen ein besseres Gehör. Das
wäre möglich, wenn Deine neueste Klage gegen mich von
Schmerz diktirt ist. Dann mögest Du erfahren, dass Du meiner nicht als eines Feindes zu denken brauchst.

Heinrich

(Entwurf eines Briefes an Thomas Mann, 30. Dezember 1917)

»Mein Welterlebnis ist kein brüderliches«

Lieber Tommy,
vor solcher Erbitterung musste ich verstummen und die
»Trennung für alle Zeitlichkeit« so hinnehmen wie sie geboten
wird. Aber ich will nichts versäumen. Ich will Dir nach Kräften helfen, die Dinge später, wenn alles vorbei ist, gerechter zu
sehen. Auf einen Brief, der nicht Zartsinn oder ähnliches, son-

dern allein Überhebung verrieth, musste ich meiner Frau die entsprechende Antwort diktiren. Aber ich trenne mich niemals vorsätzlich u. für immer. Ich lasse es darauf ankommen, ob auch der andere Theil einst das Seine thut, dass man sich wiederfindet. So ist die Art meiner zelotischen Leichtlebigkeit.

Nicht Auseinandersetzungen wollte ich, nicht einmal auf 4 Briefseiten, – u. mit tiefem Bedauern erfahre ich, dass eine einzige, von mir gehörte Meinungsäusserung Dich genöthigt hat, 2 Jahre lang Deine Antwort auszuarbeiten. Ich denke Dein Buch, sollte nicht die Rücksicht auf meinen Ruf mich anders bestimmen, ungelesen zu lassen – nicht aus Missachtung, sondern weil ich eine polemische Verbindung mit Dir weniger wünsche als die andere, natürliche. Du hast, nach allem was ich sehe, Deine Bedeutung in meinem Leben unterschätzt, was das natürliche Gefühl betrifft, und überschätzt hinsichtlich der geistigen Beeinflussung. Die letztere, negativ von Gestalt, ist einseitig von Dir erlitten worden, Du musst diese Wahrheit schon hinnehmen, es ist keine blosse Schmähung, wie alle die mehr pathetischen als ethischen Wendungen Deines Briefes. Was mich betrifft, ich empfinde mich als durchaus selbständige Erscheinung, u. mein Welterlebnis ist kein brüderliches, sondern eben das meine. Du störst mich nicht. Beispielsweise wäre ich, schriebest Du über französische Thaten u. Eigenschaften einmal etwas anderes als Ungereimtheiten, aufrichtig erfreut. Du aber – wenn es mir einfiele, mich zum alten Preussen zu bekennen, weisst Du, was Du thätest? Die Notizen zu Deinem »Friedrich« würfest Du ins Feuer.

»In inimicos« sagtest Du, 22jährig am Klavier sitzend in via Argentina trenta quattro, nach rückwärts gewandt gegen mich. So ist es geblieben für Dich; aber Du bist noch jung, ich darf Dir noch abrathen, bevor es zu spät wird, denn es war nicht gut so für Dich, u. wird immer weniger gut. Bezieh nicht länger mein Leben u. Handeln auf Dich, es gilt nicht Dir, u. wäre ohne Dich wörtlich dasselbe. Der 2te Satz des *Zola* hat nichts mit Dir zu thun, u. die wenigen Seiten weiterhin, die auch Dich angehen, ständen so oder ähnlich noch da, wenn es nur die Anderen gäbe. Von diesen anderen haben manche seither sich eines Besseren besonnen, u. ich bin wieder ihr Freund. Ich trenne mich niemals vorsätzlich u. für immer.

Selbstgerechtigkeit? O nein – sondern weit eher das Gemeinschaftsgefühl mit denen, die auch, gleich mir, es wissen, wie viel wir alle, die Kunst und Geistesart unserer Generation, es verschuldet haben, dass die Katastrophe kommen konnte. Selbstprüfung, Kampf erleben noch einige neben Dir, wenn schon bescheidener; aber dann auch Reue u. neue Thatkraft: nicht nur eine »Behauptung«, die so grosse Umstände nicht verlohnt, nicht nur das »Leiden« um seiner selbst willen, diese wüthende Leidenschaft für das eigene Ich. Dieser Leidenschaft verdankst Du einige enge, aber geschlossene Hervorbringungen. Du verdankst ihr zudem die völlige Respektlosigkeit vor allem Dir nicht Angemessenen, eine »Verachtung«, die locker sitzt wie bei keinem, kurz, die Unfähigkeit, den wirklichen Ernst eines fremden Lebens je zu erfassen. Um dich her sind belanglose Statisten, die »Volk« vorstellen, wie in Deinem Hohenlied von der *K[öni]g[lichen] Hoheit*. Statisten hätten Schicksal, gar Ethos? – Dein eigenes Ethos, wer sagt Dir, dass ich es verkannt hätte? Ich habe immer um es gewusst, habe es geachtet als subjektives Erlebniss u. Dich, stand es im Kunstwerk gestaltet, nicht lange behelligt mit meinem Verdacht gegen seinen Werth für die Menschen. Vermesse aber auch ich mich eines sittl. Willens, wie erscheint er Dir? Unter dem Bild eines komödiantischen Prahlhansen u. glänzenden Machers. Du Armer!

Die Unfähigkeit, ein fremdes Leben ernst zu nehmen, bringt schliesslich Ungeheuerlichkeiten hervor, – u. so findest Du, mein Brief, der eine Geberde der einfachen Freundlichkeit war, athme Triumph! Triumph worüber? Dass alles gut für mich

»steht u. liegt«, nämlich die Welt in Trümmern u. 10 Millionen Leichen unter der Erde. Das ist doch mal eine Rechtfertigung! Das verspricht doch Genugthuungen dem Ideologen! Aber ich bin nicht der Mann, Elend u. Tod der Völker auf die Liebhabereien meines Geistes zuzuschneiden, ich nicht. Ich glaube nicht, dass der Sieg irgend einer Sache noch der Rede wert ist, wo wir Menschen untergehen. Alles, was nach dem Letzten, Furchtbarsten, das noch bevorsteht, an besserer Menschlichkeit kann errungen werden, wird bitter u. traurig schmecken. Ich weiss nicht, ob irgend jemand seinem Mitmenschen »leben helfen« kann; nur möge unsere Literatur ihm dann nie zum Sterben verhelfen!

Jetzt sterben sie weiter; – Du aber, der den Krieg gebilligt hat, ihn noch immer billigt und meine Haltung – ich liess ein Stück aufführen, das kein ohnmächtiger Reim auf die schlechte Gegenwart ward, und schenkte, als Erster von Allen, den Gequälten das Vertrauen in eine bessere Zukunft – Du aber, der dafür meine Haltung der vollständigen Abscheulichkeit zeiht, wirst, will Gott es, noch einmal 40 Jahre Zeit haben, Dich zu prüfen, wenn nicht zu »behaupten«. Die Stunde kommt, ich will es hoffen, in der Du Menschen erblickst, nicht Schatten, u. dann auch mich.

H.

(Brief an Thomas Mann, München, 5. Januar 1918, den Heinrich Mann nicht abgeschickt hat.)

»Wir danken Dir bestens für das schöne Geschenk.«

Lieber Tommy,

wir haben Dein Buch [Der Zauberberg] mit Freude bekommen, wir danken Dir bestens für das schöne Geschenk. Mimi [Heinrich Manns Frau] ist jetzt freilich versorgt, sie kann wochenlang lesen. Dann hoffe ich mich daranzumachen. Wer dies grosse Werk gethan hat und es fertig sieht, muss wohl froh und erleichtert sein. Ich stehe immer noch tief in dem meinem [*Der Kopf*], aber die nächsten Monate sollen es schaffen.

Alles Gute und auf Wiedersehn.

H.

(Brief an Thomas Mann, München, 11. Dezember 1924)

»Besteht doch zwischen meinem Bruder und mir eine innige geistige Verwandtschaft«

Ich freue mich sehr über das Wiedersehen mit dieser Stadt [Wien], in der mein Bruder Thomas Mann im Vorjahre zu seinem fünfzigsten Geburtstage so herzlich gefeiert worden ist. Ich glaube, daß diejenigen, die immer auf den künstlerischen Gegensatz zwischen meinem Bruder und mir hingewiesen haben, im Unrecht sind. Es besteht zwischen uns eine viel wesentlichere Gemeinsamkeit, als es oberflächlicher Betrachtungsweise erscheinen mag. Bei aller Verschiedenheit der dichterischen Ausdrucksmittel besteht doch zwischen meinem Bruder und mir eine innige geistige Verwandtschaft, und ich erinnere mich gern eines Züricher Professors, der mir gegenüber darauf hingewiesen hat.

Von den Arbeiten meines Bruders steht mir der *Tod in Venedig* menschlich deshalb am nächsten, weil ich mich mit meinem Bruder in Venedig aufgehalten und die Stimmung, von der sein Buch erfüllt ist, gemeinsam mit ihm erlebt habe. Daß ich in den *Buddenbrooks* auf Schritt und Tritt wohlvertrauten Gestalten aus unserer Jugend begegne, versteht sich von selbst. Welche literarische Bedeutung *Der Zauberberg* hat, braucht man wohl erst gar nicht von mir zu erfahren. Was *Die Betrachtungen eines Unpolitischen* betrifft, so stehe nicht nur ich selbst gesinnungsmäßig weit links von diesem Buche, sondern ich bin davon überzeugt, daß sich auch mein Bruder seit damals stark nach links entwickelt hat.

[...] Meiner Herkunft nach bin ich selbstverständlich ebenso im Bürgertum verwurzelt wie mein Bruder Thomas.

(*Mein Bruder Thomas und ich*. Aus einem Gespräch mit der *Neuen Freien Presse* in Wien, 29. Oktober 1926)

Der Nobel-Preis

Thomas Mann erhielt heute den Nobel-Preis für Literatur.

Sie wissen alle, daß Thomas Mann den Roman *Buddenbrooks* geschrieben hat. Das Buch erschien am Beginn des Jahrhunderts, hatte sofort viele Auflagen und wurde weitergelesen in fast dreißig Jahren von allen einander folgenden Geschlechtern. Vor wenigen Tagen veranstaltete der alte Verlag des Buches eine neue Volksausgabe des alten Buches, und schon im voraus wurden von Buchhandlungen und Warenhäusern eine Viertel Million Exemplare bestellt. Ermessen Sie darin die Volkstümlichkeit des Romans!

Als aber Thomas Mann *Buddenbrooks* schrieb, war er ein alleinstehender, innerlich noch nicht gefestigter junger Mensch. Er kannte damals Zweifel an seiner Kraft; die Kraft sollte er gerade durch die Arbeit an seinem Roman erst erwerben, er sollte an die Nützlichkeit öffentlichen Wirkens erst glauben lernen. Er kannte damals Scheu vor der Menge; die Menge sollte er gerade durch seine Arbeit erst gewinnen für sich; und die tiefsten Beziehungen zu seinem Volk kamen ihm dadurch, daß er für es arbeitete und seinen Beifall fand.

Der heranwachsende Schriftsteller arbeitete an sich und seiner Vervollkommnung; aber sein ehrgeiziges Ideal wurde es, eben hiermit auch an seinem Volk zu arbeiten. Er erforschte für seinen Teil die Ursprünge einer seelischen Gemeinschaft, die Deutschland heißt, er wünschte den Neigungen und Zielen dieser seelischen Gemeinschaft zu entsprechen – wenn noch nicht sogleich von Natur aus, dann auf die Dauer durch Hingabe und treue Arbeit. Er hat besonders deutsche, diesem Volk besonders dienliche und erwünschte Werke vollbringen wollen, und fand in sich sowohl die Liebe als den kritischen Sinn.

Um irgend jemandem zu dienen, einem Menschen, einem Volk, ist es nötig, daß wir ihn lieben und ihn kennen. Liebe ohne Kenntnis entartet bald, aber die Kenntnis allein bleibt kalt und kann nicht helfen.

Das Beispiel Thomas Manns zeigt, wie Liebe und Kenntnis zusammenwirken. Hier wird jemand aus einem Menschen, der vorwiegend als Erkennender begann, ein teilnehmender Mensch, ein im Geiste hilfreicher und für sein ganzes Volk wissentlich werbender Schriftsteller.

Er ist sich bewußt, er wird immer gewisser, daß er nicht nur für sich steht, nicht einsam lebt und schreibt, sondern nach dem Sinn einer sehr großen Zahl, die ihrerseits ein Volk in allen seinen Teilen darstellt. Wenn sein Werk in der Welt gerühmt wird, trifft der Ruhm wirklich zugleich ein Volk mit und soll es treffen. Darum muß jedes seiner neuen Werke sowohl das Wesen dieses Volkes als auch das Schicksal einer der Stunden dieses Volkes wiedergeben. *Buddenbrooks* zeigten erst das heimatliche Bürgerhaus, sein Glück, seine Gefahren. *Die Betrachtungen eines Unpolitischen* entstanden schon aus den mitgefühlten Gefahren und dem miterlebten Glück der ganzen Nation in ihren schwersten Tagen. Ein deutsches Lehrbuch der persönlichen Entwicklung aber ist der Roman *Der Zauberberg*. Er vor allem kennzeichnet einen langen, verantwortungsvollen Weg, den Weg Thomas Manns vom Bürgersohn, der Erinnerungen an ein Haus in Lübeck schrieb, bis zum Meister, der für sein Volk spricht.

Treue Arbeit und das dauernde Gefühl der Verantwortung sind notwendig, damit ein Schriftsteller sehr hoch steigt. Beide zusammen, Verantwortung und Fleiß, bilden das eigentliche

ca 59 J. Heinrich und Thomas Mann, um 1930 ca 55 J.

Wesen dessen, der mit seinen natürlichen Gaben, die Gestaltungskraft und der Fähigkeit zu schreiben, die höchstmöglichen Werte erzielt.

Aber man muß wissen, daß diese reinen, geistigen Tugenden noch nicht ohne weiteres belohnt werden von der Welt. Das läge nicht im Zuge der Wirklichkeit. Die Welt will jede Wahrheit zu ihrer Zeit hören, keine zu spät, aber auch keine zu früh. Die Welt duldet beim Schriftsteller weder Überhebung noch harte Zurechtweisung. Man muß den richtigen Augenblick erfassen, um sie auf den Weg des Besseren zu geleiten. Sogar ihre Fehler muß man zeitweilig mitmachen und verklären. Das alles wird verlangt, damit die Welt geistige Geschenke empfängt, ohne sich zu widersetzen. Sie verlangt Mäßigung, die eine kluge Tugend ist.

Der Franzose Anatole France war einer der ersten Schriftsteller des Jahrhunderts. Er empfing, wie Thomas Mann, alle Ehren und zuletzt auch den Nobel-Preis. Da war er achtzig Jahre alt. Früher konnte er ihn nicht bekommen, weil er die kluge Tugend der Mäßigung nicht beachtet hatte. Er empfing den Preis endlich dennoch, weil er neben den reinen, geistigen Tugenden doch auch eine weltliche von höchster Wichtigkeit aufzuweisen hatte: den Erfolg.

Nicht ein gemeiner Erfolg. Davon ist nicht die Rede bei Anatole France oder Thomas Mann. Das ist es nicht, daß einer den Leuten gefällt, daß er beliebt ist, sie lustig macht oder rührt; daß er irgendeiner ihrer Leidenschaften schmeichelt und überhaupt nur ein Blender und Verführer ist. Solche Erfolge füllen das tägliche Leben der Öffentlichkeit; das vergeht, und darauf senkt sich noch nicht die Krone.

Der hohe Erfolg ist gemeint. Ein hoher Erfolg ist es, wenn jemand sehr vielen eine Ahnung vermittelt von geistigen Erkenntnissen, sittlicher Verantwortung und Feinheit des Geschmacks, was alles sonst nur ganz wenigen gehören würde. Ein hoher Erfolg ist die allgemeine Teilnahme an einem Werk, das eigentlich wählerisch und im Grunde doch einsam wäre. Die erstaunliche Popularität des Geistigsten: das ist der hohe Erfolg.

Dieser hohe Erfolg wird belohnt, wenn Thomas Mann im richtigen Alter einen Preis erhält, der ihn auch wirklich bereit zum Empfang und mitten im Leben findet. Was soll er abgelebten Greisen! Der Nobel-Preis für Literatur beträgt dieses Jahr zweihunderttausend Mark. In den meisten Ländern Europas ist dies ein mittleres Vermögen. Einen ohnedies erfolgreichen Schriftsteller versetzt es unter die Reichen. So soll es auch sein. Der Nobel-Preis soll erweisen, daß man Geld sogar heute nicht einzig und allein mit Technik oder Wirtschaft erwirbt. Die Literatur bleibt, wie je, eine Macht; und da die Macht sich allgemein faßlich in Geld ausdrückt, so fällt ihr Geld zu.

Es wird immer wieder Schriftsteller geben, die der Welt, die sie bezwingen, beides darbieten, das ihr Fernste und das ihr Nächste: den Traum, der verzaubert; und doch den Sinn für die täglichen Forderungen.

Thomas Mann erhielt heute den Nobel-Preis für Literatur.

(*Der Nobel-Preis*. Rundfunkansprache von Heinrich Mann im Berliner Rundfunk am 12. November 1929)

»Du warst mir in jedem Augenblick der Nächste«

Lieber Tommy,

Dein Brief wird das Schönste und Beste bleiben, das ich über mein Buch [*Ein ernstes Leben*] lesen darf. Ich danke Dir. Du warst mir in jedem Augenblick des Lebens der Nächste und bist es auch hier wieder.

Das, was Du an dem Roman nicht magst, hätte ich früher auch nicht so gemacht. Aber denke ich die Geschöpfe dieses Augenblicks zu Ende, die vollständigsten meine ich, dann stosse ich immer auf das Verbrechen. Es ist eine Macht geworden, menschlich und sozial, die wir erst jetzt erkennen lernen, und der Einfluss auf die Zurückgebliebenen, wie jenen Bäuerlein, beweist vielleicht das Meiste. Ich schrieb den Roman wohl schnell, aber nicht draufgängerisch, und als er in Berlin angelangt war, beunruhigten mich schwere Bedenken. Das geschlossene Idyll der ersten Kapitel blieb jetzt zurück, und das Leben wurde unübersehbar – die Auflösung, wie Du sagst. Nur, diese Marie behält ihre innere Festigkeit, und so kommt sie hindurch. Das ist der Sinn, wenn das Buch einen hat. Wenn Dein Wort »religiös« auf die Figuren zuträfe, wäre es das Schönste. Übrigens höre ich den Äusserungen mancher Leser an, dass sie diesen Roman mehr achten als meine vorigen. Aber ich finde es besser, mir über den wirklichen Werth nicht viele Gedanken zu machen. Vollkommen wird auch dies wieder nicht sein, aber es ist eben das, was ich konnte. [...]

Was wir gemacht haben, war richtig, weil es unserem Beruf entsprach. Niemand darf das mit mehr, auch nur mit so viel Recht denken, wie Du selbst während Deines weltgeschichtlichen Romans [*Joseph und seine Brüder*]. So viel ich davon ahne oder voraussehe, trägt dies Werk Dich auf Deine Höhe, denn Dir war bestimmt, auf jeder Stufe umfassender zu werden – vom Elternhaus zur Menschheit; ich wüsste keinen Grund, nicht volles Vertrauen zu haben. Ich habe es, ohne das Werk zu kennen. Du selbst wirst Deine Bedenken zuletzt hinnehmen und verarbeiten, wie zum Werk gehörig.

Dies wollte ich hauptsächlich vorbringen. Übrigens kommt nachher der grosse Erfolg, den Du verdienst, und auf den ich jedesmal besonders stolz bin, nächst der Genugthuung über das von Dir Vollbrachte. [...]

Herzlichst H.

(Brief an Thomas Mann, Berlin, 26. November 1932)

Mir wird »kein Pardon« gegeben

Lieber Tommy,

durch Madame Bertaux erfahre ich Deinen Aufenthalt und glaube doch, dass Du den meinen wirst kennen wollen. Bei der gleichen Gelegenheit höre ich, dass Deine Schwiegereltern nicht fort dürfen. Ein Professor zwischen 80 und 90; – und grade las ich in der katholischen Zeitung La Croix eine Scene mit Göring. Schwitzend und zitternd verwahrte sich dieser Schurke dagegen, dass er »die Intellektuellen« ausrotten wolle. Die Hoffnung besteht, dass jene Banditen doch ein böses Gewissen haben. Ihre Lügen und ihre Verbrechen wachsen ihnen über den Kopf.

Meine eigene Lage ist von dem Chef der politischen Polizei dahin gekennzeichnet worden, dass mir »kein Pardon gegeben wird«. Thatsächlich haben sie in Berlin mein Bankkonto beschlagnahmt und in München meine Wohnung sequestrirt. Wegen eines Versuches, sie zu retten, schrieb ich an Viko, aber der antwortet mir nicht einmal. Er wird bedroht sein und sich fürchten.

(Der erste erhaltene Brief an Thomas Mann aus dem Exil, Nizza, 15. April 1933)

»Aber wenn irgend möglich, möchte ich Dich sehen.«

Lieber Tommy,

für Deinen ausführlichen Brief danke ich Dir bestens. Selbstverständlich nenne ich keine Namen. [...]

Berliner, die hier ankommen, sehen plötzlich um 10 Jahre älter aus. Man selbst wohl auch.

An welcher der Küsten Frankreichs wollt Ihr im Sommer sein? Ich bin sehr vorsichtig mit dem Geld. Aber wenn irgend möglich, möchte ich Dich sehen!

Herzlich H.

(Brief an Thomas Mann, Nizza, 21. April 1933)

»Ich bin sicher, Dich in der tapferen Haltung anzutreffen«

Lieber Tommy,

Dein Brief kommt im richtigen Augenblick. Grade war ich dabei, mir hier eine Wohnung zu nehmen. Das will ich jetzt aufschieben und lieber zuerst nach Bandol kommen. [...]

Aufrichtig freut es mich, dass Herr und Frau Pringsheim nun doch entronnen sind. Du hast das Glück, mit Frau und Kindern zu sein, das ist sehr viel. Ich bin sicher, Dich in der tapferen Haltung anzutreffen, die wir bewahren müssen. Mir wird es manchmal schwer, besonders wenn die Arbeitskraft leidet. Aber es muss gehn.

Bitte, telegraphire mir morgen. Ich komme dann Montag, falls eine erwartete Sendung bis dahin eingetroffen ist; sonst Dienstag.

Herzlich H.

(Brief an Thomas Mann, Nizza, 12. Mai 1933)

Trost durch die Anwesenheit des Bruders

Lieber Freund,

[...] Man hatte mir die Wohnung weggeschnappt; indessen habe ich im selben Hause eine ganz ähnliche gefunden. Ich lebe hier als Einzelgänger, den Umständen und meiner neuen Lage entsprechend. Mein Bruder, dessen Anwesenheit ein grosser Trost für mich ist, hat seine Villa »La Tranquille« [Die Ruhige] einige Meilen von hier entfernt in Sanary. [...] Mein Bruder hat mir bereits ein sehr bezeichnendes Kapitel aus seinem Joseph [*Joseph und seine Brüder*] vorgelesen. Es ist abzusehen, dass dieses Buch einen Welterfolg haben wird, einmal auf Grund der Lage, in die das Regime der Verkrachten den Autor gebracht hat, und auch dank des biblischen Stoffes. Ganz zu schweigen von der noch vertieften Einsicht ins Menschentum, von der dies Werk Zeugnis gibt.

(Brief an Félix Bertaux, Bandol sur mer, 16. Juni 1933)

Glück mit den Kindern

Lieber Tommy

meinen herzlichen, tief gefühlten Glückwunsch zu Deinem grossen Erfolg [*Die Geschichten Jaakobs*]! Er bedeutet natürlich noch viel mehr als sonst, und das bessere Deutschland bereitet ihn Dir und sich selbst. Gleichzeitig hast Du Glück mit drei Deiner Kinder auf einmal, das ist viel bei diesen Zeiten. Ich bitte, Erika, Golo und Bibi zu sagen, wie sehr ich mich freue. [...]

Ich grüsse Euch Alle herzlich. Frau Kröger grüsst bestens.

H.

(Brief an Thomas Mann, Nizza, 3./4. November 1933)

»Die Erinnerungen werden mit der Zeit eher schwerer.«

[...] Du hast dort, neben Deiner Arbeit, gewiss auch manche erleichternde Ablenkung. Ich habe davon hier nicht viel, und die Erinnerungen werden mit der Zeit eher schwerer. Im Sommer verarbeiteten wir noch neue Eindrücke, und sogar gemeinsam.

Eins weiss ich, dass ich nicht zurückmöchte [nach Deutschland], auch nicht wenn ich könnte, wenn dies alles vorbei wäre. Denn den Menschen würde ich nicht mehr glauben, dass es wirklich vorbei ist.

[...] In diesen Tagen seid Ihr wohl Alle festlich beisammen. Dir und ebenso Katja wünsche ich die beste Gesundheit und wünsche, dass 1934 Euch gute Überraschungen vorbehält und

jedenfalls zu leben leicht, beinahe leicht wird. Etwas Besseres
fällt mir, auch für mich selbst nicht ein.

Herzlichst

H.

(Brief an Thomas Mann, Nizza, 25. Dezember 1933)

»*Wirklich Lust hätte ich nur*
Dein Züricher Haus zu sehen.«

Lieber Tommy,
[...] Du hast mir am 30. Januar geschrieben, alles interessirte
mich tief; geantwortet habe ich trotzdem so lange nicht, aber
Nachlässigkeit ist nicht der Grund. Ich hatte immer viel Arbeit, auch einige Geschäfte, sonst aber gar nichts. Kein Ausflug
in die Welt, fast kein bekanntes Gesicht: nur die notwendigen
Spaziergänge und die so sehr gebotene Ruhe. Es wird klöster-
lich. Mein Roman [*Henri Quatre*] ist ein Inhalt mehrerer Jahre,
ich muss daran genug haben. Nach seinem Wesen wäre er sogar
»das Ganze« und die endgültige Zusammenfassung. Ich weiss
nur nicht, ob ich ihn und »es« so weit und so lange treiben
werde. Man müsste der Dauer der Dinge sicher sein, zu
schweigen von den eigenen. »Um etwas Bleibendes zu machen,
darf man über den Ruhm nicht lachen«, sagten Flaubert und
die gediegene Bürgerzeit. Er hatte dann auch 7 Jahre Zeit für
ein Buch und zweifelte niemals an dem Bestand der Welt. Ich
übrigens auch nicht. Sie kommt immer wieder zu sich. Inzwischen arbeite ich, mehr als sonst üblich, ins Leere hinein, kann
mich aber erinnern, dass ich mir einst als Anfänger von der
äusseren Welt eher noch weniger versprach. Damals hatte man
zwar alle die Zeit vor sich, um angenehm enttäuscht zu werden.
Heute kommt es nur noch darauf an, endgiltig nur noch darauf, sich selbst nichts schuldig zu bleiben. Ich wäre glücklich,
wenn es mir gelänge, wie Dir im Joseph. Diese *Geschichten*

Jaakobs haben die grosse Ruhe, die Zeit ist aufgehoben, für handelnde Geschlechter wie für Den, der schreibt. Dies ist, was mich heute am meisten anzieht.

[…]

Übrigens wird mein Urteil auch dadurch gefärbt, dass ich gern in der derselben Stadt mit Dir leben würde. Können wir uns wenigstens im Sommer vorerst zusammen finden. Gebirge, gern; nur nicht gern die teure Schweiz. Möchtest Du nicht die Pyrenäen kennen lernen? Sie sind großartig und so friedvoll altertümlich, man bekommt dort noch die Federhalter zum Durchkucken, die unsere Eltern uns aus Badeorten mitgebracht haben. Wenn ich von Dir hören könnte, dass Du nicht abgeneigt bist, würde ich weniger bedauern müssen, dass Zürich mir vor dem Sommer nicht erlaubt – und auch dann kaum zu erwarten ist. Alle, die von mir Vorträge wünschten, habe ich zwar auf den Anfang des Sommers vertröstet; aber es hängt von meiner Arbeit und von noch mehr Bedingungen ab, ob ich wirklich etwas unternehme. Auch meine Reiselust ist durch das letzte Jahr eher gedämpft worden. Wirklich Lust hätte ich nur Dein Züricher Haus zu sehen: es soll so erfreulich sein. Ich hoffe, dass Ihr Alle, besonders Katja, die ich bestens grüsse, einen durchaus guten Frühling haben werdet nach dem Winter, der sicher Schönes gebracht hat.

[…]

Ausserdem möchte ich noch sehr bitten, dass Du mir ein Exemplar Tonio Kröger schicken lässt: meine Freundin Kröger wünscht sich, ihn zu lesen.

Herzlichst H.

(Brief an Thomas Mann, Nizza, 5. März 1934)

Glückwünsche an den Amerikareisenden

Lieber Tommy,

dieses Jahr muss ich mich mit dem Glückwunsch beeilen: Du willst Deinen Neunundfünfzigsten ganz wo anders begehen. Ich wünsche Dir, dass Deine ausserordentliche Romandreiheit Dich weiter erfreut in Ruhe und Sicherheit. Nach meiner Meinung ist dies ein Ziel, wenigstens ein vorläufiges – und nicht immer nur der atemlose Um- und Auftrieb, wie üblich in »dynamischen« Gegenden. Dein ist der unermessliche Vorzug, Zeit zu haben. Da Du aber gewiss schon weisst, was weiter geschehen soll, brauche ich nur zu wünschen, dass zwischen hier und Amerika, auf dem sommerlichen Ozean, Dir eine neue Arbeit klar und wohlgefälliger wird. An meinem Teil kann ich beobachten, dass ein verhältnismässiges Gefallen am Werk sich erst einstellt, wenn sein wirklicher Sinn klar hervortritt. Dort bin ich jetzt glücklich eingetroffen, aber in schrecklich überanstrengtem Zustand und mit grossem Verlangen nach einem Badeort im Gebirge. Nun liegt es aber in praktischer Hinsicht so, dass ich besser thue einen Hauptabschnitt noch vor meinen Sommerferien zu erreichen; und trotz der Ermüdung drängt es mich leider auch im Innern. Man sollte endlich Geduld und Ruhe erlernen.

Meine Absage nach Zürich habe ich erst recht bedauert, als ich in Deinem Brief las, wie sehr Du enttäuscht warest. Ich bin nicht gern ausgeblieben, das kannst Du glauben. Noch dazu muss ich jetzt fürchten für unseren gemeinsamen Aufenthalt zwischen Juli und September. Wird Deine Reise Dir gegen Ende des Sommers noch etwas Zeit lassen? Ich wäre sehr glücklich. Seit unserer Trennung waren mein bei weitem nächster Umgang die Romangestalten – wie es wohl auch sein soll.

[…]

Ziemlich ergreifende Nachrichten bekam ich von Arnold

Zweig aus Palestina. Ich konnte ihm nur antworten, dass unsere Mutter nicht vor 2000 Jahren, sondern um 1860 aus Brasilien gekommen ist; wollte ich aber dorthin »heimkehren«, wieviel würde ich noch wiedererkennen? Übrigens, so sagte ich, ist es eine unserer Hauptaufgaben, zu beweisen, dass wir auf uns selbst gestellt wie je, anständig unser Leben zu Ende führen können, wäre es hier oder dort. Ein böses, undankbares Land, das wir verlassen mussten, brauchen wir auch nicht.

Du selbst schreibst, dass Du dankbar die Luft der westlichen Welt atmest, und das ist sogar das Beste, Glücklichste, was ich bei Dir lese. Ich wünsche, Dein ganzes Jahr möge von diesem Gefühl überglänzt werden, und Deinen Sechzigsten möge auch ich mit Dir feiern dürfen!

Grüsse an Katja. Hochachtung für die grosse Erika. Frau Kröger dankt tief ergriffen für den Tonio und die Inschrift.

Herzlich H.

(Brief an Thomas Mann, Nizza, 13. Mai 1934)

> »*Was mich wirklich bewegt,*
> *ist die Frage nach Deinem Befinden.*«

Mein lieber Tommy

heute dachte ich Dich zu sehen und sprechen zu hören: wenigstens will ich Dir diese Worte sagen. Was mich tief betrübt, ist nicht der Aufschub Deiner Reise; er wird hoffentlich nur gering sein. Aber Du leidest, und das ergreift auch mich. Ich fürchte, dass Du körperliche Schmerzen hast und dass die seelischen sich darin äussern. [...]

Dies sind Erwägungen, man kann sie vielleicht noch jahrelang anstellen. Was mich wirklich bewegt, ist die Frage nach Deinem Befinden. Ich will glauben, dass nichts wirklich verändert ist in Deiner Gesundheit, und dass auch die Trauer und der Ekel sie nicht ernstlich erschüttern können? Hierüber möchte ich von Dir beruhigt werden und wüsste ferner gern, wie Du Deinen Sechzigsten zu begehen denkst: vor allem, wo. Du hast wahrscheinlich in Zürich einen Kreis, der beanspruchen darf, Dich zu feiern, und auch die Grenze ist nahe genug, dass Gäste kommen können. Mir ist es nicht erlaubt. Wenn ich hier einen Tisch mit Besuchern aus dem Dritten Reich sehe, wird mir übel. Gegenden, wo sie häufiger vorkommen, wären mir nicht gesund. In sachlicher Hinsicht sind sie für mich sogar lebensgefährlich. Für Dich weniger, gewiss unvergleichlich weniger; aber bemerkst Du nicht doch das Eine mit Sicherheit, dass die nahe Grenze Dein Befinden beeinflusst? Wir sind geistig schon empfindlich genug gegen das Unheil: die körperliche Nähe fehlt uns noch! Hier kann ich – zu Zeiten, bei weitem nicht immer – die Nachrichten wie Märchen lesen, und zu meinem Roman zurückkehren als zu der Wahrheit und dem Leben. Deine Natur verlangt das ebenso sehr. Überlege doch mit Katja, die ich herzlich grüsse, ob nicht ein längerer Aufenthalt hier an der Küste wieder einmal angezeigt wäre. Dir täte er gut, ich wäre glücklich. Ich könnte Dir an Deinem Geburtstag erwidern, was Du mir vor vier Jahren alles geschenkt hast an brüderlicher Teilnahme. Es wären keine Feste; heute sind Gedenken und Wissen übrig. Etwas vorstellen? Wir sehen die an, die jetzt etwas vorstellen, dann haben wir genug.

Dies sind Wünsche, Tröstungen, leider sogar Entschuldigungen. Du machst es, wie Du es gut findest, und die Hoffnung auf eine baldige Zusammenkunft bleibt jedenfalls.

Herzlich H.

(Brief an Thomas Mann, Nizza, 30. März 1935)

Lieber Tommy,

Dein Brief beruhigt mich in der Hauptsache, und darf es auch. Wem hätten nicht die Erlebnisse das Herz und den Kopf schon manchmal müde gemacht. Du brauchst Erholung und wirst sie genügend finden, so hoffe ich, wenn Du den Mai hier, den Juni auf der Reise über See verbringst. Ich hatte nicht gemeint, dass Du ganz übersiedeln solltest: nur einen ausgedehnten Ferienaufenthalt riet ich an, und erwartete davon etwas natürlich auch für mich. Wohin im Hochsommer? Darüber werden wir reden können.

Ich habe Dir zu danken für Dein Buch [*Leiden und Größe der Meister*], das mir teuer ist. Es enthält in allem die Wahrheit, die mir nahe steht, und sie ist dargeboten auf gute und einzige Art. Um eins zu erwähnen: von Platen hätte ich dasselbe Gedicht gewählt, weiss es selbst von jeher auswendig, und auch bei Storm hätte ich mich an die Verse gehalten. In meinem Exemplar, das ich zuerst mit 20 Jahren las, liegt – wenn es irgendwo noch liegt – ein kleines Blatt von der Hand unserer Schwester Carla, ein rosa Blumentopf mit blauen Veilchen, darunter: »Solche zeichen ich immer und mal sie dann.« Sie war 10 Jahre alt. – Sehr oft und immer wieder werde ich Deine Erkenntniss Goethes nachschlagen, und seine eigenen Erkenntnisse, wie Du sie zusammenstellst. [...]

Herzlich H.

(Brief an Thomas Mann, Nizza, 8. April 1935)

»Große Strecken sind wir zusammengegangen,
während anderer waren wir getrennt.« –
Zum 60. Geburtstag Thomas Manns

Das war schon bis jetzt ein weiter Weg, und soll noch weiter führen. Wir haben ihn in demselben Hause angefangen, noch eher war es dasselbe Zimmer. Große Strecken sind wir zusammengegangen, während anderer waren wir getrennt. In letzter Zeit traf uns das verwandteste Schicksal: wir hatten es uns natürlich selbst bereitet, jeder für sich, in heimlicher Einmütigkeit. Damit wird uns bedeutet, daß wir niemals Grund gehabt haben, Abweichungen ganz ernst zu nehmen. Ausgegangen von der gleichen Heimat, zuletzt aber darüber belehrt, daß eine Zuflucht außerhalb der deutschen Grenzen das Anständigste, daher Mildeste ist, was könnte uns inzwischen begegnet sein, das nicht in Wahrheit brüderlich war.

Wir haben beide der Vernunft gelebt, dies große Wort, wenn wir es denn zu nennen wagen, in seiner ewigen Bedeutung gebraucht: als menschliches Gesetz, nicht als Kennwort für Parteien. Die Väter sagen allerdings Rationalismus, bis dann ihre Söhne, oder noch sie selbst, übergehen zum Irrationalen. Die Vernunft hingegen ist nicht ersetzbar durch ein Widerspiel, und kein Nachwuchs, der mit dem Vorigen aufräumt, ergreift über sie die Herrschaft. Das Wort sie sollen lassen stahn. Das Wort: das ist das genaue Wort. Es ist die sprachliche Strenge. Es ist die Selbsterziehung, die wir üben, wenn wir nach unseren Kräften der Wahrheit die Ehre geben und uns annähern ihrem vollkommenen Ausdruck.

Der Mann des Wortes glaubt, daß dieses auch die Vernunft ist, und außerhalb des Wortes gibt es eigentlich keine. Die menschlichen Dinge werden erst wirklich durch den Ausdruck, der sie deckt. Nur durch ihn werden sie vernünftig, während das Leben, vom Wort unbeaufsichtigt, selten anders handelt als Hals über Kopf und beschämend ungenau. Das

Wort verleiht der Wirklichkeit den Körper, ja, es bekleidet sie mit einiger Dauer: sonst wäre sie beschränkt auf vergeßliche Schatten – niemand weiß, warum diese vorüberfliehen. Es ist zweifellos das Vernünftigste und enttäuscht verhältnismäßig wenig, am Wort zu arbeiten. Außerdem ist es etwas Festes, Tatsächliches, indessen die Wirklichkeit nicht hinauskommt über »Scherz und Anspielung«.

Diese beiden Worte beziehen sich im *Joseph* von Thomas Mann auf einen Vorgang, den jeder Uneingeweihte für echt und unmittelbar halten würde: die Versenkung des jungen Joseph durch seine Brüder in eine Grube. Die Geschichte wird genannt »ein Ansitz nur und Versuch der Erfüllung und eine Gegenwart, die nicht ganz ernst zu nehmen, sondern nur ein Scherz und eine Anspielung ist«. Die Grube, wie auch der hineingesenkte Bruder und überhaupt die Geschichte sollen keineswegs schon geworden, sondern noch sehr im Werden sein. Das sagt dort eine Persönlichkeit, die hinlänglich verdächtig ist, ein Engel zu sein und aus der Sphäre des Geistes zu kommen. Für ihn ist das wirkliche Geschehen nur »Scherz und Anspielung«. Worauf Anspielung? Auf etwas dahinter, Vergangenheiten, uralte Tiefen, worin alles Menschliche sich immer wiederholt und zuletzt verliert im Bodenlosen. Abraham sowohl wie der Knecht Eliezer, sie sind eigentlich nicht, die sie scheinen, mindestens sind sie gleichzeitig andere, viel ältere, halten sich auch nicht für eindeutig und an diese einmalige Erscheinung gebunden. Sogar der Turm zu Babel ist dieser, und dennoch ein viel älterer. Das sind Geheimnisse, – weil das Wort beim genauen Ausdruck der menschlichen Dinge auf Geheimnisse stößt. Vernünftige Geheimnisse, sie sind die von der Ehre des Geistes erlaubten. Beabsichtigt ist im *Joseph* die Vermenschlichung des Mythos. Erreicht wird ebensowohl eine Mystik des Vernünftigen. Auch dadurch ist der *Joseph* ein so neues Buch. Man müsse immer wieder etwas Neues versuchen, meinte sein Verfasser, ob er nun wußte oder nicht, was er getan hatte.

Der Dichter des *Joseph* hat vieles gemacht. Das Leben ist lang, es hat Zeit für die volkstümliche Schlichtheit eines Romans aus dem Bürgerhause und auch für die Vermenschlichung des Heiligen, Uralten. Indessen wäre möglich, daß schon der Roman aus dem Bürgerhause eigentlich ehrwürdigere Dinge meint, als scheinbar erzählt werden. Man fasse nur die Todesfälle ins Auge, den Tod des Senators Buddenbrook, der alten Konsulin, endlich des Knaben, der aus dem Haus der Letzte ist. So sterben doch Personen in immer gültigen Sagen: dieselbe innere Feierlichkeit hat das, auch denselben ironischen Zweifel, den lange nachher der Engel äußert, ob nicht »Scherz und Anspielung« hier walten. Um seines »Verfalles« willen ist das Haus überhaupt der Gegenstand geworden; es sollte werden, sterben, auferstehn im Wort – wie auch Joseph, in Befolgung eines endlos wiederholten Ritus, in die Grube fährt, um demnächst wieder aufzustehen.

Buddenbrooks und Joseph, ich bemühe mich, die unsichtbare Brücke zwischen ihnen nachzuzeichnen, da ein Leben und ein Werk notwendig eine Einheit sind. »Man muß etwas sein, um etwas zu machen.« Nur daß man es anders macht mit sechzig als mit fünfundzwanzig. In der Jugend gab dieser Schriftsteller sich als reinen Realisten, hält sogar noch viel später seinen Jugendroman für den einzigen ganz realistischen unter den deutschen Romanen seiner Zeit. Indessen verrät er ein allzu ironisches Verhältnis zur Wirklichkeit – und mehr Gespanntheit auf den Tod, als daß er eindeutig lebensfest und -freudig gestaltet sein könnte. Der tüchtige Verfasser des *Goetz* schrieb um dasselbe Alter den wenig lebenstüchtigen *Werther*. Das ist auch diesem jugendlichen Romancier zugestoßen, und zwar in ein und demselben Buch. Es bezeugt nicht mehr den Nihilismus des unruhigen Jünglings, aber vielleicht die Erinnerung an ihn.

Nennt ein Sechzigjähriger die Vorgänge der Wirklichkeit »Scherz und Anspielung« oder läßt auch nur eine verdächtige

Person sie so nennen, dann ist das offenbar etwas anderes und hat angefangen, Weisheit zu heißen. Gleichviel – das zauberische Wort sucht weiter das Bodenlose. Dem widerspricht schwerlich, wenn um das vierzigste Lebensjahr, in dem naivsten Alter des Menschen, gehandelt wird, als stände man auf ganz festem Boden: alles soll jetzt seine Richtigkeit haben, und hier an Ort und Stelle, sonst nirgends, sollen das Recht und der Sieg sein. So verhielt sich auch dieser Vierzigjährige in damaliger Zeit, die gerade die erste Kriegszeit war, gegen die Welt und ihren Kampf. Er machte große, ergreifende Anstrengungen für Deutschland: er suchte es geistig zu retten, es ehrlich zu sprechen und zu reinigen bis in das Sublime. Die *Betrachtungen eines Unpolitischen* wurden auch dankbar aufgenommen als Unterstützung von besonderer Seite, weil gerade Bedrängnis herrschte. Allerdings bestand damals noch eine deutsche Gesellschaft, die geistiger Bemühungen würdig war. Sie hielt im Einsturz aller Dinge aus, weil sie sagte: Dies ist das Land Luthers, Goethes, Nietzsches; es kann nicht verurteilt sein, nicht untergehen. Es hat der Welt zu viel gegeben und ist zu eng verbunden mit der Welt.

Der Vorgang wird so zu verstehen sein, daß ein national niemals begrenzter Geist den tiefen Anschluß an das Deutschland seiner Tage sucht, schon früh durch Vermittlung Nietzsches und Wagners, während des Mannesalters in seiner wahrhaft innigen Vereinigung mit Goethe. Im Ergebnis unterscheidet er nur noch wenig, was sein und was deutsch ist. Er erachtet sich selbst für einbeschlossen in eine machtvolle Überlieferung: so will er es. Das macht ihm seine Leistung und macht ihm Deutschland wert. Es wurde ihm zuerst noch gedankt.

Als er es 1933, zum fünfzigsten Todestage Wagners, nochmals unternahm, fand er keinen Dank, sondern erregte groß Ärgernis. Dies ist ein Zeitpunkt, sehr ungeeignet, um den Deutschen ihre Verbundenheit mit der Welt zu rühmen. Eure Gesittung, Schulung des Gefühls, Intellektualität, alles habt ihr für die Welt mit, ihr tauscht es aus mit ihr, eure Deutschesten gehören doch auch den sogenannten Fremden, manchmal früher ihnen als euch: seht Wagner. Das ist eine wenig zeitgemäße Art, das Deutsche zu feiern. Es wird im Augenblick gerade anders verstanden: kein natürlicher Zusammenhang mit allem übrigen, sondern gewaltsame Abschließung, gewalttätiger Eigensinn. Darum wird die Trennung vollzogen nicht nur von der äußeren Welt außerhalb der Grenzen, sondern ebensowohl von dem geistig Universalen. Das aber sind besonders die deutschen Geister, sofern sie Höhe und Feinheit haben, alle mehr als nur provinziellen Geister, die das Land hatte und noch hat oder haben könnte.

Man weiß, daß Heroisches jetzt nicht zergliedert und erkannt werden darf. Es muß grobschlächtig vergrößert, aufgetrieben, muß zweckvoll entstellt sein. Damit fängt man Dumme, wird selbst dumm und ergeht sich in einer beängstigenden Welt schuppiger Riesenmolche, wie der Mensch zu Beginn der Zeiten. Die Sendung des Dichters ist daher vorerst aufgehoben. »Ein Befreier war er wie jeder Dichter und Schriftsteller durch die Erregung des Gefühls und durch die analytische Erweiterung des Wissens vom Menschen«, so deutet Thomas Mann sich seinen Goethe. Befreier sind indessen unbeliebt geworden und sind abgeschafft. »Man halte sich an das fortschreitende Leben«, so befiehlt Goethe. Das wird jetzt durchaus abgelehnt. Er stellt übrigens selbst fest: »Das Menschenpack fürchtet sich vor nichts mehr als vor dem Verstand; vor der Dummheit sollten sie sich fürchten, wenn sie begriffen, was fürchterlich ist: aber jener ist unbequem, und man muß ihn beiseite stellen; diese ist nur verderblich, und das kann man abwarten.« So Goethe.

Es ist der äußeren Stellung und Geltung eines Schriftstellers in Deutschland abträglich, wenn er noch 1932 diese Sätze angeführt hat und sie 1935 in *Leiden und Größe der Meister* wiederholt. Indessen würde er durch die Verleugnung seiner Vernunft den größeren Schaden genommen haben: Schaden an seiner Seele. Über die Lehre und den Roman der Seele steht etwas in dem Vorspiel *Höllenfahrt*, das die *Geschichten Jaakobs* einleitet und schon für sich allein das merkwürdigste Stück Prosa ist: Der Urmensch oder die Seele sei zu allem Anfange der erkorene Streiter Gottes im Kampfe gegen das in die junge Schöpfung eindringende Böse gewesen. So ist es. Der Kampf gegen das Böse, er hat auch uns beide, in jedem Sinne, dahin gebracht, wo wir sind.

Lieber Bruder, es hat sich trotz allem, wie Du selbst am besten weißt, gelohnt. Zwar sind ihre Klassiker über die Köpfe der Deutschen wie Kraniche hingerauscht, was jemand schon in besseren Tagen bemerkt hat. Grade deshalb sind ihre und auch Deine Stellung und Geltung vollauf gesichert: beide spielen oberhalb der Landesgrenzen. Andererseits ist für unsereinen die wirklichste Form der Volksgemeinschaft: Teil zu haben an der Überlieferung, angeschlossen zu sein den uns voraufgegangenen Geistern, ihrer Anerkennung versichert. Der Erdenrest geschieht nebenbei und nur sehr vorläufig, weder Du noch ich überschätzen ein zeitweiliges Unheil, soweit es uns selbst betrifft. Mein eigener Sechzigster war Anlaß für mehrere der letzten Veranstaltungen, die eine schon ihrer Auflösung entgegensehende deutsche Gesellschaft sich noch erlaubte. Im festlichen Saal und vor einem beifällig bewegten Publikum umarmten wir uns damals, nachdem Du auf mich gesprochen hattest als Schriftsteller und als Bruder. Wir umarmen uns wieder zu Deinem Sechzigsten, und können es auch jenseits der Feste und der Grenzen, solange wir leben, da wir Brüder sind, ja, können es noch nachher, da wir Schriftsteller sind.

(*Der Sechzigjährige.* – Der Geburtstagsartikel Heinrich Manns erschien im Juni 1935 in der Exilzeitschrift *Die Sammlung*, Amsterdam)

»Ich freue mich Deiner brüderlichen Sorgfalt«

Lieber Tommy

Eure Glückwünsche haben mich erfreut, ich danke Euch Allen. In dem Geburtstags-Artikel hast Du liebevoll und tief meine Existenz bedacht; ich freue mich Deiner brüderlichen Sorgfalt und des glücklichen Ergebnisses, zu dem Du kommst. Ja, zuletzt wird alles in Ordnung sein, und ordentlich heisst beinahe schon gewöhnlich und normal. Als schwierige Ausnahme empfand ich mich noch bis über die erste Lebenshälfte hinaus, bemerkte aber seither mit Staunen, wenn nicht sogar Beschämung, dass ganz im Grunde alles verlief wie vermutlich bei Anderen auch. Daher bin ich jetzt vor allem auf Einfachheit bedacht und lerne für das Publikum der AIZ oder der Prawda zu schreiben.

(Brief an Thomas Mann, Nizza, 29. März 1936. – Der Geburtstagsartikel von Thomas Mann zum 65. Geburtstag seines Bruders erschien am 26. März 1936 in *Die neue Weltbühne*, Paris.)

»Alle zusammen ... Das wäre ein Fest.«

Ich glaube nicht, dass ich Frankreich verlassen werde, solange man mich hier duldet. Sonst muss ich im Herbst nach Prag fahren, meine Tochter und ich haben uns zu lange nicht gesehen. Viele Arbeiten und Vorsätze erschweren mir die Reise. Aber ich möchte Goschi [die Tochter Heinrich Manns] hierher an die See kommen lassen und wäre sehr glücklich, wenn wir alle zusammen sein könnten, Ihr mit den beiden Kleinen und hoffentlich auch Golo. Das wäre ein Fest. Was Goschi betrifft, habe ich vorerst bei ihr angefragt, ob sie im September noch kann und will; denn sie ist eifrig im Beruf. Wenn ja, würde sie mit Euch von Zürich weiterfahren, sofern es Euch recht ist. Ich hoffe, dass dieser Plan diesmal nicht, wie schon einmal, vergebens besprochen wird. Sage mir, bitte, was Ihr ernstlich vorhabt.

(Brief an Thomas Mann, Nizza, 18. Juli 1936)

»Thomas Mann, seit Neuestem kein ›Deutscher‹ mehr«

Aber müssen wir ihn bei den Ausgebürgerten noch erst begrüßen? Den berühmtesten der deutschen Schriftsteller hielt niemand für ein Mitglied des Dritten Reiches. Das Ausland hatte den Ereignissen vorgegriffen, die Welt war seit langem der Meinung, er gehöre ihr, und nicht dem Kleindeutschland Hitlers. Das Reich der deutschen Geister, von jeher hat es weiter gereicht als die Landesgrenzen – auch vorgeschobene Grenzen könnten sie niemals einholen. Wenn man denkt, ich sei in Weimar, bin ich schon in Jena: so ähnlich sprach Goethe, aber im Sinne hatte er Kontinente und sah ein Jahrhundert voraus.

Seien wir bescheiden. Thomas Mann, seit Neuestem kein »Deutscher« mehr, hat mit Goethe wenigstens, allerwenigstens gemein, daß er sich müht und trägt die auferlegte Last. Wo ist er, der sich müht, und trägt die Last, die wir getragen haben? Dieser Goethesche Satz ist hier nicht wörtlich wiedergegeben, er ist zurückübersetzt. In dem Manifest an die Europäer, verfaßt von Thomas Mann zu ihrer Warnung, war der Satz in allen ihren Mundarten zu lesen. Ein Deutscher, im Begriff ausgebürgert zu werden, macht gemeinsame Sache mit einem anderen Deutschen, Goethe, der jetzt auch nicht in Weimar säße, sondern Haus und Habe wären ihm fortgenommen, er teilte mit uns allen das Exil. Er würde französisch wie deutsch schreiben; Napoleon hat ihn schon damals aufgefordert, nach Paris zu kommen. Demgemäß erläßt nach hundert Jahren ein Deutscher seinen Aufruf an die Europäer in allen ihren Sprachen.

Vielleicht hat den letzten Anstoß, ihn auszubürgern, dieser

Aufruf gegeben. Er sagt der europäischen Jugend genau das, was das Dritte Reich sie nicht hören lassen will: höchstes Gut des Menschen ist die Persönlichkeit. Denn sie will erarbeitet sein. Europa verfällt, weil die neuen Europäer ihre wesentliche Arbeit nicht mehr erfüllen wollen. Sie wissen nichts, das wäre schon schlimm genug; aber sie maßen sich Unwissenheit als ihren Vorzug an. Die Arbeit an der eigenen Vervollkommnung, die persönliche Verantwortung und Mühe, sie geben alles billig, wenn sie sich dafür einreihen dürfen in Gemeinschaften, und »Führern« folgen. Das ist bequem und gewährt die wohlfeilste Abart der seelischen Berauschtheit: anstatt der dionysischen die kollektive. Man braucht sich nicht zu vervollkommnen, braucht weder das Wissen noch die Verantwortung, die beide in hohen, bewegten Stunden die Trunkenheit des Geistes ergäben. Dann hätte man durch langes, redliches Bemühen zuweilen den Gipfel gewonnen, wo alles Lebende eins ist mit dir. Nein, sondern sie treiben ihr eigensüchtiges Vergnügen, berauschen sich an der Unterordnung, marschieren Schritt und Tritt und singen dazu Leitartikel aus dem Propaganda-Ministerium.

Merkwürdig genug, daß ein Drittes Reich und sein Propaganda-Ministerium diese Sprache einem Deutschen so lange nachgesehen haben. Sie hatten natürlich die plattesten Beweggründe, immer nur solche, die den äußerlichen Aspekt – und das Auswärtige Amt – betreffen. Es sollte nicht offen in die Erscheinung treten, daß auch der letzte Schriftsteller von Weltruf ihr Herrschaftsgebiet geräumt hatte. An seinem Namen wollten sie sich unredlich bereichern. Bis sie anderen Völkern ihr Land geraubt hätten und mit dem Umfang des Reiches ihre Ehre vermehrt, die einzige Ehre, die sie begreifen, bis dahin versuchten sie einen Nobelpreisträger auszuspielen als den ihren. Das hat ihnen nichts genützt, der Nobelpreisträger sorgte selbst dafür, daß es fehlschlug. Übrigens ist die Mitwelt vorzüglich unterrichtet über ein Reich, das keine größere Sorge kennt als von sich reden zu machen. Es war nirgends unbekannt, was in den Buchhandlungen Deutschlands vor sich ging, und daß die Schriften des Nobelpreisträgers, die jeder Buchladen Europas führt, in seinem Heimatlande nur insgeheim verkauft werden durften. Was ändert seine Ausbürgerung?

Sie stellt offen dar, daß der Geist Europas das Deutschland Hitlers verwirft und ausschließt. Das Umgekehrte ist Vorspiegelung und Mache. Nicht Hitler bürgert Thomas Mann aus, sondern Europa Herrn Hitler. Dieser Zeitgenosse überschätzt seine Macht in jedem Betracht, militärisch, ideologisch, aber besonders hinsichtlich der Persönlichkeiten, die nicht eines Tages »die Macht ergriffen« haben: sondern sie haben sich selbst, und damit ihr Deutschland, ihr Europa, die Zukunft und das Reich erworben und verdient ihr ganzes ernstes Leben lang.

(*Begrüßung des Ausgebürgerten*, erschienen am 12. Dezember 1936 in *Die neue Weltbühne*, Paris)

Thomas Mann in Prag

Aus Prag kam eine Zeitung mit einer Abbildung meiner Bibliothek, und Du mit Katia davor. Das hat mich gerührt und erfreut. Ich hoffe, Ihr besucht Goschi wieder. Ich kann sie nur selten – und meine Bücher gar nicht sehen.

(Brief an Thomas Mann, Nizza, 19. Januar 1937)

»Wann sehe ich dann meinen lieben Bruder wieder?«

Lieber Klaus,

nimm meinen besten Dank für den Glückwunsch und alle Deine Mitteilungen Ich wusste nicht, dass Deine Eltern vielleicht schon drüben bleiben [in Amerika]. Wann sehe ich dann

meinen lieben Bruder wieder? Er ist mein letzter Zusammenhang mit der fernen Vergangenheit. Indessen wird der Mut nun
bald darin geübt sein, auf Erden wenig Verwandtes zu suchen.
Stendhal aus Turin datiert: »Hier auf der Strasse hebt man den
Blick nur bis zu der Brust der Begegnenden, wegen ihrer Or-
den. Die Gesichter sind zu gemein.« Etwa 1820.

Das war auch schon da. Die Gesichter sind dann wieder
besser geworden, auch das Gesicht Europas. So wird es nochmals kommen. An Hitler glaub' ich nicht. Die Gesittung geht
nicht wie ein Reich unter, und was ist ein Reich? Bei Goethe
steht ungefähr, Dein Vater citierte es mir einst: »Der Untergang eines Reiches ist nichts Wirkliches. Wirklich ist der
Brand eines Bauernhofes.« Die Eroberer und Diktatoren ver-
mehren das Unglück der Zeitgenossen, sie geben dem Tod
einen Vorsprung vor dem Leben. Das ist schlimm genug, hat
aber für die Dauer noch nie etwas geändert.

[…] Auf Wiedersehen, wenn Du vor Deiner Überfahrt
mich besuchen willst. Dein Onkel

Heinrich Mann

(Brief an Klaus Mann, Nizza, 29. März 1938)

Noch einmal mit dem Bruder zusammen

Liebe Katja,
es waren sehr schöne Tage in Küsnacht, ich möchte Ihnen
gleich nach meiner Rückkehr nochmals herzlich danken. Der
Höhepunkt waren keineswegs, wie Tommy beim Abschied
meinte, meine verlesenen Bruchstücke; das Beste war vielmehr, dass ich mit meinem Bruder und seiner Familie diese
Zeit noch zusammen sein konnte, bevor Ihr alle weit fort geht.
Übrigens ist es nur in Gedanken weit, und ich darf hoffen, dass
schon im nächsten Mai oder Juni Ihr Besuch sich wiederholt.
Viel Glück inzwischen.

Gestern sah es nach Krieg nicht aus. Für heut und morgen wissen wir nichts. [...]

Euer Aller gedenke ich bestens. Ihr freundlicher Gruss, liebe Katja, wird von Frau Kröger erwidert.

Ihr H. M.

(Brief an Katia Mann, Nizza, 9. September 1938)

»Dein ... Bildniss ... mit zuversichtlichem Lächeln«

[...] Hier gab ich Dir, als Geburtstagsgruss, meine Eindrücke, hoffentlich nur die zulässigen, und würde mir wünschen die Deinen zu kennen. Natürlich sind es nicht mehr dieselben, wenn vier Wochen vergehen müssen, bevor wir einander lesen. Aus einer amerikanischen Zeitschrift habe ich Dein koloriertes Bildniss, gerahmt, an die Wand gehängt, es blickt mit zuversichtlichem Lächeln in mein Esszimmer. Welche Mienen haben wir aber heute und werden wir morgen haben. Ars lunga, vita breve [!], das passt wie je.

Mein herzliches Gedenken.

H.

(Brief an Thomas Mann, Nizza, 5. Mai 1940)

»Hier bleiben, wäre nicht gerade gesund.«

Lieber Tommy,

eine Anfrage von Oprecht lässt mich vermuten, dass Du Dich erkundigt hast. Vielleicht hast Du mir auch direkt geschrieben, seit dem 26. März, als Deine Nachrichten zuletzt eintrafen. Spätere bekam ich ebenso wenig, wie Du wohl meinen Brief zum 6. Juni und nachher meine beiden Kablogramme. Das erste schickte ich noch bevor eine deutsche Kontrolle hier wirkte. Das zweite war eine Wiederholung. Ich bat

Dich, womöglich zu vermitteln, damit meine Frau und ich das Einreisevisum erhielten. Das hiesige Konsulat hätte telegraphisch angewiesen werden sollen. In diesem Fall befänden wir uns jetzt drüben oder auf dem Wege. Indessen, ich hatte die Anstalten zu spät getroffen.

Nunmehr muss ich etwas Anderes unternehmen, ohne dass ich den Gedanken an Amerika ganz aufgebe. Hier bleiben, wäre nicht gerade gesund. Es drohen von zwei Seiten a) die Forderung uns auszuliefern, b) die begreifliche Neigung, uns manches entgelten zu lassen. Dagegen meinen Personen, die es wissen müssen, dass die Auslieferung vielleicht nicht abgelehnt, aber hintertrieben werden würde. Der gute Wille uns in Sicherheit zu bringen, scheint hier und da zu bestehen. Nächstens soll sich erweisen, ob wir nach Nordafrika verschwinden können – und dort »sicher« sind. Das heisst vor allem: frei; und heisst: imstande, nach Portugal und auf ein Schiff zu gelangen.

Marokko ist keine Provinz, nur ein Protektorat, und das Touristen-Visum gilt 6 Monate. Das wäre genug, um abzuwarten, ob England fest bleibt und der Führer Europas »aus den Pantinen kippt«, was ihm früher oder später doch zugedacht ist. Wenn ja, habe ich keinen Grund, die alte Welt früher zu verlassen als die Welt überhaupt. Für den ungünstigeren Fall ist das amerikanische Einreise-Visum immer erwünscht. Es würde, auf Anordnung der Regierung, von dem Consulat in Marseille erteilt werden. Übrigens wende ich mich dessenwegen auch an meinen guten Bekannten den tschechoslowakischen Konsul Vochoč, 57 rue de la République in Marseille. Er wird gewiss versuchen, das amerikanische Konsulat zu bewegen, dass es diesen Brief auf diplomatischem Wege befördert; sonst bekämest Du ihn wieder nicht. Vielleicht erreicht Vochoč sogar, dass der andere Konsul mich seiner vorgesetzten Behörde empfiehlt. Deine eigene Intervention wird aber gewiss die wichtigste sein.

Einmal ausserhalb dieses Kontinentes, wird meine Verbindung mit Marseille höchst ungewiss sein. (Nicht zu reden von Nice. Das hiesige Konsulat ist ausser Betracht.) Noch eine Schwierigkeit ist, dass ich wohl Geld genug habe, um eine geraume Zeit die Ereignisse abzuwarten; nicht aber für die Überfahrt. Mein Guthaben bei Knopf könnte dienen; aber die Überweisung von Geld scheint nicht erlaubt; und würde es Dir gestattet, mir dort die beiden Schiffskarten zu kaufen, weiss ich doch nicht, ob sie zu mir den Weg fänden. Du würdest sie dem amerikanischen Consulat in Marseille schicken, gesetzt, dass es sich willig zeigt. Aber der Brief, worin ich ihm meine Adresse gebe, kann abgefangen werden. Sehen wir erst einmal, ob Du diesen Brief bekommst und ich Deine Antwort, die dann gleichfalls über das Konsulat gehen könnte – durch Kurier.

Dies sind etwas verwickelte Einzelheiten. Du wirst sie wohl zweimal lesen müssen. Man hat sich aufgespart, um derlei mitzumachen. Goethe nahm es den Leuten übel, wenn sie sich davonmachten vor dem letzten Rest. Und warum auch, ich kann gerade so gut nächstes Jahr in Berlin sein, nicht ausgeliefert, sondern hinberufen. Nichts zu wissen, ist unser Bestes. Davon abgesehen, leide ich bis jetzt weniger, als ich bei vorzeitiger Kenntniss dieser Umstände jemals gedacht hätte. »Es geht immer auch anders«, schreibst Du. Wer mehr und bis zur Unerträglichkeit leidet, das ist mit vielen Anderen meine arme Frau. Besonders ihretwegen muss ich trachten fortzukommen in ein milderes Klima. Nach dem Abreissen aller Verbindungen betreibe ich die gemeinsamen Interessen mit Marcu, den Du kennst, und einem Tschechen, der die Freiwilligen geworben hatte. Die Beiden sind auch »nicht ganz extra« daran.

Da der Brief aus Zürich nicht von ihm ausging, vermute ich Golo bei Dir und bin dessen froh. Im Sender London hörte ich Dich neulich nennen. Ich hoffe, dass Du arbeitest.

Heinrich und Thomas Mann
bei der Ankunft Heinrich Manns in New York, 1940

Auch ich beschäftige mich nützlich; ohne viel Aussicht, dass die Sache einmal an das Licht, höchstens dass sie in unrechte Hände kommt. Aber mir selbst ist die Bemühung zuträglich.

Möge es Dir und den Deinen immer wohlergehen.

Herzlich   H.

(Brief an Thomas Mann, Nizza, 23. Juli 1940. – Der letzte Brief vor der Ausreise. Heinrich Mann erwägt verschiedene Möglichkeiten der Flucht. Thomas Mann hat ihn dabei von Amerika aus unterstützt. Am 13. Oktober 1940 kamen Heinrich Mann und seine Frau in New York an.)

»Was ich Dir schulde ... müssen meine Erben begleichen«

Lieber Tommy,

Deine Wünsche erwidern wir von Herzen; wir hatten Euch telegraphiert, aber das Gute wünschen kann man nicht oft genug: es kommt so selten.

Arbeiten unternehme ich nach- und sogar durcheinander, je nachdem sie Lohn versprechen. Gehalten hat es noch keine. Äussersten Falles muss ich den Krieg und die nächsten Folgen des Krieges abwarten. Meine frühesten Bücher wurden mir 15 Jahre nach ihrem Erscheinen bezahlt. Dich versetzt Euer kleiner Enkel [Frido, Sohn von Michael Mann] zurück, mich die Einsamkeit und Unbedanktheit: das war alles schon einmal, als ich noch gar nichts hinter mir hatte. Diese Feststellungen gewähren einige Seelenruhe: bis zu der Einbildung wieder jung zu sein, reichen sie nicht. Was ich Dir schulde und wofür ich Dir danke, müssen meine Erben begleichen, gesetzt, ich selbst hätte die Gelegenheit nicht mehr. Sie kann in wenigen Monaten eintreten, gleich oder gar nicht; da ich es nicht in der Hand habe, handelt der Zufall.

Meine Erkältung war bald vorbei, aber ich weiss, dass Ihr das Haus voll genug habt. Sowie es Euch passt, kommen wir gern. Grüsse und Dank an Katja.

Herzlich   H.

(Brief an Thomas Mann, West Hollywood, 2. Januar 1942)

»Inzwischen schulden wir die Miete«

Liebe Katja,

ich bin voll Dankbarkeit für die erhaltenen Checks und in Sorge um den zuletzt abgegangenen, der nicht angekommen ist. Von Montag bis heute wäre er fünf Tage unterwegs: da bleibt nicht viel zu hoffen. Im besten Fall ginge er an Sie zurück. Das ist unwahrscheinlich, denn bei den Postämtern Beverly Hills und Los Angeles haben wir nur zu oft um die Aushändigung ersucht.

Andere Briefe, leider nicht den gesuchten, haben wir von der Strasse aufgehoben, entweder vor unserer früheren Wohnung, oder in einem fremden Garten, 301 Swall Drive in Beverly Hills. Die Strasse namens Swall soll es viermal geben; die beiden fehlenden haben wir noch nicht gefunden.

Die Vermutung ist nicht mehr abzuweisen, dass Andere den Brief geöffnet und den Check benutzt haben. Vielleicht finden Sie es richtig, ihn bei Ihrer Bank zu sperren. Allerdings zahlt jede andere ihn ebenso gut aus. Inzwischen schulden wir die Miete und öffnen die Tür nur, wenn kein Gläubiger dahintersteht. So war es bestimmt, und wäre ohne Eure Güte noch schlimmer. – An Tommy meinen herzlichen Gruss.

                                                                Ihr Heinrich.

(Brief an Katia Mann, Los Angeles, 23. Juli 1940)

»Brüderlich ist unser Leben und Denken
jederzeit geblieben«

Lieber Bruder,

ich danke Dir für Deine Worte, die allen zu Herzen gegangen sind, besonders aber mir. Obwohl ich diese uneingeschränkte Schätzung meiner Tätigkeit und Person natürlich nicht ohne Bedenken hinnehmen dürfte, tue ich es aber dennoch. Denn erstens ist dies ein Festtag, er erlaubt mir mehr als andere Tage und Jahre. Sodann meinst Du, was Du sagst. Deine Aufrichtigkeit, die meisterliche Eindringlichkeit Deiner Wahrheiten war es von je, was die Herzen gewann, auch meins – glaube mir, sogar vorzeiten, in dem seltenen Fall, als wir verschieden dachten. Verschieden, das bringt ein langes Leben mit sich. Brüderlich ist unser Leben und Denken jederzeit geblieben, und nicht nur meine Geburt, auch Herz und Wissen berechtigen mich, auf Deine Größe, Deinen Ruhm stolz zu sein – »als wär's ein Stück von mir«. Sollte ich über mich und mein Ergehen einer Tröstung bedürfen, ich bin getröstet, da es für uns im Liede heißt: »Er ging an meiner Seite.« Und die Kugeln, die geflogen kommen, sind für uns beide.

Man ist an Gedenktagen dankesfroh, darum will ich nicht unbedankt lassen die Frau [Nelly], die mich im Glück kennen lernte, aber in das Exil ist sie mir gefolgt und teilt das Geschick mit mir. Verzeihe mir jeder, was unter andern Umständen nicht erlaubt schiene: Ich sprach soeben von meiner Frau. […]

(Auszug aus der *Tischrede bei Frau Viertel*. Am 2. Mai 1941 wurde Heinrich Manns 70. Geburtstag nachträglich im Hause von Salka Viertel gefeiert. Der Autor bedankt sich mit diesen Worten für die Geburtstagsrede Thomas Manns.)

»Ohne Vorsatz ... habe ich plötzlich angefangen,
Buddenbrooks *zu lesen.«*

Lieber Tommy,

Du hast mich sehr gerührt. Wohltuend ist das Bewusstsein, dass meine Lage einen Anderen, der einzig Du sein kannst, so ernst beschäftigt. Beschämt zu sein, verbietet mir unsere natürliche Verbundenheit, und auch meine – lieber sage ich Gottergebenheit als Resignation. Da die Umstände beständig wechseln, würde man vielleicht im falschen Augenblick verzichten. Russland, dieses Land des Schicksals, zeigt mir, dass auch ich nicht auf einmal überflüssig bin: sie lassen auch was ich getan habe, zu ihrer grossen Sache zu. Wenn sie mir überdies Geld geben, ist es wahrhaftig mehr Auszeichnung als Entgelt, und zählt für das Vielfache, bedenkt man ihre eigene furchtbar gespannte Existenz.

Jetzt die platte Frage, wie weit die Summe reichen könnte. Bis New York und etwas darüber, ich hoffe es, habe übrigens für die Übersiedlung dieselben Gründe, die Du nennst. Allerdings sind von den 750 Dollars, sobald sie eintreffen, mehrere notwendige Zahlungen abzurechnen, besonders der Zahnarzt, plötzlich eine lebenswichtige Gestalt. Zu ihm kam ich mit einer ungewöhnlich vorgeschrittenen Cyste; ihre Beseitigung soll nicht genügt haben, er entfernte sämtliche Spuren meines eigenen Gebisses, die kahlen Kiefern erwarten nunmehr das neue; das ganze Verfahren wird billigst mit 225 $ berechnet, ein harter Schlag. Auf Raten verteilt, würde die Forderung auf eine Bank übertragen werden, was die Kosten vermehrt und mich langfristig belastet: eine Angstpartie, wie ich seit dem Ankauf des Autos weiss. Von dem Auto selbst sind noch 300 $ zu bezahlen, vorher darf ich es nicht fortgeben. Die beiden Beträge sogleich abgezogen, blieben von den erwarteten 750 nur 225, aber nach der Reise, die im Wagen noch am Wenigsten kostet, würde man ihn dort verkaufen und hätte für einige Monate genug.

Mehr als einige gesicherte Monate darf ich nicht verlangen; dennoch wird mir etwas bange von den Fehlschlägen, die in diesem Lande hinter mir, daher möglicherweise auch vor mir liegen. Gern will ich Deine Annahme teilen, an Ort und Stelle sein, ist immer schon etwas; nur bin ich gerade jetzt nicht in der geeignetsten Verfassung, körperlich und in Betreff des befangenen Sinnes, womit man auftritt und sich zur Geltung bringt. Indessen ist daran nichts Ungewöhnliches; sogar die Jugend kennt jetzt dergleichen. Greifbarer hält es mich auf, dass drei unfertige Arbeiten daliegen und dass ich, hoffentlich nicht mehr lange, ihre Fortführung hinausschieben muss. Wenn der Fall einträte, dass jemand sie erwartet und honoriert, könnte mir davon früher wohl werden. Ich will denn hinreisen und es darauf ankommen lassen, ob der Glücksfall eintritt.

Lässt er aber warten, erhebt sich alsbald die Frage, ob ich Dich nochmals in Anspruch nehmen darf. Es ist schon hier eine Zumutung, in New York wäre es eine noch grössere. Ich weiss durchaus, was Du Dir und den Deinen schuldest; auch das Haus ist berechtigt, auf die Dauer wird nichts daran verloren sein. Aber selbst ein, wenn auch staatlicher Lektor sein müssen, und dann den Bruder erhalten sollen, das überschreitet eigentlich den erlaubten Zustand. Ich werde zusehen müssen, dass ich mich durchbringe und dass Dein monatlicher Beistand nicht wieder nötig wird, nachdem Litvinoff das Geld überwiesen hat. Herrn Litvinoff werde ich danken, sobald ich es bekomme.

In New York, wenn ich hingelange, werde ich Dich noch seltener sehen können; schon hier war es zu selten, obwohl ich immer Zeit hätte. Du bist beschäftigt, gewiss mit Leuten obendrein: mich lassen sie in Ruhe, was nichts ausmacht. Nur mit Dir ist etwas versäumt und nicht mehr nachzuholen, oder dies wäre eine unzeitgemässe Vorstellung. Mag sein, dass zuletzt die persönliche Gegenwart zurücktritt hinter die Erinnerungen. Ohne Vorsatz und kaum dass ich weiss warum, habe ich plötzlich angefangen, *Buddenbrooks* zu lesen.

Herzlich   H.

(Brief an Thomas Mann, Los Angeles, 15. April 1942)

»Geniesse froh«

Lieber Tommy,

an dem festlichen Tage wünsche ich Dir Glück, in der Bedeutung, dass Du das Glück, das da ist, glücklich empfangen mögest. Woran ich nicht zweifle. Wir sind im Grunde heiter begabt.

Von dem Columnisten Marquis Childs las ich den Artikel über Dich. Wie viele Amerikaner dessen gleichen wohl gesagt bekommen? Keiner, wahrscheinlich. Meine Feststellungen in der Neuen Rundschau müssen mehr als Ahnungen gewesen sein; sie erweisen sich als wirklich.

> »Geniesse froh was dir beschieden,
> Entbehre gern was du nicht hast!«
>   (Stammbuch-Vers)

In herzlicher Gesinnung   H.

(Brief an Thomas Mann, Los Angeles, 3. Juni 1945)

Mein Bruder

Als mein Bruder nach den Vereinigten Staaten übersiedelt war, erklärte er schlicht und recht: »Wo ich bin, ist die deutsche Kultur.« Wirklich erfassen wir erst hier die Worte ganz: »Was du ererbt von deinen Vätern hast, erwirb es, um es zu besitzen!« Das ist unser mitbekommener Inhalt an Vorstellungen und Meinungen, Bildern und Gesichten. Sie ändern sich im ganzen Leben nicht wesentlich, obwohl sie bereichert und vertieft werden. Endlich sind sie an keine Nation mehr gebunden.

Unsere Kultur – und jede – hat die Nation unserer Geburt als Ausgang und Vorwand, damit wir vollwertige Europäer werden können. Ohne Geburtsstätte kein Weltbürgertum. Kein Eindringen in andere Sprachen, Literaturen gar, ohne daß gleichzeitig unser angeborenes Idiom, gedruckt und mündlich, von uns erlebt worden ist bis zur Verzweiflung, bis zur Seligkeit. Anfangs seiner zwanziger Jahre war mein Bruder den russischen Meistern ergeben, mein halbes Dasein bestand aus französischen Sätzen. Beide lernten wir deutsch schreiben – erst recht darum, wie ich glaube.

Ihn sehe ich an meiner Seite, wir beide jung, meistens auf Reisen, zusammen oder allein: an nichts gebunden – hätte man gesagt. Man weiß nicht, wieviel unerbittliche Verpflichtung ein Gezeichneter, der sein Leben lang hervorbringen soll, als Jüngling überallhin und mit sich trägt. Es war schwerer, als ich mir heute zurückrufen kann. Später wäre der Zustand der Erwartung unerträglich gewesen. Wir bedurften der ganzen Widerstandskraft unserer Jugend.

Ich möchte nicht zu weit vordringen; die Untersuchung eigener Schmerzen habe ich damals, aus Furcht, sie für immer festzulegen, auf bessere Zeiten verschoben. Die guten Zeiten kommen nie, aber mit den Schmerzen, die übrigens in reicher Auswahl wechseln, auszukommen lernen ist eigentlich die Lehre, wie man lebt. Mein Bruder verstand dies früher als ich.

Wir stiegen, nach der Hitze des Sommertages, von unserem römischen Bergstädtchen – zehn Jahre darauf die Dekoration meiner *Kleinen Stadt* – auf die Landstraße hinab. Vor uns, um uns hatten wir den Himmel aus massivem Gold. Ich sagte: »Die byzantinischen Bilder sind goldgrundiert. Das ist kein Gleichnis, wie wir sehen, es ist eine optische Tatsache. Nur noch der schmale Kopf der Jungfrau und ihre viel zu schwere Krone, die aus ihrem plastischen Zenit unbeteiligt niederblikken!« Meinem Bruder mißfiel die Schönseligkeit. »Das ist der äußere Aspekt«, sagte er.

Niemals ließ er seinen kleinen Hund zu Hause. »Sollen wir wirklich allein gehen?« fragte er, wenn Titino nicht zur Stelle war. Wir hatten ihn auf einem Heuhaufen gefunden. Sein Gehaben in allen Lagen, die Äußerungen seiner kleinen Instinkte, dieselben wie unsere, nur unbefangener, es gewährte ihm Trost und gab ihm Unterricht. Titino, der Realist, war eine muntere Berichtigung, wenn das junge Gemüt seines Herrn sich verdüstern wollte.

Die beste Gegenkraft hieß *Buddenbrooks, Verfall einer Familie*. In unserem kühlen, steinernen Saal, auf halber Höhe einer Treppengasse, begann der Anfänger, mit sich selbst unbekannt, eine Arbeit – bald sollten viele sie kennen, Jahrzehnte später gehörte sie der ganzen Welt. In dem Entwurf, den er unternahm, war es einfach unsere Geschichte, das Leben unserer Eltern, Voreltern, bis rückwärts zu Geschlechtern, von denen uns überliefert worden war, mittelbar, oder von ihnen selbst.

Die alten Leute haben bedachtsamer als wir ihre Tage gezählt, sie führten Buch. Die Geburten im Familienhaus, ein erster Schulgang, die Krankheiten und was sie die Etablierung ihrer Kinder nannten, Eintritt in die Firma, Verheiratung, alles wurde schriftlich aufbewahrt, besonders eingehend die Kochrezepte, mit den erstaunlich niedrigen Preisen der Lebensmittel – die Urgroßmutter klagte dennoch über Teuerung. Diese Dinge waren, als wir einander daran erinnerten, hundert Jahre vergangen, unsere miterlebten keine zehn.

Wenn ich mir die Ehre beimessen darf, habe ich an dem berühmten Buch meinen Anteil gehabt; einfach als Sohn desselben Hauses, der auch etwas beitragen konnte zu dem gegebenen Stoff. Hätte aber hinter uns ein abgeschiedener Herr gestanden im gestickten Kleid, mit gepudertem Haar, er hätte mehr als ich zu sagen gehabt. Der junge Verfasser hörte hin: die Einzelheiten der Lebensläufe zu wissen war unerläßlich. Jede forderte, inszeniert zu werden. Das Wesentliche, ihr Zusammenklang, die Richtung, wohin die Gesamtheit der Personen sich bewegte – die Idee selbst gehörte dem Autor allein.

Nur er begriff damals den Verfall; erfuhr gerade durch seinen eigenen, fruchtbaren Aufstieg, wie es geht, daß man absteigt, aus einer zahlreichen Familie eine kleine wird und den Verlust eines letzten tüchtigen Mannes nie mehr verwindet. Der zarte Junge, der übrig ist, stirbt, und gesagt ist alles für die ganze Ewigkeit. In Wirklichkeit, wie sich dann herausstellte, blieb vieles nachzutragen, wenn für keine Ewigkeit, doch für die wenigen Jahrzehnte, die wir kontrollieren. Die »verrottete« Familie, so genannt von einem voreiligen Pastor, sollte noch auffallend produktiv sein.

Dies war die tatkräftige Art eines neu Beginnenden, sich zu befreien von den Anfechtungen seines ungesicherten Gemütes. Als sein Roman mitsamt dem Erfolg da waren, habe ich ihn nie wieder am Leben leiden gesehen. Oder er war jetzt stark genug, um es mit sich abzumachen. Der letzte tüchtige Mann des Hauses war keineswegs dahin. Mein Bruder bewies durchaus die Beständigkeit unseres Vaters, auch den Ehrgeiz, der seine Tugend war. Der Ehrgeiz veredelt die Selbstsucht, wenn er nicht von ihr ablenkt.

Nach sechzig Jahren höre ich wieder meinen Vater, seine Antwort auf die Bemerkung eines Mitbürgers, sein Name werde natürlich auch diesmal genannt. »Ja. Ich bin überall dabei, wo nichts zu verdienen ist.« Der Kaufmann legte Wert auf unbezahlte Arbeiten, die gemeinnützig dienten. Die Steuerpflichtigen seines Stadtstaates kosteten ihn mehr Mühe und Zeit, als ein Mitglied des regierenden Senates ersetzt bekam. Ich glaube nicht, daß er, obwohl fünfundzwanzig Jahre Chef der Firma, ihr Vermögen vermehrt hat.

Sein Geschäft war, Getreide zu kaufen, es zu lagern und es zu verschiffen. Als Knaben nahm er mich auf die Dörfer mit. Damals hoffte er noch, ich könnte ihm nachfolgen. Er ließ mich ein Schiff taufen, er stellte mich seinen Leuten vor. Das alles schlief ein, als ich zuviel las und die Häuser der Straße nicht hersagen konnte. Über Land fuhren wir im gemieteten Wagen. Niemand, kaum die Millionäre, hielt sich damals den eigenen, den jetzt Besitzlose haben. Beim Getrappel der Pferde trat der Bauer vor seinen Hof, und der Kauf wurde ohne Besichtigung abgeschlossen, beiderseits bestand Vertrauen. Gerade um die gute Freundschaft frisch zu erhalten, reiste mein Vater.

Seine Popularität, die groß und aufrichtig war – aufrichtig erworben und dargebracht –, erscheint mir, wenn ich die außerordentliche Namhaftigkeit meines Bruders bedenke, als ihre Vorgestalt. Er fing früher an, als er selbst zugegen war. Er ist namhaft außer jeder Reihe, in der Art eines Patriziers, der seine Tradition mitbringt. Vorurteile, die ihr anhängen, werden dem Abkömmling nachgesehn. Auch sind sie mit Skepsis verbunden. Eine unbeherrschte Abneigung gegen Neuheiten, die ihnen Gefahr bringen, ist, sozial gesprochen, bei Neureichen, geistig bei Ungesicherten.

Unser Vater arbeitete mit derselben Gewissenhaftigkeit für sein Haus wie für das öffentliche Wohl. Weder das eine noch das andere würde er dem Ungefähr überlassen haben. Wer erhält und fortsetzt, hat nichts anderes so sehr zu fürchten wie das Ungefähr. Um aber erst zu gestalten, was dauern soll, muß einer pünktlich und genau sein. Es gibt kein Genie außerhalb der Geschäftsstunden. Die feierlichsten Größen der Vergangenheit haben mit ihren Freunden gelacht und Unsinn geschwatzt. Man halte seine Stunden ein. In unserer Macht steht übrigens nicht das Genie: nur die Vollendung, gesetzt, wir wären stark und zuverlässig.

Wenn ich richtig sehe, wird meinem Bruder, noch mehr als

seine Gaben, angerechnet, daß er, was er machte, fertigmachte. Die ganz erreichte Vollendung ginge über menschliches Vermögen. Sich ihr unermüdlich anzunähern ist schon die erlaubte Höchstleistung. Der uneigennützige Ehrgeiz, selbstlos, weil er das Werk will und bliebe es unbedankt, er befremdet und bezwingt sowohl die Leute wie die Völker. Denn beide, soviel sie selbst betrifft, nehmen sich eher nachlässig. Solange wie möglich machen sie es sich bequem.

Hiermit wäre unvollständig erklärt, daß viele Amerikaner, sein neueres Publikum, übereingekommen sind, Thomas Mann den ersten Schriftsteller der Welt zu nennen. Wenn wir zurückdenken, hatten die meisten Deutschen dieselbe Meinung und waren nur unterschiedlich gehemmt, sie auszusprechen. Damit ein einzelner dieses unbezweifelte Ansehen erwirbt, muß er mehr darstellen als nur sich selbst: ein Land und seine Tradition, noch mehr, eine gesamte Gesittung, ein übernationales Bewußtsein vom Menschen. Eins wie das andere trug bis zu diesen Tagen den Namen Europas. Es war Europa selbst.

Die Amerikaner sind, wohl mit Recht, überzeugt von ihrer künftigen Bestimmung, mitzubilden an der Kultur der Welt. Einiger Zweifel, ob dies so leicht getan wäre, erweist sich in ihrer vorbehaltlosen Anerkennung des Mannes, der deutsch schreibt, deutsch ist. Wollte er es auch, er könnte nichts gegen seine Herkunft und lebenslange Schulung. Jetzt gebraucht er täglich, auch öffentlich, das Englische. Ich hörte ihn aber das Deutsche seine »sakrale« Sprache nennen.

Erasmus von Rotterdam, dessen Bildnis schon vorzeiten, als Vorahnung, neben dem Schreibtisch meines Bruders hing, schrieb lateinisch. Das Deutsche ist – auf wie lange? – tot. Wir müssen übersetzt werden, wenn man uns lesen soll. Leibniz, obwohl der gelehrten Sprache mächtig, drückte sich lieber gleich für die Laien französisch aus. Wer, Leibniz oder Erasmus, befolgte den höheren Ehrgeiz? Es ist erstaunlich, wie viele zugereiste Autoren nach kurzer Pause ihre Gedanken jetzt englisch äußern – ein ungefähres Englisch und ungefähre Gedanken. Der geachtetste aller Schriftsteller bleibt deutsch und wird sakral.

Man kann es sich im Alter erlauben, nach vielen abgelegten Proben, gegen das Ende einer bedeutenden Repräsentation. Seine Natur, sagt er, sei gewesen zu repräsentieren. Nicht, zu verwerfen. Er hat Deutschland, wie es war, vormals gehalten gegen die Wut der Welt und gegen eigene Bedenken. Sein Gewissen hatte einen schweren Weg, bis es gegen sein Land entschied. Um so höher wird ihm sein Entschluß vergolten, hier mit Liebe, dort mit Haß. Er ist ein Zeuge außerhalb der Reihe. Und er ist nicht lau.

Die Prinzessin von Oranien, Madame d'Orange, wie ihr Jahrhundert sie nannte, legt durch meine Vermittlung ihr Bekenntnis ab. »Ich gehe durch die Ereignisse als immer gleiche: das ist ein großer Mangel. Wir sollen mit Gebrechen behaftet sein, damit wir sie heilen können durch Erkenntnis und Willenskraft. Ich hatte gar nichts abzulegen, weder Hochmut noch Ehrgeiz noch Eigennutz …« Zum Abschluß wiederholt die Prinzessin: »Und das alles kostet mich nichts. Ich kämpfe nicht, mich lenkt ein heiterer Starrsinn, den man aus Irrtum tugendhaft nennt.«

Die Christin sucht offenbar ihre Genugtuung in ihrer Härte gegen sich selbst; sie spricht: »Niemals irren, bei unserem Herrn im Himmel heißt das Lauheit.«

Nun verkennt sie hierin die Idealisierung ihrer eigenen Fehlerhaftigkeit. Wie sie sich haben will, ist sie nie gewesen. Dieses Maß von Unbeteiligtheit an den allgemeinen Leidenschaften kennen wir nicht. Indessen bestehen Abstufungen für die Ergriffenheit oder Lauheit. Heute ist der Ergriffenere mein Bruder. Ihn mußte, mehr als die meisten, sein Deutschland enttäuschen. Was es seither aus sich gemacht hat – oder wie es erlaubt hat, daß man es zeige –, Feind der Vernunft, des Gedankens, des Menschen: ein Anathem, das traf ihn persönlich, je später es ihn traf. Er fühlte sich verraten.

Als er noch wenig veröffentlicht hatte, bezog er sich einmal auf das Wort eines anderen, das ich nicht mehr genau weiß: Mir im Rücken atmet ein Volk – war der Sinn. Er wünschte schon damals, allein vor seinem Blatt Papier, daß eine Nation ihm über die Schulter blicke und zustimme. Sein Bedürfnis war, neu und tief, aber für eine Gesamtheit von Zeitgenossen neu und tief zu sein. Wie erst, als die Nation ihn wirklich der Welt als einen Meister anbot! Wenn keine Nation uns anbietet, erfährt die Fremde von uns spät oder nie.

Die Dinge sind indessen dahin gediehen, daß einige fremde Länder ihn kennen dürfen, nicht mehr alle, und nur zuletzt das seine. Gerade ihm hatte er immer sein Wort zugedacht; die anderen erreichte es, dank seiner Vorzüglichkeit unter den deutschen Worten. Es ist wahr, daß die Gipfel der europäischen Literatur oberhalb der Nationen einander nahe sind. Ihr Grund und Ansatz hat sich den Blicken entzogen. Das betrifft wahrhaftig kein einzelnes Land mehr, wenn unter der Hand eines Autors die Josephslegende zum Gleichnis der alten, im Wesen unveränderlichen Menschheit wird. Das spielt für alle. Es spielt in uns allen.

Aber der *Joseph* ist, wie vorher der *Zauberberg*, ein Erziehungsroman: seit dem *Wilhelm Meister* die deutsche Erscheinung des Romans schlechthin. Wenn nicht *L'Ingénu*, von Voltaire, schon vorher erschienen wäre, mit seinem Schlußkapitel, das ein Zaubermärchen der Moral und die Einfachheit selbst ist.

Im *Zauberberg* wird auch nur leben gelernt. Zu leben lehren ist die Absicht der Literatur, der Theologie und Medizin. Alle drei, und noch einige Disziplinen hinzu, muß ein Phantasiebegabter von jedem seiner Bücher zum nächsten nüchtern studieren, damit er sozusagen erfinden kann. »Ich habe eigentlich gar nichts erfunden«, meinte dieser Autor, so sehr überzeugen ihn seine Geschichten.

Einer erzieht schreibend sich selbst, umfaßt vom Leben mehr mit jedem Buch, gelangt über das von Mal zu Mal erweiterte Wissen zu der Weisheit, die das Ziel ist. Was soll da Deutschland? Dem Werk gibt es nichts und kann ihm nichts nehmen. Ja, aber es steht da, wenn auch mit eingestürzten Häusern. Das alte Haus, aus dem er kam, ist in seiner Erinnerung aufrecht, und so das Land, wie es war, wie er gewollt hat, daß es sei. Der Schmerz über einen sittlichen Zusammenbruch ist stärker, als wenn Städte untergehen. Er hatte Deutschland sittlich gesichert geglaubt. Daher ein Zorn, der nichts nachgibt.

Das Verhältnis zum eigenen Land gestaltet sich manchmal anders. Jemand kann vor der Zeit mit ihm zusammenstoßen, ungewiß, warum. Vielleicht vermöge seiner jugendlichen Einfühlung in andere Zonen, oder aus Ursachen, die bis hinter seine Geburt reichen. Ich hatte mein zeitgenössisches Deutschland früh angezweifelt, zum berechtigten Unwillen meines Bruders. Aber was vermag einer gegen seine lebendigen Eindrücke.

1906 in einem Café Unter den Linden betrachtete ich die gedrängte Menge bürgerlichen Publikums. Ich fand sie laut ohne Würde, ihre herausfordernden Manieren verrieten mir ihre geheime Feigheit. Sie stürzten massig an die breiten Fensterscheiben, als draußen der Kaiser ritt. Er hatte die Haltung eines bequemen Triumphators. Wenn er gegrüßt wurde, lächelte er – weniger streng als mit leichtsinniger Nichtachtung.

Ein Arbeiter wurde aus dem Lokal verwiesen. Ihm war der absonderliche Einfall gekommen, als könnte auch er, für dasselbe billige Geld wie die anders Gekleideten, hier seinen Kaffee genießen. Unter einer Decke, von der lebensgroße Stuckfiguren hingen! Zwischen den schlecht gemalten Militärparaden an beiden Längswänden! Obwohl der Mann keine Gegenwehr leistete, fanden der Geschäftsführer und die Kellner lange ihr Genüge nicht, bis der peinliche Zwischenfall aus der Welt war.

Ich brauchte sechs Jahre immer stärkerer Erlebnisse, dann war ich reif für den *Untertan*, meinen Roman des Bürgertums im Zeitalter Wilhelms des Zweiten. Der Roman des Proletariates, *Die Armen* benannt, kam im Krieg 1916 zustande. An die leitenden Gestalten des Kaiserreiches ging ich erst im Sommer 1918, wenige Monate vor seinem Zusammenbruch – dessen Zeitpunkt bis zuletzt unbestimmt war. Für meinen ersten Entwurf des Romans *Der Kopf* fand ich es noch geraten, die Handlung in ein Land mit ausgedachtem Namen zu verlegen.

Früh war ich nicht aufgestanden, meine Eingebung hatte nichts von Prophetie. Allerdings begann ich, als die Tatsachen noch dämmerten. Als Sonnen sind sie nicht gerade aufgegangen. Litt ich an meinen Erkenntnissen, die zu der gleichen Zeit ein jeder hätte empfangen können? War ich ein Kämpfer? Ich gestaltete, was ich sah, und suchte mein Wissen überzeugend, wenn es hoch kam, auch anwendbar zu machen.

Es ist nicht angewendet worden. Nach dem Kaiserreich betrachtete ich die Republik und hielt von ihr ziemlich genausoviel, wie sie wert war. Der Zustand, der sie abgelöst hat, das durchaus grauenhafte Fazit der früher durchlaufenen Zustände, dieses Hitler-Deutschland, mußte mich anwidern wie jedes andere Individuum von Geschmack, Selbstachtung und Mitgefühl. Erduldet habe ich, dank Hitler, seiner Herrschaft, seinem Krieg, Ängste, Schmerzen, die tiefste Erniedrigung meines Daseins.

Nicht eigentlich Zorn. Der Zorn überrascht uns. Wir müssen die Menschen, die uns erbittern, für unfähig ihrer Schande gehalten haben. Nur den Milden bringen sie wahrhaftig außer sich. Wir dürfen die Vorzeichen, Vorstufen ihrer Schande nicht zu deutlich verzeichnet haben, wenn wir eines bösen Tages den Zorn kennenlernen sollen. Mein Bruder kennt ihn jetzt.

Das bedeutet: er war gütig. Ihn verlangte, an die Deutschen zu glauben – gewiß um seiner Arbeit willen, sie bedurfte des sittlichen, deutschen Bodens, der viel ehrliches Werk hervorgebracht hat. Aber er vertraute den Deutschen auch aus Freundlichkeit. Wie hätte er anders ihnen helfen, wie ihren guten Namen, nicht seinen nur, hinaustragen dürfen. Der Seelenkenner, der er ist, gründet sein Wissen auf keine schwierige Gesamtheit. Die einzelnen Deutschen – Goethe unterscheidet sie von der Nation – waren oft tugendhaft.

Ein Überraschter in seinem Zorn muß wohl achtgeben, damit er nicht mit wenigen Bösewichtern, oder mit einem gerade lebenden Geschlecht von Boshaften, die Nation verwirft. Wenn wir nunmehr besprechen, was dieses Zeitalter tut, seine ganze schöne Bescherung – wir reden selten und knapp: aber eher bin ich es, der in dem unglücklichen Land unseres Ursprunges keinen monströsen Einzelfall erblickt.

Wohlverstanden weiß auch ich, was dieses eine Land verschuldet oder doch veranlaßt hat. Von seiner tristen Entartung habe ich Beispiele, die mir und anderen zugestoßen, gerade genug.

Nur mache ich geltend, daß dieser nicht der erste Versuch einer Welteroberung ist und nicht der letzte bleiben wird. Der Realist Stalin sagt: »Kriege wird es immer geben.« Was sind aber Kriege in einer räumlich leichter beherrschbaren Welt? Sie können nur die Unterwerfung der Menschheit durch eine oder zwei Mächte sein. Das muß sich wiederholen – wenn Napoleon, der allen hätte genügen sollen, sich dennoch wiederholen konnte. Diesmal traf das Los der Geschichte auf Deutschland. Der nächste ist vielleicht nicht weit. »Die Füße derer, die dich forttragen werden, sind vor der Tür.«

Oh! die Eroberer sind einander unähnlich in der Gesinnung und im Lebensgefühl. Das Frankreich, das mit seinem Kaiser antrat, brachte den Völkern das Beste, die Menschenrechte, die Freiheit – gesichert durch kaiserliche Festungen. Davon wird man wunderbar geschwellt, jahrelang atmet man Bewunderung ein, und eine wirkliche Überlegenheit strömt der Freund der Völker aus.

Wie anders hat es sich für die verhaßten Deutschen gewendet. Vielmehr wartete ihre übernommene Rolle nicht den letzten Akt ab, um abscheulich zu werden. So war sie gleich angelegt. Sie hatten auf ihrem Blitz durch die Welt nichts, gar nichts mitzunehmen für sich und andere, was die Herzen hebt. Ihr Atem war Lüge, und die Vernichtung nennt sich ihre Amme. Schrecklich, wie? Aber abgesehen davon, daß sie nach Rache lechzten und einen verkommenen Stolz ausgebrütet hatten, wären sie vielleicht edle Menschen geworden, gesetzt, einmütig hätte man sie empfangen als die ersehnten Einiger und Schützer des Kontinentes.

Was nicht wohl denkbar ist, und sie wußten es. Daher waren sie greulich und wurden immer greulicher. Der nächste Eroberer wird wieder voll reinster Absichten sein. Vertrauen wir darauf! Die Motive wechseln ab, nach diesen Deutschen sind entgegengesetzte geboten. Leider können sie an den Ergebnissen nichts ändern. Der währende Krieg ist auf dreißig Millionen direkter Opfer, bei längerer Dauer auf fünfzig zu berechnen; – die mittelbaren folgen. Der nächste würde einer unerbittlich vorgeschrittenen Technik die größere Hälfte der lebenden Menschheit darbringen.

Kein Wort von dem allen weiß ich wirklich. Ich habe nur gesehen, daß im Verlauf meines miterlebten Zeitalters jedes Ding seinen Weg bis an das äußerste Ende machte: es mußte nur ein verderbliches Ding sein. Das beweist nichts, meine Skepsis hat unrecht.

Der Irrationalismus, der mich aus meinem Lande, und noch weiter, fortwies, ist ausgekostet. Nächstens soll die Vernunft – nicht allmächtig sein, aber zugelassen, als ein Versuch, der den Reiz der Neuheit und auch sonst einiges verspricht.

Nicht mein Bruder würde diese Zweifel äußern an der unbe-

Thomas Mann in Pacific Palisades, 1947 (72).

dingten, so gut wie zusammenhanglosen Verschuldung der Deutschen und an der nachhaltigen Belehrung des ganzen Planeten. Auch ich sollte meine Bedenken still und für mich tragen. Es ist nur, meine Lauheit zu bekennen. Ich habe getan, was kämpfen heißt – ohne daß ich eines Kampfes bewußt war. Dafür haßte ich nicht blind genug und wurde vom Zorn nicht überrascht. Ich habe inständig geliebt, das ist wahr. Aber meine Liebe? Wo ist sie hin, wo ihre Spur?

Noch in der ersten Hälfte unserer Tätigkeit teilten mein Bruder und ich einander denselben heimlichen Gedanken mit. Wir hätten ein Buch gemeinsam schreiben wollen. Ich sprach als erster, aber er war vorbereitet. Wir sind niemals darauf zurückgekommen. Vielleicht wäre es das Merkwürdigste geworden. Nicht umsonst hat man den frühesten, mitgeborenen Gefährten. Unser Vater hätte in unserer Zusammenarbeit sein Haus wiedererkannt. Nachgerade vergesse ich, daß er seit mehr als fünfzig Jahren abberufen ist.

(*Ein Zeitalter wird besichtigt*, 1946)

»Ich bin glücklich, meinen Bruder zu haben«

Im übrigen ist das Leben, das mir geblieben ist, nahezu nichtig. Ich gehe wenig aus, ich lese immer wieder die alten Bücher, ich höre die Musik, die ich auswendig kenne. Das ist nicht so übel, es ist das typische Leben eines alten Mannes; so will ich mich auch nicht beklagen. Die Vereinsamung ist der Anteil des hohen Alters. Ich bin glücklich, meinen Bruder zu haben, und will gewiss nicht klagen. Dennoch gibt es nichts besonders zu erzählen.

(Brief an Klaus Pinkus, Los Angeles, 20. Dezember 1947)

»Mein Bruder ist jugendlich«

Mein Bruder und seine Frau sind aus Europa zurück. Wir sehen uns morgen das zweite Mal. Wir sind alte Leute, die von den Aktualitäten, besonders den dummen oder unwürdigen, Distanz nehmen müssen. Ich hoffe, wir werden in Ländern die uns teuer waren, nichts peinliches mehr zu bestehen haben. Wir vermeiden einander danach zu fragen. – Mein Bruder ist jugendlich, wurde auch in der Schweiz so gefunden.

(Brief an Dr. Maximilian Brantl, Los Angeles, 22. September 1947)

»Daß wir uns liebten so gut wie haßten.«

Zwischen den Schwestern, der schlafenden, der abwesenden, war ein Vorhang – war auch dagewesen, als diesseits die eine vor dem Kaiser kniete, indes drüben die andere sie haßte. »Marie-Lou, hasse mich nicht, weil ich lebte, oder weil ich sterbe. Ich weiß, du haßtest mich nur mit Selbstverleugnung, wir waren doch Schwestern.«

Der Zustimmung sicher, soweit man es sein kann, eine Zustimmung deckt nicht ohne Rest das Angebot, das ein Gefühl betrifft, entschuldigte sie die zweite, in der sie auch selbst war. »Uns trennte, daß ich nicht deinen Ehrgeiz hatte; deine Laufbahn war voll Kampf, in den Wechselfällen hieltest du dich oben, dir erschien ich lau. Dennoch verstand nur ich dich. Nur dein Urteil traf mich. Wir kränkten uns mit unserer Unabänderlichkeit, gleichwohl habe ich dich geliebt. Marie-Lou, am meisten, wenn wir verfeindet waren. Du weißt es. Weißt du es nicht? Nimm mein Wort für was es jetzt noch wert ist. Sogleich werde ich vergangen sein, du allein bist meine Nachwelt, bei der ich fortlebe. Höre, ich hatte so viel Demut wie Stolz. Als du vor der Welt unermeßlich über mir standest, habe ich von dir nur eines angenommen, deine Schuhe.«

[...]

Der Traum sprach: »Sehr jung war ich, als du mir schon ansahest, daß ich es bis zu dem Rang einer Sternkreuzordensdame niemals bringen werde. Es verstimmte dich, obwohl du schon damals vorgehabt hast, mich zu überholen. Ich machte es dir leicht, ich war nicht ehrgeizig. Ein sehr großer Fehler. Dich verstimmte, daß ich den Wettbewerb ausschlug, anstatt trotz Widerstand besiegt zu werden. Dies währte, bis du für endgültig hinnahmest, deine, nicht meine Natur sei der Erfolg. Meine, wenn ich mich beim Sterben noch schämen soll, war der Hochmut. Die Ehren der Welt nicht anstreben ist Hochmut. Ich, nicht meine Schwester, die Sternkreuzordensdame, war die Hoffärtige. Der Kaiser, der Herr unserer Wirklichkeit, hat mich gleich erkannt, da ich vor seine Füße stürzte. Romantisch, so sagte er, als ob er spräche: Rebellin.«

Die Träumerin atmet schwach, aber gelassen, ihr Gesicht bleibt verklärt. »Siehst du, daher mein gestörter Atem, meine Mühen, ihn zu ordnen. Vertane Kraft – außerhalb des Opportunen; wer kann wissen, wie ungewöhnlich viel Kraft man gehabt haben muß. Mein versagender Atem quittierte für ein Leben, das vielleicht mißverstanden war. Auch reich könnte es gewesen sein. Marie-Louise, ma sœur bien-aimée, tu m'as vaincue et bien vaincue, est-ce là une raison pour me haïr? Aussi m'aimes-tu. Von euch Sternkreuzordensdamen sind nur drei noch übrig, euer gealtertes Dreigestirn: ich fehle. Du bedauerst es. Mußt du allein sein, dann wärest du es gern mit mir, bevor es endet. Wir dürfen uns wieder lieben. War es doch von Haus aus, mit allem was uns bevorstand, daß wir uns liebten so gut wie haßten.«

(*Der Atem*, 1949, ist Heinrich Manns letzter Roman. In ihm greift er noch einmal literarisch die Bruderbeziehung auf, übertragen auf die Schwestern Marie Louise [Thomas] und Lydia [Heinrich].)

Carla als Dreizehnjährige,
um 1894

Julia als Siebzehnjährige,
um 1894

Die Schwestern Julia und Carla

(1877 - 1927) (1881 - 1910)
beide Freitod

Heinrich Mann stand besonders seiner jüngeren Schwester Carla (geb. 1881) nahe. In vielen seiner Novellen und Theaterstücke thematisierte er die enge Beziehung von Bruder und Schwester. Carla war Schauspielerin. Nach einer unglücklichen Affäre nahm sie sich am 30. Juli 1910 in der Wohnung ihrer Mutter in Polling bei München das Leben.

Mit Julia (geb. 1877), genannt Lula, kam es wegen Heinrich Manns Roman Die Jagd nach Liebe *zum Zerwürfnis. Sie sah ihren Ehemann Josef Löhr, mit dem sie seit 1900 verheiratet war, in dem Buch verunglimpft. Ihre Ehe verlief unglücklich, später drohte ihr – bedingt durch die Inflation – der soziale Abstieg. Auch sie setzte am 10. Mai 1927 ihrem Leben durch Selbstmord ein Ende.*

Meine liebe Mama!

[…] Wir waren, wie Dir bekannt, vorgestern bei Tante Stolterfoht. Ich hatte, offen gesagt, vorher einiges Grauen vor diesem Kaffeebesuch, aber es war doch ein sehr netter Nachmittag. Ich beteiligte mich auch am Topfschlagen! – und gewann eine sehr niedliche Mappe mit einigem Briefpapier, darunter das, welches ich jetzt gerade benutze. – Es waren ausser uns auch noch zwei kleine Mädchen da und ein Junge, mit dem sich Lula rasch befreundete. Als dann zum Abendbrot Kirschsaft getrunken ward, kam Lula so weit, ihn zu fragen, wo er denn eigentlich wohne; sie werde ihn gern mal besuchen. – Auch ein Rendezvous wollte sie, noch bevor wir nach Hause gingen, verabreden, Ida [das Kindermädchen Ida Springer] aber verhinderte dasselbe schon im voraus. Das Wetter lässt bei uns sehr viel zu wünschen übrig: Nach der formidablen Hitze, welche uns mehrere Tage arg plagte, ist jetzt fortwährender Sturm, oft mit Regen vermischt, eingetreten – eine Witterung, welche wahrscheinlich unsere auf morgen festgesetzte Tour nach Travemünde vereiteln wird. – Auch der beabsichtigte Ausflug nach Schwartau muss wohl unterbleiben, da gerade Sonntag Idas Schwester hier eintrifft, weshalb denn Ida lieber zu Hause bleibt, ein Umstand, der sofort Carla nach sich zieht, der sich dann Lula anschliesst. Ich beschäftige mich indes und habe gestern das letzte Blatt für Papas Geburtstagsgeschenk vollendet, habe darum aber doch noch lange nicht allen meinen zeichnerischen Pflichten genügt, es liegen ja noch andere Geburtstage in der Nähe. –

Hiemit nimm viele Grüsse von
Deinem Sohn
Heinrich Mann.
(Brief an Julia Mann, Lübeck, 7. Juli 1887)

> *»Vorigen Sommer genoss ich so die Gesellschaft*
> *meiner Schwester Carla.«*

Mir wird ganz fröhlich zumut, wenn ich denke, wir sässen mal wieder beim Wein und schwatzten: es hat sich doch eine Masse Stoff angesammelt; und mein Leben, das nicht so geheimnisvoll ist, wie Du meinst, könnte ich Dir dann auch enthüllen. Heiraten ist allerdings das einfachste, um sich verständlich zu machen. Wer weiss, ob's auch mir noch zustösst. Was mich zu einer Ausnahme macht, ist, dass ich zwischen zwei Ländern hin und her pendele, von beiden Kulturen etwas habe und weder im einen noch im andern völlig zu Hause bin. Ich kenne in

Florenz vielleicht ebenso viele Menschen wie in München; meine Interessen dort sind mindestens ebensogross; und eine gewisse Fremdheit, eine nicht vollkommene Zugehörigkeit spüre ich dort wie hier. Alles in allem sind die Annehmlichkeiten des Lebens in Florenz vielleicht grösser; und hätte ich Familie, würde ich mich am Ende wohl zu einem Häuschen unweit Florenz entschliessen. Übrigens darf ich nicht vergessen, dass es mehr Leute gibt, die sich in der Verbannung fühlen; und Königsberg ist wohl tatsächlich etwas zu Überwindendes. Helfe Dir Gott! Ein Trost ist doch geistiges Zusammenleben mit jemand, der das Zeug dazu hat; und Deine Shakespeare-Lektüre mit Deiner Frau ist beneidenswert. Vorigen Sommer genoss ich so die Gesellschaft meiner Schwester Carla. Dies Jahr waren wir flüchtiger zusammen; zuerst in Florenz, dann in Riva, wo sie kurte. Jetzt ist sie im Engagement, in Flensburg. Ein Halsleiden hat sie in ihrer vielversprechend begonnenen Laufbahn aufgehalten. (Sie sollte schon ans Hoftheater in Braunschweig.) Ich hoffe, es geht jetzt wieder aufwärts mit ihr. Auch meine Mutter und mein kleiner Bruder waren diese Ferien wieder in Norddeutschland: in Kiel, Hamburg, Lübeck. Der Junge will zur See. Gewisse Tendenzen nach Norden sind in meiner Familie; ich selbst bin der einzige, der seit den langen Jahren nie mehr droben war.

(Brief an Ludwig Ewers, Augsburg, 15. September 1905)

»Die tödliche Komödie«

Sie war Komödiantin. Dem Körper was des Körpers, rasche Liebesanfälle, die man im Grunde verachtet. Exaltation, an die man nicht ganz glaubt. Bewußtsein der Unvereinbarkeit mit einem andern Wesen, und der Künstlichkeit. Stolz darauf, Verachtung des Selbstbetrugs, der Schwäche, des Gemüthes; Degagirtheit vom *Leben.* Auch *fröhlich* aus Degagirtheit.

Mit 27 der Überdruss. Es wird Zeit, Wärme ins Leben zu bringen; ein Obdach zu suchen, bevor die hochgemuthe Widerstandskraft vollends verlorengeht. (Die Carriere hat Enttäuschung gebracht.) Sie wählt ihre erste Liebe in einer neuen Welt, der französischen, spricht ihre ersten wahren Liebesworte in einer neuen Sprache, wird Mensch sein unter einer andern Nationalität, ihre Kinder werden von ihrer frühern Existenz nicht einmal die Worte verstehen. »Ich sitze zu Hause, ich will meine Ruhe haben. Nur hie und da noch Interesse an einer Rolle.« Übt mit Ausdauer Klavier, um ihren Mann zur Violine zu begleiten. »Die Leute denken, ich kann nicht nähen.« Liebt die Kinder ihrer Geschwister, zeigt die Photographieen ihrem Verlobten. Ist gütig mit ihm, *liebt zuerst unegoistisch*, warnt ihn vor Schädlichkeiten, kauft ihm nikotinfreie Cigaretten, kommt seinen Besorgungen zuvor. Auf der Photographie mit ihm ist sie schlecht frisirt, hat das Gesicht einer guten Frau, befriedigt, mit etwas hängendem Fleisch im Gesicht, ruhig, ohne Kampf.

Aber sie muss kämpfen, – so satt sie es hat. Die Stadt ist verschworen gegen sie, und mit der Mutter ihres Verlobten. Anonyme Briefe an ihn, sie betrüge ihn mit einem seiner Bekannten. Sie sei eine Cocotte. Die Mutter behauptet, er halte sie aus. Er zeigt der Mutter die Bücher. »Dann hält sie Dich aus.« Die Mutter schwachköpfig, wirr, besorgt um die Familie. Carla, die Wärme sucht, Frieden will, sieht sich als Feind der Guten behandelt. Man hetzt gegen sie, als Frau und als Schauspielerin. Der Direktor giebt ihr widerwillig Rollen, schlägt ihr kein neues Engagement vor, muss erst genöthigt werden, obwohl das Publikum sie liebt.

Sie sind Beide gehetzt. In Carlas friedlichem Zimmer trösten sie sich. Er, das Geschäft, die Mutter, die ihn mit einer Wasserflasche blutig geschlagen hat, die befreundete Familie, die einen Ausflug arrangirt, nur um ihn von Carla loszubringen. Sie die Quälereien mit dem Theater; der Klatsch um sie her.

Wie glücklich sind sie, als Carla im Bad (Sommertheater) die Mutter fast gewonnen zu haben scheint. »Wenn ihr die Worte aus dem Herzen kamen, wenn *sie nicht als Schauspielerin gesprochen hat,* ist sie meine Tochter.«

Aber diese gute Wirkung wird zerstört durch die Familie F., den einzigen Verkehr Carlas. Anrüchige Leute, die Frau Geliebte eines Leutnants, dessen Freund der Mann trotzdem ist. Der Mann will C[arla]'s Verlobten mit einem Auto beschwindeln, schickt ihm, infolge eines mündlichen Versprechens, einen Advokatenbrief. Er stellt Carla seit einem Jahr nach. Sie behält den Verkehr, 1) weil er der einzige ist, 2) der Kränze wegen, die Familie F. ihr schicken, 3) aus Bravade, weil sie sich unangreifbar fühlt, weil sie sich anziehen und herrichten darf, wie eine Frau, die reizen will, u. dabei absichtenlos und kühl bleiben kann. Aber darin ist 4) noch immer die Künstler-Verachtung der Wirklichkeit. Sie sieht über Gemeinheiten u. Gefahren hin, sie hält instinktiv alles Fremde kaum für wahr, sie ist *noch immer* die Einzige u. im Tiefsten unberührbar. Die Wärme ist nicht für sie da, für das Glück, die Gemeinschaft, für *das Leben* ist sie nicht geschaffen.

Ihr Verlobter hat sie auf den Knieen gebeten, nicht mehr zu F's zu gehen. Bei einer neuen Einladung sieht sie ihn zweifelnd an. Er ist schwach. »Die arme Carla, sie hat Niemand.« Sie hat einen Schwachen gewählt, *um zu leben,* das war ihr lebensfeindlicher Komödianteninstinkt; sie reservirte sich auch diesmal wieder, wo sie sich doch endgültig hinzugeben dachte.

Endlich hat F. sein Ziel erreicht; sie weiß selbst nicht wie. Zu ihrer Freundin: »Wenn Arthur es je erfährt, nehme ich Gift.« Sie hat das Gift seit 1½ Jahren, spielt in Gedanken damit, spricht gern davon, welch sicheres Gefühl es einem gebe, jeden Augenblick Schluss machen zu können. Trotz Allem noch immer degagirt vom Leben, und sie pocht darauf. Ohne dieses Gift in ihrer Schieblade würde der F. sie wahrscheinlich garnicht bekommen haben. Die Möglichkeit, jeden Augenblick den Vorhang fallen zu lassen, ist das Gefährlichste, das, was im Tiefsten *den Ernst unmöglich macht.*

In den Ferien, auf dem Lande bei ihrer Mutter, muss sie es ihm endlich gestehen. Sie hätte weiter einfach Nein sagen können. Aber sie bringt eine ungeschickte Erfindung vor: warum? Sie wünscht im Grunde, sich zu verrathen, obwohl es das Ende wäre. Sie verachtet sich zu sehr für das Lügen. Früher war Lügen nicht nöthig, sie war frei. Ihr tiefster Instinkt ist noch immer, frei zu sein. Die Lüge verknüpft die Menschen, die Wahrheit trennt sie. Man muss lügen können, wenn man leben will. Carla ist nicht fähig, zu leben.

Sie weint unermesslich. Sie ist gebrochen, wie ein ganz junges Mädchen, nach dem Verlust ihrer Unschuld. Denn sie war ganz unschuldig, mit 28 Jahren ganz neu im Leben. Früher gab es nicht Leben, nur Komödie. Sie hat von Allem gewusst und nichts war ihr nahe gekommen. Sie schluchzt, weil sie sieht, dass das verantwortungslose Mimenthum auch jetzt noch über sie hereinbricht. Unerlösbare Komödiantin. Solche Zwischenfälle, solch Vergessen der Wirklichkeit, des Herzens würde sich wiederholen! Er soll ihr glauben, dass sie ihn liebt, aber vor Allen will sie selbst es glauben. Sie braucht, um es zu glauben, das stärkste Mittel, den Tod. Endlich des Lebens sich würdig erweisen, dadurch dass sie stirbt. Ist an dem Ernst einer, die stirbt, zu zweifeln?

Und in dem ungeheuren Willensakt, als sie das Gift trinkt, nicht um Hilfe ruft, nur mit Gurgeln den Schmerz lindert, und sich zum Sterben hinlegt, allein, bei verriegelter Thür, – darin ist auch zum Schluss noch die gewollte Rolle, die Losgelöstheit vom Leben, das *Übersein des Lebens,* dessen, was sie mehreren fühlenden Menschen anthat, das harte Spiel, die tödliche Komödie.

(*Carla,* Notizen, 1910)

*»Da und dort erfährt ein halbes Kind, es sei geschaffen,
sich darzustellen und in sich alle anderen.«*

Schauspielerinnen sind vor allem Arbeiterinnen. Sie bieten auf
den Proben zumeist einen nüchternen Anblick. Ein industriel-
ler Betrieb beschäftigt ähnliche Gestalten. Sie haben bei der
Ankunft im Theater noch das Gesicht der alleinstehenden
Frau, die frühmorgens ihre Wohnung verläßt, um den Kampf
des Tages aufzunehmen. Der Kampf ist hier sogar noch un-
nachsichtiger. Er geht, wie anderswo, um die Stellung im Betrieb, aber die Stellung wird leidenschaftlicher verteidigt, denn
sie ist Vorbedingung für die Wirkung nach außen. Wirkung auf
Menschen, Wirkung der Persönlichkeit. Zuerst muß die
Schauspielerin sich Achtung bei den Kollegen verschaffen,
dann kommt erst das Publikum dran. Wenn sie abends hinreißt
oder wenigstens gefällt, hat sie schon vorher im Theater ebenso
starke Künste aufgewendet, um durchzudringen. Eine derer,
die ich aus der Nähe sah, biß einen Regisseur hinaus, es war ein
durchaus grausamer Anblick. Der Arme hing nur noch an
einem Faden, er hatte alle gegen sich, seine Feindin konnte
breit ausladen. Plötzlich war sie ganz schlank, ganz fein und
leicht. Der Chef war erschienen. Sie näherte sich ihm mit kindlich klarer Miene, ein Fuß blieb in der Schwebe vor Zartheit.

Sie sind wie das Leben, nur begabter. Sie finden schnellere
Übergänge von der Härte des Lebens zu seiner Süßigkeit, und
sie machen alles sehr viel anschaulicher, weil sie es stärker bringen. Das Theater lebt überhaupt davon, daß alles stärker als
sonst gebracht wird. Würde auch nur fünf Minuten lang auf
der Bühne so maßvoll, gedämpft, verhalten gehandelt und gesprochen wie in Wahrheit und allenfalls im Roman, der der
Wahrheit am nächsten kommt, die Bühne verschwände, niemand sähe sie mehr. Überdeutlichkeit ist das erste. Sie ist
selbstverständlich, die Theaterleute sind sich ihrer nicht mehr
bewußt. Meistens legen sie sie auch im Leben nicht ab, die

Schauspielerin weniger als ihr männlicher Kollege. Sie ist imstande, weiblicher zu wirken als jede gewöhnliche Frau, den Männern erscheint häufig in ihr das Geschlecht gesteigert, sie erliegen ihr leichter. Ach, sie erliegen vielfach nur einer ausgezeichneten Arbeiterin, die ihren Beruf, das Spielen, ernst nimmt.

Sie glauben das Leben so eindringlich behandeln zu müssen wie das Spiel. Sie könnten das Überwirkliche ihrer Kunsterscheinung einbüßen, wenn es nicht auch in ihrem privaten Dasein aufregender zuginge als in dem der anderen. Dies hindert nicht, daß sie wirklich schön, wirklich verführerisch, temperament- oder seelenvoll, ja geistreich sein können. Die Frage ist nur, ob sie es auch wären, wenn sie nicht beim Theater wären. Ist ein so schönes junges Mädchen zur Bühne gegangen, oder hat sie es dort erst gelernt, schön zu werden? Das Fach, das sie innehat, legt ihr seinen besonderen Charakter auf. Ihre Art, sich zu fühlen, stammt aus Rollen. Es wäre zuletzt kein Wunder, wenn ihre bürgerliche Laufbahn sich aus lauter oft wiederholten Erfolgsstücken zusammensetzte. Sogar Witzigkeit wird herangebildet bei der, die jeden Abend gute Antworten gibt. Allmählich spricht sie auch Brillanten, die nicht vorgeschrieben sind.

Das Wirkungsbedürfnis, von der Bühne in den Alltag übertragen, richtet fragwürdige Dinge an. Wirkung höchsten Grades ist herrschen, unbeschränkt herrschen. Nun zeigt sich, daß, abgesehen von Imperatoren oder Diktatoren, die sich gehen lassen, kein menschliches Wesen so erbarmungslos und so glanzvoll seinen Machttrieb in Szene setzt wie die Diva. Vor ihr muß »ganz Rom zittern« wie vor dem Tyrannen Scarpia. Wo eine Diva volle Häuser macht, ist die Luft hinter der Bühne mit Katastrophen geladen. Wer nicht den dumpf grollenden Aufruhr der Kollegen mit angesehen hat, weiß nicht, was es heißt, die Faust zu fühlen. Die große Schauspielerin auf der Probe – mit ihrer ragenden Überlegenheit in allem, in Kunst, Stellung,

Geltung, hinausgewachsen, wie sie ist, über den Rest der vorhandenen Sterblichen sozial und als menschliche Größe, dabei im vollen, unbedenklichen Genuß aller ihrer Vorteile, das kommt nicht wieder vor. Hier entfaltet sich der Mensch auf der Höhe. Am Abend spielt sie dann etwa die Kaiserin, die sie ist. Kein Mensch im Hause hat so etwas je gekannt, aber auch Menschen der Zeitalter, in denen es wirkliche Kaiserinnen gab, haben von dieser wahnsinnig angespannten Kraft des Herrscherwillens ganz zweifellos nichts geahnt. Freilich herrscht sie ins Leere.

Die einzige Persönlichkeit will ihre Erregungen und steigert sie nach Bedarf. Hemmungen, gesellschaftliche, menschliche, bleiben nicht immer bestehen. Im fortschreitenden Leben führt dies manchmal zu gewagten Versuchen mit dem Schicksal anderer. Mehrere sind schon gestorben, damit dies Gipfelwesen erlebte ... Dann altert sie, sie wird schwächer. Der Rausch, den ihre alte Kunst, ihre berühmte Gestalt erregt, bleibt ihr ferner. Ihre innere Einsamkeit nimmt überhand, sie erfüllt sie schließlich ganz. Jetzt spielt und steigert sie auch noch die Einsamkeit. Eine von ihnen verfiel endlich darauf, sich, wo sie ging und stand, von Wandschirmen umgeben zu lassen. Kein Auge sollte sie erblicken, bevor sie in ihrem Abendglanz vor die Menge trat. Eine andere sagte sich nach Art von Fürsten in einem Hause an, das sie noch nicht kannte. Bevor der von ihr gewählte Tag erscheint, hat sie schon einige Botschaften mit besonderen Weisungen geschickt: das Tageslicht auszuschließen, ihr nur dieses Gesicht, nicht aber jenes gegenüber zu setzen. Am Tage trifft stündlich eine Meldung ein: sie sei aufgestanden, sie kleide sich an. Endlich warten alle versammelt, da sagt der letzte ihrer Briefe, daß sie nicht kommt.

Es hat nicht mehr gereicht, um ehrenvoll zu vertreten, was sie war und für ihr Bewußtsein bleiben will. Sie läßt nichts nach, bevor sie dann den Weg geht, den nicht nur das Fleisch geht. Sie war doch ein Funke. Ihr Körper stellte doch den Stolz des Geistes sichtbar dar.

Während sie dahinschwand, sind andere aufgewachsen – gewöhnlich ihr fremd und zuwider. Wie denken die wenigen großen Charakterspielerinnen, die Europa jetzt noch hat, über die jungen Beliebtheiten, die ein neues, weniger charakterhaft als motorisch gerichtetes Geschlecht auf die Bühne entsendet? Ihnen sind diese alle doch höchstens kleine Mädchen, Tanzgeschöpfchen, Nervenbetrug, Knabenersatz … Aber sie sind, und sie vertreten ihre Mitwelt.

Immer wieder verkörpert sich in einigen die unvergängliche Seelenkraft, die Spiel will. Da und dort erfährt ein halbes Kind, es sei geschaffen, sich darzustellen und in sich alle anderen. Es bereitet sich an erdichteten Texten auf ein noch verschlossenes Leben vor. Es macht sich zum Werkzeug noch ungefühlter Leidenschaften, zum Gefäß von Gedanken, die es kaum begreift. Es übt die Gebärde des Lebens, verdeutlicht und vergröbert für fernsitzende Zuschauer. Es arbeitet seine Gesichtszüge aus vor der Zeit, es läßt seinen Körper sprechen, wo andere Körper stumm bleiben. Zu einem jungen Gefährten, der eine andere Zukunft gewählt hat, sagt das Kind voll Stolz auf sein Geschick: »Du schreibst hin, was du dir ausdenkst. Dann gehst du weg. Ich aber will nicht bloß denken, was andere tun sollen. Ich will selbst handeln, es soll aus mir heraustreten. Mein Körper soll mein Gedicht sein.«

(*Schauspielerinnen*, 1926)

»Wer dich liest, sieht Menschen.«

Zehn Jahre früher war ich belehrt worden, von der Schauspielerin, die mir die nächste war und es geblieben ist. Ich sehe sie, als ob sie lebte, sich entfalten; aufrecht in dem langen, eng angeschmiegten Kleid, wie sie damals getragen wurden. Sie bewegte Arme, Schenkel, Hals, ließ ihre Stimme klingen, ihr Gesicht sich verwandeln und sprach mit der Zuversicht ihrer zwanzig Jahre. »Du schreibst«, sagte sie. »Wer dich liest, sieht Menschen. Ich will selbst zu sehen sein, mich ihnen wirklich vorführen. Dasselbe wie du mit deinem Geist allein bin ich in ganzer Gestalt.«

Obwohl selbst jung genug, mich kräftig zu behaupten, widersprach ich meiner geliebten Schwester gar nicht. Sie hatte mehr recht, als ich damals glaubte. Die nachhaltigen, folgenschweren Wirkungen gehören offenbar Büchern, sie dürften zweihundert Jahre und älter sein und haben nichts verloren. Auf ihre Rechnung kommen Ereignisse und Taten, die geschehen sind. Ein einzelnes, kurzlebiges Geschlecht wird dennoch seine stärksten Eindrücke von der Bühne herab empfangen können.

(*Ein Zeitalter wird besichtigt*, 1946. – Ausschnitt aus *Beim Theater*)

»*Als ich bald vierzig war,
starb, fern von mir, das geliebteste Wesen.*«

Als ich bald vierzig war, starb, fern von mir, das geliebteste Wesen. Überallhin hätte mein Gedanke sie eher begleitet als in ihr Ende. Ich mußte wissen, und ahnte nicht einmal. Gegen Mittag erging ich mich in einem kahlen Garten, dem einzigen auf diesem Südtiroler Berg. Es war still, da wurde ich gerufen: ich meinte, aus meinem Haus. Ich war so wenig vorbereitet, daß mir im ersten Augenblick nicht einfiel: hier ruft niemand mich bei meinem Vornamen. Später am Tage kam das Telegramm mit der Nachricht.

Kaum, daß die genaue zeitliche Übereinstimmung ihres letzten Augenblicks mit ihrem letzten Ruf an mich noch wunderbar erschien. Ich habe sie eher natürlich gefunden, aber so tut das Gefühl. Bei Erklärungen, die keine sind, hielt ich mich nicht auf. Mein Unterbewußtsein? Oder ein Fluidum zwischen Getrennten? Wenn der Sendende mit dem stärksten Akt seines Lebens, dem beschlossenen Tod, beschäftigt ist? Wenn der Empfänger durch hundert Sachen abgelenkt ist vom Empfang der Sendung?

Weiß nicht, ich weiß es nicht. Ich habe mich enthalten – gleich weit von den Geheimnissen und ihrer Profanierung. Soviel ich mich erinnere, habe ich in meinen Schriften den Namen Gottes nie erwähnt.

(*Ein Zeitalter wird besichtigt*, 1946. – Ausschnitt aus *Eine unabweisbare Frage: Gott*)

Sie war sehr schön.

Die Photos werden alle verwendbar sein, mit und ohne Bart, der 1933 verschwindet. Das Bild der achtzehnjährigen Carla: seine Aufnahme in das Buch ist sehr erwünscht; ich bitte um eine Kopie. Ein oder zwei Jahre später ging sie zur Bühne. In einer Vorstadtstrasse von Florenz hatte ein armes Papiergeschäft hinter seine Glastür ihre Ansichtskarten gehängt, überall meine Schwester, koloriert und mit Blumen. Ich habe die Karten lange behalten, auch über ihren Tod hinaus, bis zum Verlust alles anderen Besitzes.

(Brief an Karl Lemke, Los Angeles, 27. Juni 1948)

Lieber Viko,

den besten Dank für das bezaubernde Bildnis unserer Carla. Gerade diese fehlte mir, die Schönheit mit zwanzig Jahren. Jetzt wäre sie 67, und hätte es ungern erlebt. [...]

(Brief an Viktor Mann, Santa Monica, 14. Dezember 1948)

Carla – das Lieblingsbild
von Heinrich Mann, um 1903

Viktor als Fünfjähriger, 1895

Der jüngste Bruder Viktor

Heinrich Manns jüngster Bruder Carl Viktor war der »Nachzügler« der Familie Mann. Er kam am 12. April 1890 in Lübeck zur Welt, war also 19 Jahre jünger als Heinrich. Viktor lebte nach dem Tod des Vaters mit der Mutter Julia in München. Dort heiratete er 1914 Nelly Kilian. Er arbeitete bei einer Bank und blieb während der Nazizeit in München. Viktor wurde durch sein Buch Wir waren fünf, *das die Geschichte der Familie Mann erzählt, bekannt. Das Erscheinen seines Buches erlebte er nicht mehr. Er starb am 21. April 1949.*

Briefe von Heinrich Mann an seinen Bruder gibt es nur wenige.

»Meinem lieben kleinen Bruder«

[...] Wer zum Menschen geboren wurde, soll und kann nichts Edleres, Grösseres und Besseres sein als ein Mensch – und wohl ihm, wenn er weder mehr noch weniger sein will.

Wieland

Und – wer zum Manne geboren wurde ...?
»Carl« bedeutet »Mann«, – und Dein Zuname heisst »Mann«. Und möge auch Dein dritter Name sich bewahrheiten!

Meine innigsten Wünsche meinem lieben kleinen Bruder zu seiner Taufe am 5. Juni 1890.

L[uiz]. Heinrich Mann

(Taufbrief an Viktor Mann, Dresden, 3. Juni 1890. – Heinrich Mann war sein Taufpate)

[…] Deine Familiengeschichte hat mir bisher aufrichtig gefallen, von der Fortsetzung erwarte ich nicht weniger. Alles ist wahr, heiter, anspruchslos, es wird überall willkommen sein. […] Dennoch, wenn ich erraten soll was länger währt, Literatur oder Banken, muss ich wohl Banken sagen.

Unter diesen Auspizien setze ich auf meine Glückwunschliste separat: Deine Baronisierung als Direktor. Lasst es Euch beiden auf das Wohlste ergehen. Mache mir Vergnügen mit Deinen Denkwürdigkeiten und den Anekdoten der Zeitgeschichte.

(Brief an Viktor Mann, Los Angeles, 29. Februar 1948)

»Über den Tod der Mutter«

Lieber Viko,

der Abschnitt über den Tod der Mutter [in *Wir waren fünf*] hat Schönheiten. Die Besonderheit dieses Lebens und Sterbens wird mehrfach fühlbar. Was den Eindruck bestimmt, ist die wahre Ergriffenheit des Sohnes, der hier berichtet. Du warest zweifellos der Scheidenden am engsten verbunden; Dich hatte sie am längsten im Haus behalten. Solange sie einen jungen Sohn aufziehen durfte, waren die Ängste des Alterns noch unterdrückt gewesen; nachher brach die Neigung zur Flucht aus, wie Du sie beschreibst. Diese Zusammenhänge – der Verlust des Lieblings musste einmal eintreten, das Weitere auch – waren vielleicht noch etwas mehr herauszuarbeiten. Damit erklärt sich Dein ungewöhnlicher Zustand an dem Tage; Deine bewährte Beobachtung und genaue Erinnerung versagen hier, die Thatsachen verschieben sich Dir, mir scheint unbewusst. Ist es noch möglich, sollten sie berichtigt werden. 1) Der Wagen, mit dem wir kamen, war kein eigener, auch

Tommy konnte 1923 keinen haben. Es waren Auto und Chauffeur des tschechischen Kohlenproduzenten Konsul Sachs, er hatte sie mir geliehen. Ich war natürlich mit darin, auch meine Frau, auch Tommy: ohne Katia, die grippekrank zurückblieb (Eigene Angabe). 2) Wir verbrachten die meiste Zeit in einem tristen Zimmer mit Warten. Den Tee im Krankenzimmer weiss ich nicht mehr, deutlich ist mir, dass jeder der Söhne gegen Ende einzeln hereingerufen wurde. Die beiden Anderen waren einige Minuten unter vier Augen mit ihrer Mutter, wie Du selbst. Du gewiss mehrmals, wohl auch bewegter. Du warst nicht der einzige Erschütterte. Nach dem Ende seufzte Tommy: Gott, – in der Art, dass es wie »Hott« klang, in der alten lübeckischen Art. – Wirkungsvoll wäre möglichenfalls, wenn Du in einem Schlusswort die verkannten Tatsachen selbst aufzähltest und daran erwiesest, wie ergriffen und entrückt Du gewesen sein musst.

Herzlichst H.

(Brief an Viktor Mann, Santa Monica, 19. April 1949)

»Aus einem trauervollen Herzen« –
Der Tod des kleinen Bruders

Liebe Nelly,

als die Nachricht zu mir kam erstarrte ich, bis die Augen mir heiss wurden: Nichts anderes hätte mich mehr erschrecken können als das Hinscheiden meines guten Bruders, Deines lieben Mannes. Er war so viel jünger als ich, niemals glaubte ich vor meiner Zeit von ihm Abschied nehmen zu müssen. […]

Du trägst den schweren Verlust, liebe Schwägerin. Der beste Lebensgefährte, Du warst gesichert in seiner Anhänglichkeit; sie hat nun geendet mit ihm selbst. Habe Mut, ich wünsche Dir Mut vor allem. Dir sein Andenken zu bewahren, muss ich

Dir nicht wünschen, es bleibt Dir, und bleibt seinen beiden Brüdern, die noch da sind.

Ich grüsse Dich, aus einem trauervollen Herzen.

Aufrichtig

Dein Schwager Heinrich

(Brief an Nelly Mann, Santa Monica, 24. April 1949)

»Sein Erbe war die liebenswürdige Weltgewandtheit des Vaters, den er nicht gekannt hatte.«

Lieber Freund,

heute will ich Ihnen einfach danken für Ihr Mitgefühl bei dem neuen Unheil. Die Nachricht stiess mich vor den Kopf, bevor ich meiner Trauer bewusst wurde. Ein froher, hoffnungsvoller Mann, vor wenig(en) Tagen kam sein letzter Brief, und plötzlich heisst es: nie wieder kommt etwas. Schwer zu fassen, noch schwerer, weil er unser Jüngster war. Fünf Geschwister; zwei sind noch da.

Ich neige zu der Annahme, dass er Vorgefühle gehabt hat, ohne ihnen weiter nachzuhängen. Aber seine Sprache war weicher geworden. Bemerkbar wurde, dass seine Sache nicht so sehr die zeitlichen Geschäfte waren wie seine vergangene Familie. Er war ihr anhängliches Mitglied gewesen, sein Erbe war die liebenswürdige Weltgewandtheit des Vaters, den er nicht gekannt hatte. Das und anderes nahm jetzt zu, wie die tiefen Erinnerungen. Zu seinen alten Brüdern fühlte er sich ungeahnt hingezogen. Er muss darum nicht gewusst haben, er werde ihnen vorangehen. Es ist nur, dass ein 58jähriger sein erstes und letztes Buch schreibt, ihm selbst zum Andenken und uns.

Mit meinem Dank und Gruss, Ihr H. M.

(Brief an Maximilian Brantl, Santa Monica, 28. April 1949)

»Nie vorher hatte er geschrieben«

Lieber Doctor Bendfeldt,

[...]. Die Zwischenzeit war mir nicht günstig. Mir ging es unbefriedigend, und dann traf mich hart der Tod meines Bruders Viko, desselben, dessen Erinnerung an unsere Mutter Sie bemerkt haben. Sein Buch über die Familie erhielt viel Beifall schon vor Erscheinen; er freute sich darauf unendlich; auf einmal muss er fort. Nie vorher hatte er geschrieben, er war Direktor der Bayerischen Handelsbank, 20 Jahre jünger als ich; seine liebevollen Erinnerungen zeigen Vorgefühle an.

Qu'est – ce de nous. Noch kräftig sein und schon abgehen, ist ein Verlust. Als Alternative bleibt: alt werden, bis nichts mehr zu verlieren ist. [...]

Herzlichst

Ihr H. M.

(Brief an Dr. Franz Bendfeldt, Santa Monica, 15. Mai 1949)

»Das Buch unseres Viko«

Liebe Schwägerin Nelly,

ich lese und lese. Du kannst Dir denken, dass es das Buch unseres Viko ist, das mich so sehr anzieht. Es hat einen reichen Inhalt, diese Erinnerungen bleiben bestehen, und das Leben hat sich gelohnt. Es durfte nur nicht abbrechen, gerade hier, wo das Buch endet. Oft sehe ich auf und denke an ihn. Wir haben einander zeitweilig versäumen müssen, aber jederzeit achtete ich seine Art, schon weil sie an unseren Vater nicht nur erinnerte, sondern ihn beinahe wiederholte, erst recht in späteren Jahren. Die frühe Zeit meines Bruders lerne ich aus seinem Buch kennen. Die Darstellung ist so leicht und heiter, wie dann die letzten Erlebnisse ernst und schwer sind. Aber er bleibt fest bei allem was er geliebt hat: das ist das Leben selbst wie es war.

Aber auch Du bist es. Ich lese die Worte zu Deinen Ehren, und lese die Stellen, die für seine Brüder einnehmen wollen. Alles dies, und das Buch selbst, stimmt einen Leser wie mich dankbar.

Wir wollen unsere Gefühle für uns behalten. Wenn wir sie dem Südverlag und damit der Öffentlichkeit mitteilten, würden sie an Wert verlieren und dem Absatz nichts nützen: wir sind die Familie. – Von meinen Büchern könnte ich Dir jetzt nur *Professor Unrat* schicken, aber den hast Du wohl. Mehr hoffentlich von Berlin aus, wenn ich hinkomme.

Herzlich grüsst Dich Dein Schwager Heinrich.

(Brief an Nelly Mann, Santa Monica, 24. November 1949)

Eine Schwäche für Schlager

Liebe Nelly,

Du schenktest mir Manschettenknöpfe, die Viko getragen hat. Auch ich trage sie gern, und an ihn denken, das tu ich viel.

Aus Berlin lasse ich Dir den *Untertan* illustriert schicken. Die Bilder, genau diese, würden Viko gefallen haben. Sie hätten ihn erinnert an »Schlager« von damals, für die wir beide eine Schwäche hatten. […]

Lass es Dir recht wohl ergehen! Mein Geburtstag ist der 27. März. Und Deiner?

H.

(Brief an Nelly Mann, Santa Monica, 8. Januar 1950)

(50J.) Heinrich Mann und sein Bruder Viktor, 1921 (31J.)

Heinrich Mann und die Frauen

Inés Schmied, um 1916

»Meine liebe Nena« –
Briefe an Inés Schmied

1905 begegnete Heinrich Mann der 12 Jahre jüngeren Inés Schmied (1883 – 1976) in Florenz. Die Argentinierin deutscher Herkunft war seine erste große Liebe. Der Autor hat alle ihre Briefe aus jener Zeit aufbewahrt. Von den Briefen Heinrich Manns sind lediglich elf aus dem Jahre 1905 erhalten. Heinrich Mann und Inés Schmied, die er zärtlich Nena nannte, wollten heiraten. Dazu kam es jedoch nicht, unter anderem weil Inés Schmied weiter ihre künstlerische Laufbahn als Sängerin verfolgen wollte. 1909 trennten sich die beiden.

»Ich will immer mit Dir und für Dich leben.«

Meine liebe, liebe Nena!
[…] Weisst Du, als wir glau[b]ten, uns in Venedig wiederzusehen? Ich hatte Dir damals noch nicht gesagt, dass ich Dich liebte; und in der Angst, Dich ganz aus dem Gesicht zu verlieren, drang ich auf dies Zusammentreffen in Venedig. Wie ist es nun seltsam anders gekommen! Ich machte heute früh einen einsamen Spaziergang, einen Olivenhügel hinan und staunte wieder einmal: Ich erinnerte mich genau, wie unmöglich ich immer eine wirklich intime Annäherung an eine Frau gefunden hatte. Dass es bei Dir gegangen ist! Dass ich mich Dir ganz richtig habe erklären können! Dass Du Alles an mir genehmigt hast; und dass Du Die bist, die Zug für Zug mit mir übereinstimmt! (So weit man übereinstimmen muss, wenn man einander lieb hat. Eine völlige seelische Gleichheit

wäre, glaube ich, nicht wünschenswerth; sie würde das Interesse vermindern.) Einem jungen Mädchen nahe zu sein; ihr fast ohne mein Dazuthun, scheint es mir jetzt, und nur durch die Macht unseres inneren Drängens mit jedem Wiedersehen näher gekommen zu sein: Das ist für mich noch immer etwas, ich kann es Dir nicht klarmachen, wie Unbegreifliches und Zauberhaftes. Das heisst: Das Unbegreifliche, Zauberhafte bist Du, meine Nena!

Ich habe jetzt Muße, über den Stand der Dinge nachzudenken. Ich arbeite nichts, und was meinen Geist anregen kann, führt schliesslich immer zum Gedanken an Dich. Heute beendete ich die Lektüre eines sehr, sehr feinen Romans von Jean Bertheroy (soll ich Dir das Buch schicken?) Es ist die Geschichte einer Frau, für die es ewig bei Sehnsucht bleibt. Sie kommt nicht zu Liebe, weil sie ihr Geschick zu eigenmächtig lenken möchte und sich nicht in die Liebe ergibt. Wir haben uns in sie ergeben, nicht wahr? Sie ist Verzicht auf unsere Eigenmacht; sie verpflichtet uns einem andern Wesen; – aber mir wird angstvoll beklommen, wenn ich denke, ich könnte je wieder ungebunden und pflichtenlos dastehen. Du sollst mein Gesetz bleiben; ich will immer mit Dir und für Dich leben: Das bestätigt sich jetzt, in der Abwesenheit, ganz fest in mir; und Sorgen macht mir nur die Furcht, Dich irgendwie zu enttäuschen, Dir nicht zu genügen, Dir manchmal flau vorzukommen, Dir Misstrauen zu erregen. Hältst Du das für möglich? Bin ich Dir auf jeden Fall recht? Schreibe mir, wie Du jetzt, aus der Ferne, über uns Beide denkst, und ob Du jetzt, nach einigem Besinnen, Dich mir noch so stark verbunden weisst, wie ich mich Dir. Sage mir's! Ich will Dich sehr, sehr lieb haben, mein Leben lang. Es befällt mich zum Voraus eine Unruhe aus Reue und Angst, wenn ich mir vorstelle, ich könnte Dich jemals nicht lieb genug haben.

Sage mir auch, wie Du die schlimmsten Trauertage überstanden hast: Du musst doch jetzt zurück sein in Florenz;

und ob Dir nicht zu einsam zu Sinn ist. Bitte, denke lieber daran, dass ich Dich lieb habe, als an Deinen Schmerz!

Wie steht's mit Deiner Stimme? Bleibt die Landi [Inés Schmieds Gesangslehrerin] dort? Deine Mama meinte heute, wenn sie nach London geht, könntest Du den Sommer dort sein und im Winter in Italien. Ich vermuthe, es würde Dir aber nicht passen, das halbe Jahr lang Dein Studium liegen zu lassen. Und unsere Heirath würde dadurch noch mehr verzögert!

Hier bekommst Du nun zwei Fläschchen mit Pillen. Von der einen Art musst Du nüchtern eine Stunde vor dem Frühstück nehmen, von der andern eine Stunde vor dem Abendessen, nachdem Du mehrere Stunden lang nichts gegessen oder getrunken hast. Befolge dies, bitte! Ich habe dem Doktor Deine Symptome genau beschrieben, und er ist der Meinung, nach einigen Wochen muss sich die günstige Wirkung zeigen. Denke Dir, dass Deiner Mama neulich ein Anfall von Magenschmerzen mit Hilfe gewisser Pillen vergangen ist! Für die Nasendouche lege ich das Recept bei, das meiner Schwester geholfen hat. Vor den Pickpillen warnt Dich der Doktor! Trinke, solange Du die homöopathischen Mittel nimmst, keinen Wein und keinen Kaffee! Den Thee hast Du wohl ganz aufgegeben? Und verzeihe mir diese Einmischung in Deine Gesundheitspflege. Du darfst nicht krank werden! Deine Mama (die über vieles sehr gütig und vertrauensvoll mit mir spricht) sagt jetzt, dass sie für Juli und August in die Nähe von München ins Gebirge will, und Dich, falls Du Florenz nicht mehr verträgst, dorthin rufen will. Ich würde Dich dann sehr bald wiedersehen können; aber um diesen Preis will ich's nicht. Ich will lieber, dass Du Dich pflegst und ganz gesund wirst: wenn wir dann auch erst Ende August zusammenkommen. Sage mir, wie Du über Alles denkst!

Ich küsse Dich, meine liebe kleine Nena. Dein

H.

Ich küsse Dich, wie ich Dich zuerst, am Abend des 12. April, unter einem Hausthor in Mailand geküsst habe. Und ich küsse Dich, wie ich Dich in der Nacht nach dem 28. Mai im Hotelzimmer in Spezia geküsst habe!

(Brief an Inés Schmied, Riva, 9. Juni 1905)

»Wir sind Menschen, die das Talent haben,
sehr glücklich zu sein.«

Meine liebe, liebe Nena!

Es geht Dir nicht gut, ich wollte, ich könnte Dich jetzt ein wenig zerstreuen. Gestern Abend, nachdem wir eine Spazierfahrt gemacht hatten, gingen Deine Mama und ich einen mit Gras bewachsenen Weg am See hin und her und sprachen lange von Dir. Ich war glücklich, immer wieder Deinen Namen zu hören und aus dem Munde Deiner Mama Dein Lob zu hören, wie ich's selber im Herzen trage. Du seist sehr aufrichtig, sagte Deine Mama; und es sei nichts in Dir, was nicht grossmüthig wäre. Ich wusste das. Ich weiss, was für ein gutes und feines Geschöpf Du bist, und dass Du den Charakter Deiner Stimme hast. In solchem schönen, vollen Alt liegt so viel Güte und Redlichkeit. Dass Du zu allem Andern auch noch singen kannst! Das sei sehr selten, sagte Deine Mama: ein Talent in einem guten Wesen. Und ich weiss, wie sie recht hat, und dass Künstlerinnen häufig eine unweibliche Härte und einen an Stumpfsinn grenzenden Egoismus bekommen. Wir wunderten uns Beide, Deine Mama und ich, dass Du so reich bist. Sie war sehr stolz auf Dich, und ich auch.

Du wirst mich nicht im Verdacht haben, dass ich Dir Complimente mache. Ich sage, was ich fühle. Einer andern müsste man's vorsichtiger ausdrücken; Du aber schätzt Dich selbst, glaube ich, zu niedrig ein; man darf Dir getrost eine höhere Meinung über Dich beibringen.

Das gestrige Gespräch mit Deiner Mama hat mir vielleicht noch mehr Zärtlichkeit eingegeben. Heute früh habe ich wieder ganz warm den Drang gespürt Dich in die Arme zu nehmen und Dich recht fühlen zu lassen, wie lieb ich Dich habe, wie sehr Du Dich auf mich verlassen kannst! Ich möchte das, fern von Dir, irgendwie seelisch ausströmen. Das gütige Wesen Deiner Mama, das täglich um mich ist, beeinflusst mich auch; und es kommt mir die Sehnsucht, etwas zu schreiben, worin recht viel Güte wäre: etwa den Lebenslauf einer Frau, der voller Liebe und Opfer wäre. Aber ich bin jetzt ohne Erfindung.

Wir müssen von Deinem Befinden sprechen: ich werde versuchen, dem Doktor Deine Kopfschmerzen zu schildern, und vielleicht gelingt es ihm, sie mit den übrigen Symptomen in Zusammenhang zu bringen und etwas Passendes dagegen zu finden. Aber es wird schwer sein; erst wenn er Dich hier untersuchen kann, darfst Du sicher sein, dass er Dir hilft. Mache nur, bitte, noch etwas nähere Angaben über Dein Allgemeinbefinden gelegentlich dieser Kopfschmerzen! Und sei nicht so niedergeschlagen, meine liebe kleine Nena! Wir sind Menschen, die das Talent haben, sehr glücklich zu sein. Als Ersatz kann es uns auch recht schlecht gehen. Weisst Du: wenn mir's jetzt schlecht geht, sehe ich Das als gebührende Compensation an für das viele Gute, das ich letzthin durch Dich genossen habe, meine Nena! Mache es auch so, wenn Du kannst! Und lass Dich durch die Landi nur ja nicht zur Verzweiflung an Deiner Stimme treiben. Das Talent hat seine Vorsehung: glaube das! Wenn nicht meine Bücher hätten geschrieben werden sollen, hätte ich schon zehn Mal draufgehen können. Um meiner selbst Willen bin ich sicherlich nicht erhalten worden. (Vielleicht doch: damit ich Dich lieben sollte!) Die Lieder, Nena, die Du in Dir hast, sollen gesungen werden. Deine Stimme soll in Kirchen (wie damals in der von Regelen) und Sälen erschallen, und soll Menschen, die sonst gemein und trostlos wären, eine Ahnung von Schönheit und Güte vermitteln. Weder Erkältungen noch Nervositäten werden Dich hindern, zu werden, was Du werden sollst ... Aber das kannst Du glauben, dass ich Deinen augenblicklichen Zustand (oder hoffentlich ist er jetzt schon vorbei) gründlich verstehe: sich durch's Leben schleppen, das ist es. Sage mir immer Alles, was Dir fehlt, meine Nena, ich danke Dir für Dein Vertrauen; und sage mir auch, ob Dir nach meinem Brief ein wenig wohler zu Muth wird: ich würde mich so sehr freuen.

[...]

In Liebe Dein

Heinrich.

(Brief an Inés Schmied, Riva, 27. Juni 1905)

»Ohne Dich habe ich keine Familie.«

Meine liebe, liebe kleine Nena!

Es ist nicht lustig ohne dich; das darfst Du glauben! Nach der Abfahrt, vorgestern Abends, war mir zuerst nur dumpf und beklommen zu Muthe. Dann wurde ich, in Gedanken an das zuletzt Besprochene von einer Art zorniger Verzweiflung gepackt. Von Anderen, sagte ich mir, denen ich nahe stand, habe ich mich zurückgezogen, weil sie meine Bücher ablehnten, weil sie nicht begriffen, dass Mensch und Künstler im Grunde eins sein müssen, oder dass doch die Bücher aus gewissen, vielleicht unglücklichen Umständen des Menschen hervorgehen müssen. Die Bücher ablehnen, heisst also, von dem Menschen nur das Glückliche wollen, ihn nur oberflächlich wollen, sich wenig für ihn interessiren. ... So machten es Andere; – und so macht es nun Die, Die ich liebe (sagte ich mir) und mit der ich eins werden möchte! Das ist ja namenlos schrecklich! Ich sah wirklich einen Augenblick Trennung von Dir und völlige, endgiltige Vereinsamung voraus. Dies muss ich Dir beichten, Du musst sehen, wie Schlimmes ich durchgemacht habe, vielleicht als Buße für die allzuschönen Tage – und Nächte – in Abetone! Dann aber, während der Fahrt durch die Sehnsucht machende italienische Nacht – die Häuser lagen, mit einer mondgrellen Fassade, in schweres Laub gebettet – kam Dein Wesen, meine liebe, liebe Nena, und Deine Liebe wieder auf mich zugefluthet und ich wusste von Allem in der Welt wieder nur Dies. »Ich habe sie lieb und will sie nie, nie verlieren! Selbst wenn sie von Dem, was ich mache, nichts verstände. Aber die Wahrheit ist, dass ich, seit ich sie liebe, nicht mehr Derselbe bin, und nicht mehr Dasselbe schreibe. Was ich jetzt schreibe, wird sie hoffentlich verstehen, denn es entsteht durch sie. Es wird unendlich besser sein, denn sie macht mich unendlich besser. Übrigens werde ich es ihr erklären: auch das Frühere. Sie wird (sie ist ja so gescheit!) erkennen, dass es bei einem gewissen Nerven- und Geisteszustande lügnerisch wäre, wollte man die Natur einfach und schlicht wiedergeben. Dass Fieberhaftigkeiten, Grotesken, Gewaltsamkeiten unter Umständen das einzig Echte und Redliche sind. Und ob sie dies dann mag oder nicht: Hauptsache ist, dass sie Den mag, der sie einfach in die Arme nimmt und sie seine liebe, liebe Nena nennt. Das Beste von mir ist wahrscheinlich dies: Dass ich sie lieb habe. Und dafür hat sie Sinn.« … Als ich mir dies recht klar gemacht hatte, fuhr ich um Vieles glücklicher durch die Nacht.

Schlafen ging nicht, ich habe in meiner Ecke gesessen, Deinen Fächer bewegt und an Dich gedacht. […] – Meine liebe, liebe Nena, ich bin Dein für immer. Sieh aus meinen heutigen Worten und den tiefen Sorgen, von denen sie berichten, wie wichtig ich Deinen Geist, wie wichtig ich *Alles* von Dir nehme; und dass Du mir nicht ein Kind bloss, von dem man Unterhaltung will, bist. Aber dennoch ist es eigenthümlich süss, nachzuahmen, was Du manchmal für kleine Kinder- und Vogellaute hervorbringst. Du glaubst dann doch nicht, dass ich spotte? Bitte, nicht! Es ist mir dann, als tränke ich Dich. Und ich möchte Dich ganz in mich aufnehmen, ich habe Dich lieb, meine liebe, liebe Nena!

Dein Heinrich.

[...] Meine verheirathete Schwester [Julia] fand ich bei schlechtem Befinden, der Empfang war flau. Sonntag soll auf dem Lande ein Familientag sein. Ich werde Dich hinzu denken. Ohne Dich habe ich keine Familie.

Diese Nächte in Abetone, erscheinen sie nicht auch Dir nur halb noch wahr?

(Brief an Inés Schmied, München, 13. Juli 1905)

»Vielleicht heiraten wir Ende Juni.«

Damit muss ich schon wieder schliessen. Ich reise nach Meran [...], um meine Verlobte zu besuchen. Denn ja, ich habe mich verlobt. Es ist ein bisschen spät geworden, aber ich hatte nicht früher eine passende Gelegenheit. Meine Braut heisst Inés Schmied, ist Tochter eines Geschäftsmannes in Buenos Aires, und wir haben uns in Florenz kennengelernt. Vielleicht heiraten wir Ende Juni.

(Brief an Ludwig Ewers, München, 15. April 1908)

»Ich liebe Sie wie mein Schicksal.« –
Edith Kann

*Wir wissen nicht viel über Edith Elisabeth Kann (1880–1967),
in die sich Heinrich Mann im Frühjahr 1911 verliebte. Edith
Kann stammte aus Wien, sie war verheiratet und hatte eine
kleine Tochter, Ellen. Die beiden mussten ihre bis 1912 dauernde Beziehung geheim halten und konnten nur wenige
gemeinsame Tage im Juli in dem belgischen Seebad Blankenberghe und im September 1911 in dem oberitalienischen Cer-
nobbio am Comer See verbringen. Der Briefwechsel zwischen
Heinrich Mann und Edith Kann hat sich erhalten. Während
ihrer Liebesbeziehung verfasste der Autor das Theaterstück
Die große Liebe.*

*»Sie sind für mich die Klarheit selbst
und meine ganze Hoffnung.«*

Meine liebe Edith,

Dank für die gute Nachricht; Sie sind also, während wir zusammen waren, wirklich schöner geworden, nicht nur in meinen Augen (ich sagte es Ihnen täglich), sondern in denen der
Andern? Sie sehen auch daraus, wohin die Natur Sie weist. Ich
habe, denke ich an Sie, kein Chaos zu bewältigen. Sie sind für
mich die Klarheit selbst und meine ganze Hoffnung. Sie unter-
schätzen meinen Ernst, wenn Sie es für möglich halten, dass ich
hier Ihren Namen ausspreche. […] Ich vertraue mich keinem
an, dafür glaube ich zu wenig an ungebrochene Gefühle.

Auch gegen Ihres, ich weiss wohl, kämpft Manches in Ihnen.

Edith Kann, um 1920, Zeichnung

Aber es ist doch Liebe, das Einzige, was das Chaos lichten kann. Und ich habe auf der ganzen Welt nur zu Ihnen Vertrauen. Lassen Sie die Probezeit wirken, und dann, nicht wahr? geben Sie das Fragen und Kämpfen auf. Es ist gut, weil aufklärend, dass Sie aus Triest Besuch bekommen haben. Wie geht es seitdem?

Ich denke immer an Sie, – so dass aus der Scene, an der ich jetzt schreibe, etwas ganz Neues geworden ist, ein Anruf an sie, eine Ermuthigung. Ihr Bild (das, worauf Ellen sich an Sie lehnt) steht vor mir; es hat genau Ihre Augen, und die Lippen sind halb offen.

Ich wünsche mir, immer unter Ihren Augen und nahe bei Ihrem Athem zu leben. Ich liebe Sie.

H. M.

(Brief an Edith Kann, München, 24. Mai 1911)

»Ich möchte Sie in jeder Zeile meine Geliebte nennen«

Meine liebe, liebe Edith,

heute werde ich Ihnen wohl einen dummen Brief schreiben, denn ich weiss nichts weiter zu sagen, als dass ich Sie liebe. Ich folge Ihnen immer: – beim Blumenkorso, in Ihrem Salon, durch Wien, ich folge Ihnen mit der Seele und auch mit meinen eifersüchtigen Sinnen. Die schöne Frau in ihrem weissen Wagen hat also unter den tausend Blicken doch noch an mich gedacht? Ich bin sehr stolz. Bei der Dazwischenkunft des Triestianers hat sich mir ein wenig das Herz zusammengezogen, ich gestehe es. Aber wenn kein anderer Mann Ihnen mehr eine Wallung verursachte, dürfte ich dann so stolz sein, weil Sie mich vorziehn? Ich weiss, dass ich bei Ihnen eine gefährliche Position habe, – und ich werde mich hüten, Ihnen zu sagen, dass die Ihre bei mir weniger gefährlich ist. Das wäre unvorsichtig. Ich sage nur, dass ich Sie liebe: für all Ihre Aufrichtig-

keit und Güte, für Ihre süsse Stimme, Ihren Blick und alle
Freude, die ich von Ihrer Nähe, Ihren schönen Händen, Ihrer
Liebe gehabt habe. Erlebnisse verpflichten. Wir schulden es
unserm Schicksal, nichts zu vergessen, nichts zu versäumen.
Dies käme niemals wieder. Meine liebe Edith, heute ist schon
der zehnte Tag, dass wir uns nicht sahen; lassen Sie es höchstens noch 20 sein. Machen Sie's, wie es geht. Möchte Ihr Bruder Glück haben! Wir dürfen nicht darben. Das Leben vergeht, dies käme nicht wieder. Ich möchte Sie in jeder Zeile
meine Geliebte nennen, aber darf ich's? Eine Freundin will ich
nicht. – Ich liebe Sie, ich liebe Sie und sehne mich nach Ihnen.

H. M.

(Brief an Edith Kann, München, 30. Mai 1911)

»Ich denke immer an Sie.«

Meine geliebte Edith,
   seit ich Ihren Brief gelesen habe, bin ich wieder glücklicher.
Sie wissen, dass die Fahrt nach Brüssel mich erschüttert hatte.
[...] Die Stunden, in denen wir uns sehr lieben, sind keine
»schwachen Stunden«: es sind unsere stärksten. Die Liebe, die
ihrer selbst nicht immer sicher ist, bleibt die werthvollste.
Durch Sehnsucht allein wird man gross. Was wären Sie, wenn
Sie Eine aus jener alten, vornehmen Kaste wären? Eine andere
Edith würde Ihnen mit Sehnsucht nachschauen und wäre so
viel mehr. Der Besitz macht stumpf und dumm. Ich besitze
nichts; Sie nicht und auch meine Kunst nicht. Sooft mir etwas
gelang, empfinde ich, dass dies schon gar nicht mehr mein ist;
dass ich allein und ohnmächtig bin und neu anfangen muss, zu
erobern. So will ich Sie immer neu erobern. Sie sind mir bestimmt, wie die Werke mir bestimmt sind. Ich liebe Sie wie
mein Schicksal. (Sie sagen mir in Ihrem Brief dasselbe, sehe ich:
nur einfacher und schöner.)

Ich liebe Sie, meine liebe Edith.

Erholen Sie sich ganz! Alles Gute für Ellen, die ich grüsse. Bereiten Sie, bitte, sehr bald nach der Ankunft Ihres Gatten mein Kommen vor und lassen Sie dann sogleich ein Zimmer in Ihrem Hotel reservieren.

Ihr H.

Ich muss Ihnen noch sagen, dass mir heisse Schauer kommen, denke ich nur daran, dass Ihre schönen Hände diesen Brief öffnen werden. Ich sehne mich nach Ihnen.

(Brief an Edith Kann, München, 3. August 1911)

»Wir hängen von einander ab«

Meine wundervolle Edith,

Ihre beiden Briefe enthalten einige Worte, die mich berührten, als wenn Ihre beiden (nun wieder gleich schönen) Hände mein Herz liebkosen würden. Ich denke immer an Sie. Gestern am Land bei Bekannten, unterwegs, während der Arbeit sogar, ich erinnere mich immer: Edith und ich, wir lieben uns; und es ist, als würde ich mir jedesmal wieder neu bewusst, dass ich eine Heimath habe. Trotzdem: die weltliche Stütze muss geschaffen werden. Meine Freude von neulich war vielleicht doch auch Ablenkung von der Furcht, die Sie ausdrücken. Wir müssen viele gemeinsame Bekannte haben, und ich muss in Wien wohnen. Wir werden sehen.

Zur Zeit (darf ich einmal hochmüthig sein?) bin ich fast sicher, dass der mörderische Conte Ihnen grade so ungefährlich ist, wie mir das Fräulein Popper, (die von irgend Jemand gehört haben muss, ich sei in Blankenberghe.)

Meine liebe, arme Edith, lassen Sie die Kopfschmerzen nicht zu arg werden. Wenn Sie sich jetzt, innerhalb einer Woche, nicht akklimatisirt haben, ist es kaum mehr zu hoffen, und Sie müssen tiefer hinabgehn. Mir ist Alles recht, was Sie wählen wollen. Aber ich möchte nicht zusehen, wie Sie leiden. Der Gedanke ist schon ein Schatten in dem Glück, das Ihre Briefe mir bringen. Bevor der erste kam: ich gestehe es, mir war nicht weniger angstvoll zu Muth als Ihnen. Wir hängen von einander ab; wir haben nicht mehr selbst unser Herz zu hüten, sondern Einer das des Andern. Ich würde die Verantwortung nicht ertragen, wenn ich nicht wüsste, wie sehr ich Sie liebe.

Ihr
H.

Schreiben Sie mir bald, ob und wohin ich kommen darf, und wie oft ich noch schreiben darf. Kommen die Briefe direkt in Ihre Hände? – Es ist sehr heiss. Das Stück ist vom Dresdner Hoftheater einverlangt worden, sonst weiss ich noch nichts.

(Brief an Edith Kann, München, 7. August 1911)

Die schöne Schauspielerin aus Prag –
Heinrich Manns erste Frau Mimi

Heinrich Mann lernte Maria Kanová (geb. 1886) 1912 bei den Proben zu seinem Stück Die große Liebe *am Deutschen Theater in Berlin kennen. Er verliebte sich in die schöne Schauspielerin aus Prag, die er zärtlich Mimi nannte. Am 12. August 1914 heirateten Heinrich Mann und Mimi am Schliersee. Thomas Mann war wegen der Kriegswirren nicht zur Hochzeit gekommen. Zwei Jahre später, am 10. September 1916, wurde ihre Tochter Leonie in München geboren. Mit den französischen Freunden Félix, Celine und Pierre Bertaux verbrachte die Familie viele glückliche Sommer in Frankreich.*

Nach der Trennung im Jahr 1928 blieben Mimi und Leonie weiterhin in der gemeinsam bezogenen Wohnung in der Leopoldstraße 59 in München. Heinrich Mann zog nach Berlin. 1930 ließ sich das Ehepaar scheiden. 1933, kurz nach Heinrich Manns Emigration nach Frankreich, flüchteten Mimi und Leonie Mann nach Prag. Dort lebten sie weiterhin von den spärlichen Geldzuwendungen, die ihnen Heinrich Mann zukommen lassen konnte. Alle seine Konten waren gesperrt worden, die Wohnungen beschlagnahmt. 1940 wurde Mimi Mann von den Nationalsozialisten in das Konzentrationslager Theresienstadt verschleppt und kam 1944 wieder frei. Sie starb am 19. April 1947 an den Folgen der Haft.

»Ich finde Dich hübsch und lieb«

Liebe Mary, – oder soll ich Dich Mizzerl nennen, oder vielleicht Mimi? Bis jetzt hast Du nämlich noch keinen Namen, ebenso wenig wie ich: wir brauchen uns beide nichts einzubilden. Ich glaube, ich werde mich für Mimi entscheiden, mit dem Ton auf dem zweiten i. [...]

Und wie ist es mit der Liebe? Bist Du noch ebenso gesinnt? Ich sehe oft Deine Bilder an, ich finde Dich hübsch und lieb, und ich freue mich auf Dich. Vielleicht sollen wir uns wirklich lieb haben? Wie es wohl kommt! [...]

Ich küsse Dich auf Deinen weichen Mund (möglichst ohne zu picken) und bin Dein

(Namenslos)

(Brief an Mimi Kanová, München, 21. Februar 1913)

»Bisher ist mir immer alles unter den Händen weggebrochen.«

Meine liebe kleine Mimi,

es ist sehr schön, dass mein Brief Dich glücklich gemacht hat. Ich wünsche mir, dass ich Dich für immer glücklich machen könnte. Du glaubst es nicht, wie sehr ich mich nach Dauer sehne. Bisher ist mir immer alles unter den Händen weggebrochen. Aber vielleicht sind es grade die grossen Vorsätze und Versprechungen, die gefährlich werden, sobald die Erfüllung da ist. Du darfst mich vorläufig nicht gar zu ernst nehmen: vielleicht enttäusche ich Dich dann günstig. Vielleicht bist Du wirklich Die, die Geduld mit mir hat, und es ist uns bestimmt, mit und durch einander ein gutes Leben zu führen und eine schöne Liebe. Nur vorläufig und ich bitte Dich, hüte Dich, ja zu viel zu erwarten und steigere Deine Gefühle (die mich so glücklich machen) noch nicht zu sehr. Es wäre mir ein grosser Schmerz, wenn Du nachher enttäuscht würdest. Ich

Mimi Kanová, 1912

sehe auf Deinen Bildern immer wieder in Dein schönes, leidenschaftliches Gesicht, das ein tiefernstes Herz verräth. Ich sage mir, dass man ein solches Geschöpf sehr, sehr lieb haben muss, damit es glücklich ist, und ich bin bereit dazu. Ich träume, wie Du, von unserem Wiedersehn, von unserer Reise: ein schönes kleines Versteck irgendwo in Italien, und die Küsse auf Deine weiche weisse Haut, und unsere Gespräche. Denn glücklicherweise, wir können miteinander reden, unsere Interessen berühren sich und auch wenn wir uns zeitweilig gar nicht sehen sondern nur unsere Arbeit thun, thun wir noch etwas, *was* den Anderen freut. Für mich wäre das eigentlich etwas ganz Neues: eine Frau, die mir wirklich gefiele und mit der sich auch innerlich eine Verbindung fände. Du glaubst nicht, wie schwer das (für mich) ist. Es wäre sehr schön.

Liebe, kleine Mimi, wir kennen uns erst so kurz, aber Du bist mir jetzt schon die nächste, denn ich glaube an Dich.

Ich küsse Dich (vorsichtig) auf Deinen süssen, vollen Nakken, und auf den Beginn der Brust, wie an unserem letzten Abend, und dann auf den Mund.

Dein (sagen wir)

Henri

An einen gewissen schwarzen Blick denke ich immer, [...] im Hôtel de Russie, wo wir so gut allein sassen. Du hieltest den Kopf schief über Deiner weissen Schulter, und warst in diesem Augenblick besonders reizend. – Jetzt sage ich nichts mehr, sonst wirst Du übermütig.

(Brief an Mimi Kanová, Partenkirchen, 25. Februar 1913)

>>*Dass ich dann meine Pummi wieder habe!*<<

Jetzt ist es hier wieder regnerisch; in München, wie ich höre, Schneesturm. Meine Mutter schreibt mir aus Polling. Wir werden noch tüchtig heizen müssen in unserer grossen Wohnung!

Aber ich freue mich doch auf die Annehmlichkeiten, und dass ich dann meine Pummi [Mimi] wieder habe! So viele schöne Wäsche wird sie haben, und über den langen Corridor kugeln, wenn ihr etwas nicht passt, und wird den treuen Mann füttern, und er wird seine Frau lieb haben, und ihr dankbar sein.

(Brief an Mimi Kanová, Nizza, 20. März 1914)

»Unser Poppi«

Unser Poppi [die Tochter Leonie] habe ich braun, dick und fröhlich gefunden. Es schwatzt laut, lacht fast immer, und hat ein Zahnderl, noch vor Ende des zehnten Monats. Alles normal u. gesund. Möge es immer ein so glückliches Leben haben! Seine liebe Mama wird ihm auch gesund wiederkommen, u. viel ruhiger als früher, daran glaube ich bestimmt! Ich wünsche Dir mein Liebes, dass Du alles viel leichter nimmst. Auch ich bemühe mich; man muss durchkommen.

(Brief an Mimi Mann, München, 3. Juli 1917)

Unser Kleines ist glücklicherweise immer wohl. Es hatte sich sehr auf Dich gefreut und telephonierte auf seine Art mit Dir. Deine Karten hebt es alle auf. Heute Abend ist es sehr beschäftigt, denn es badet, und hierauf isst es in seinem frischbezogenen Bettchen seine Rühreier. Wir haben vorhin zusammen gemalt, den Brief an Dich geschrieben und alle Märchen erzählt.

(Brief an Mimi Mann, München, 7. Februar 1920)

Familienurlaub in Frankreich

Wegen Cauterets bin ich noch unschlüssig. Das Hotel Victoria, das mir geantwortet hat, scheint mir recht annehmbar. Indessen hat meine Frau wenig Lust, eine sehr lange Reise zu machen, um dann, einmal angelangt, nur eine verhältnismässige Bequemlichkeit vorzufinden. Sie ist gegenwärtig sehr deprimiert. Jetzt ist sie gerade zur Kur in Franzensbad, wo sie ihre Eltern besucht hat. Sie fand ihren Vater stark gealtert, ich glaube, dies ist der Grund, weshalb sie nicht weit fort reisen möchte. Ich könnte sie notfalls überreden, mich in ein Palace zu begleiten, selbst in ein ferngelegenes, aber die Zeiten sind nun einmal schwer, das wissen Sie so gut wie ich.

(Brief an Félix Bertaux, Bad Gastein, 8. Juni 1927)

Mein lieber Freund,

Dank für Ihre Nachrichten. Ich habe mit der Antwort an Sie gewartet, bis unsere Abreise feststand. Nun haben Madame Mann und Goschi ihre Schlafwagenbillets nach Paris und München. Das sagt ihnen mehr zu als die kleine Reise, die ich noch vorhabe. Wir brechen hier am 26. August auf. Ich fahre vorerst nach Pau und von da aus an einen Ort, den Sie mir, wie ich hoffe, angeben werden, um mich dort mit Ihnen zu treffen. [...]

Unterdessen haben Sie den Bären gejagt, ja Sie werden ihn sogar erlegt haben, und wenn wir uns sehen, bringen Sie mir doch ein ganz kleines Stück vom Schinken mit, er soll köstlich sein! Biarritz, wo es an Bären mangelt, ist dessen ungeachtet ein angenehmer Aufenthalt. Meine Frau lebt sich langsamer ein, nun aber möchte sie die Bekanntschaft mit dieser wunderbaren und vielgestaltigen Gegend nicht missen. Wir haben St. Jean de Luz gesehen, eine Idylle, und den wundervollen Rhune-Ausflug gemacht. Als wir auf dem Gipfel angelangt waren, hob sich der Nebel für uns gleich einem Theatervorhang. Fräulein Goschi-Léonie ist hier sogar noch glücklicher als in anderen Badeorten; der alleinige Grund dafür ist, dass sie viele Spielgefährten gefunden hat. Es sind alles französische Kinder, aber nun kann sie mit ihnen sprechen.

(Brief an Félix Bertaux, Biarritz, 17. August 1927)

»Da kam auch noch die Frau,
an der ich nicht vorbeigehen konnte.«

Lieber Doctor Brantl,

Ihr Brief ist wahrhaft freundschaftlich, ich danke Ihnen dafür, wie für alle in langer Zeit mir erwiesene Freundschaft.

Die Sache selbst aber liegt nicht so, als wäre ich einfach ohne vorangegangene Zeichen aus der Ehe ausgebrochen. Sondern ich wusste mir in einer Ehe, die erlahmt und ziemlich peinvoll wahr, schon keinen Rath mehr, da kam auch noch die Frau, an der ich nicht vorbeigehen konnte. Sie wissen nicht, was ich in den sechs Wochen von Ende Oktober bis Anfang Dezember durchgemacht habe, die Haare sind mir grau davon geworden. Es war nicht ganz der Rausch, den Sie voraussetzen. Während meine Sehnsucht bis zur Angst ging, hatte ich auf der anderen Seite die furchtbarsten Angriffe auszuhalten, und was ich auch that, wurde zum Verbrechen gestempelt. Sonst wäre alles vielleicht vorbeigegangen, das kann ich heute nicht mehr entscheiden. Eine Leidenschaft wird von Widerständen vertieft; andererseits verhinderten die Widerstände mich, noch rückwärts zu sehen.

Heute sehe ich rückwärts und muss mich sehr zusammenraffen, um den Gedanken an das Kind ertragen zu können. Ich bedauere auch die zerstörte Ehe, aber in diesem Augenblick kann ich sie nicht zurückwünschen. Beide Frauen lassen das nicht zu, die verlorene und die, die ich habe. Diese ist nicht das flüchtige und zum Vergnügen bestimmte Geschöpf, das man Ihnen wahrscheinlich geschildert hat. Sie geht im Gegentheil daran, sich mit mir sehr ernsthaft das Leben einzurichten. Was sie anderes zu erleben hatte, hat sie hinter sich, ich übrigens ebenso. Wir wollen einander lieben, aber wollen auch arbeiten, jeder auf seiner Seite, womöglich auch zusammen. Diese Frau ist arbeitsam und dem Leben gewachsen, sie braucht mich nicht anders, als weil ich sie liebte und weil sie mich vertrauens-

Trude Hesterberg mit handschriftlicher
Bemerkung von Mimi Mann:
»Hier meine Nachfolgerin«

würdig fand. Sie hatte es schon verlernt, sich anzuvertrauen, es war auch schwer, sie zu gewinnen.

[…] Sie ahnen, lieber Freund, den Gang der Dinge jetzt schon besser. Ich empfand, als ich diese Frau zu lieben begann, das Schicksal selbst. Ich handelte nicht, ich wurde geführt. Die Frau war noch ahnungslos und erschrak wohl sogar, als sie merkte, wohin die Dinge gehen wollten. Sie fasste ihren Entschluss spät, aber dann fest. […] Die Trennung von dem Kind und die Furcht vor seinem Urteil sind das Schwerste. Es soll wieder krank sein, und ich konnte es doch nicht sehen. Ich bitte Sie: wenn Sie am zweiten Feiertag in München sind, sehen Sie nach dem Kind! Behandeln Sie alles hier Ihnen Anvertraute mit grösster Vorsicht, aber berichten Sie mir über Gesundheit und Gemütsverfassung des Kindes, wie es von mir denkt und ob ich es mir noch zurückgewinnen könnte.

Ich bitte um Ihr Verständnis, Ihre Hilfe und begrüsse Sie herzlichst, Ihr

H. Mann

(Brief an Dr. Maximilian Brantl, Berlin, 23. Dezember 1928. – 1928 war Heinrich Manns Ehe am Ende. Er verliebte sich in die Schauspielerin Trude Hesterberg.)

>>*Meine Ehe war längst nicht mehr lebendig,*
nur das Kind erhielt sie noch.<<

Lieber Freund,

Ihr Brief ist das schönste Zeichen der Freundschaft, das ich in dieser schweren Sache empfangen habe. Wie für alles andere, fühle ich mich auch für diese Theilnahme Ihnen tief verpflichtet. Sie trauen mir wohl zu, dass ich nicht ohne inneren Zwang, auch nicht einmal ohne den Druck der Umstände gehandelt habe. Meine Ehe war längst nicht mehr lebendig, nur das Kind erhielt sie noch. Sonst blieben mir allein Geduld und

Verzicht übrig. Auch damit kann man lange auskommen. Die Arbeit ist dann freilich nicht mehr freudig genug, und die Sorgen werden schwerer getragen. Meine Frau aber zeigte mir überdies ihre Unzufriedenheit zu oft und zu heftig, die nothwendige Ruhe verliess mich. Dennoch habe ich selbst tiefes Schweigen beobachtet über meine häuslichen Verhältnisse. Das setzt mich jetzt ins Unrecht. Das thatsächliche Unrecht an der Trennung der Ehe ist ohnehin bei mir. Ich werde auch niemals meine Frau beschuldigen. Sie hat trotz allem immer zu mir gehalten, ich weiss, was ich damit verliere. Sie hatte daher recht, rücksichtslos zu kämpfen, als sie die Gefahr sah. Grade damit hat sie mich wahrscheinlich noch tiefer hineingetrieben. Aber es lag nicht daran. Sondern zuerst war die Ehe unbefriedigend, und dann erschien eine in meinem Dasein ganz einzige Liebe. Ich bin schon fast alt, aber das hatte ich niemals erlebt, diese Qual und Angst und dieses unbezweifelbare Schicksal. Ich handelte zeitweilig wider Willen, liess alles darauf ankommen und konnte nicht anders. Nun es geschehen ist, habe ich die Folgen zu tragen. Ich möchte aber von Ihnen nicht für gewissenlos gehalten werden. [...]

Mit Empfehlungen an Ihre verehrte Gattin begrüsse ich Sie in dankbarer Freundschaft. Ihr

Heinrich Mann
(Brief an Félix Bertaux, Berlin, 31. Dezember 1928)

»Der Verlust bleibt ein Unglück«

Lieber Freund,
ich sitze im Wald auf einem Baumstumpf – daher der Bleistift. Sehr lange habe ich Ihren Brief vom 1. April unbeantwortet gelassen; und grade er war der gütigste, freundschaftlichste Brief, den ich jemals bekam. Aber ich war mit meinen Antworten noch nicht fertig. Heute schon eher. Besonders,

weil jetzt Berlin hinter mir liegt. Morgen erwarte ich meine Freundin Trude Hesterberg. Sehen Sie, es ist ein Glück, jemand zu finden in dem Augenblick, wo alles andere verloren geht. Der Verlust bleibt ein Unglück, darüber täusche ich mich nicht. Ich versuche Goschi, die nach dem Gesetz ihrer Mutter gehört, wenigstens für den Monat August zu bekommen. Nach dem ersten, sehr stürmischen Erleben habe ich Zeit gehabt, mich zu prüfen. Möchte ich, dass alles ungeschehen wäre? Nein.

Denn die Beziehungen zu meiner Frau peinigten mich und fingen sogar an, gegen meine Würde zu verstossen. Ich glaube, dass es kein Halten mehr gegeben hätte. Meine mir selbst unerwartete Leidenschaft für T. H. war möglichenfalls eine Selbsthilfe meiner Natur.

Mein Bruder, der meine Lage versteht oder sie mir doch nicht vorwirft, war anfangs noch hier. Dann war ich ein paar Tage allein, und gestern traten mir mit voller Deutlichkeit die besten Augenblicke meiner Ehe vor Augen, als das Kind geboren wurde. Ich habe es gleich mehr geliebt, glaube ich, als bei Vätern üblich ist. Es war das schlimmste Kriegsjahr, ohne Heizung in einem einzigen Zimmer; aber ich hatte das Kind und die Frau, dazu meine erfolgreichste Zeit mit *Die Armen* und *Madame Legros* auf einmal. Dies vor Augen, habe ich mich gestern gefragt, ob ich bereue. Nein. Es ist nicht zu ändern, und es käme nie wieder.

Was wohl kommen könnte, wenn die Frau vernünftig und ich selbst alt genug werde: die Aussöhnung. Man könnte einander näher leben, und das Kind brauchte keinen seiner Eltern zu entbehren.

Ich denke vernünftig. Nur beim Handeln, das gegen früher etwas abentheuerlich aussieht, fragt man sich manchmal: wozu? In meinem Alter tritt zu aller Entschlossenheit, mich zu behaupten, doch immer einige Skepsis und einiger Verzicht hinzu.

[...] Gern möchte ich Ihnen mündlich noch viel mehr sagen – vor allem meinen Dank. Niemand hat so herzlich theilgenommen wie Sie, und Niemand hat es so zu erkennen gegeben. Ich bemühe mich daher um die grösste Aufrichtigkeit Ihnen gegenüber. Sagen Sie mir sehr bald, was Sie denken! Vergelten Sie mir nicht die lange Wartezeit! Wissen Sie, was manchmal bedrückt? Das Gefühl, zuletzt doch Unrecht zu thun grade der, die man immer am meisten schonen und pflegen wollte. Was weiss sie, was kann sie dafür. Aber die Dinge und wir selbst sind nun so.

Ihre Worte über mein Buch sind mir auch das Liebste, das es mir gebracht hat. Daneben die, für mich seltene, vollständige Anerkennung meines Bruders. Sagen Sie mir Näheres über Ihre Arbeiten und Pläne! Geben Sie mir auf alle Fälle Nachricht! Ich bitte Sie, den Ihren meine Empfehlungen und Grüsse auszurichten. Ich begrüsse Sie, mein lieber Freund, allerherzlichst.

Ihr

Heinrich Mann

(Brief an Félix Bertaux, Bad Gastein, 21. Juni 1929)

Briefe im Exil: »Man darf nicht klagen«

[...] Du bist bestimmt zu deprimirt. Wenn Du es dort sehen lässt, schadet es Euch. Man darf nicht klagen, dann hilft erst recht niemand. Mit Geduld und gutem Mut sollte es schliesslich gelingen, für Goschi eine Anstellung zu finden. Sie wird siebzehn. Ich werde gern die Tanzstunden bezahlen, muss aber fürchten, dass dies keine Zukunft sichert.

Willst Du Dir einmal vergegenwärtigen, wie Eltern mit sechs mehr oder weniger unversorgten Kindern daran sind. Katja, die so viel und noch mehr als Du verloren hat, zeigt Hoffnung und behält den Kopf oben. Das verlangt sicher viel

Disciplin, und man ist nicht von selbst so ruhig. Dann darf man auch nicht durch die Klagen anderer erschüttert werden. Ich kann ihr keinen solchen Brief zumuten, wie Du sie mir schreibst. Daher bitte ich Dich lieber, den für sie bestimmten Brief an mich zu richten.

Ich gebe ihn weiter.

Mit den besten Wünschen und Grüssen

H.

(Brief an Mimi Mann, Bandol sur mer, 17. Juli 1933)

Ich hoffe sehr, dass Du Dich bald wieder besser fühlst. Du hast diese Beschwerden noch immer überstanden. Bitte, gieb Dich keinem Pessimismus hin, schon um des Kindes willen. Ich bin so viel älter; es wäre nicht gut, wenn Goschi nur noch mich hätte. Wir wollen uns beide zusammennehmen und das Beste hoffen.

(Brief an Mimi Mann, Sèvres, 11. November 1933)

»Jetzt die schreckliche Lage der beiden Frauen.«

Lieber Golo,

auch ich war im Begriff, Dir meine Glückwünsche zu schik-ken. Viel mehr dachte ich nicht zu melden; ich schreibe selten Briefe, und die wenigen, die ich bekomme, öffne ich mit Vor-gefühlen, die meistens begründet sind.

Jetzt die schreckliche Lage der beiden Frauen. Das Rote Kreuz hat mich im Stich gelassen. Besonders ist meine Anfrage wegen Übermittlung von Geld unbeantwortet geblieben. Von Zeit zu Zeit erbietet sich eine der vielen »Freundinnen« es wei-terzugeben. Nach meinen früheren Erfahrungen mit der Freundin und ihrem Sohn kann ich mich darauf nicht einlas-sen. Eine, die in Stockholm wohnt, hat ein altes italienisches

Gemälde, das Du wohl kennst (Kreuztragung) dorthin mitge-nommen. Weit entfernt, es mir zu schicken, hat sie 400 schwe-dische Kronen darauf geliehen, hat sich ohne mein Wissen nochmals 400 Kr. von meinem Verleger Landshoff verschafft, hat mir aber nie gesagt, wo die Beträge geblieben sind. Sie wa-ren vorgeblich für die Abreise der Frauen nach Schweden be-stimmt. Die Frauen sind geblieben wo sie waren; kann sein, dass sie nichts bekommen haben. Die Frauen wissen wohl gar nicht, dass es hier nicht nur mir allein, sondern auch meinem Freund Felix (Bertaux) unmöglich ist, Geld zu schicken. Ande-rerseits kenne ich die Gefahr der Deportation. Meine Verant-wortung und meine Ohnmacht bedrücken mich sehr.

Ein Mittel gäbe es, wenn Dein Freund Oprecht und sein Bruder das Schweizer Konsulat in Prag veranlassen wollten, ihnen das Reisegeld vorzustrecken. Einiges Vertrauen zu mir wäre nötig, auch etwas Geduld. Sobald in Amerika eine Zah-lung fällig ist, leite ich den geliehenen Betrag zurück, wohin man will. Es kann im Höchstfall bis zum Ablauf des ersten Halbjahres 1940 dauern. – Die Frauen wollen mich zweifellos überraschen, sonst hätten sie Dir ihr Ziel genannt. In Schwe-den haben sie den Schutz der Freundin, einer Gräfin Posse, die ihnen vielleicht die Erlaubniss zu arbeiten verschaffen würde. Der Versuch, sich selbst zu erhalten, verlangt wahrscheinlich mehr Mut als sie haben. Meine frühere Frau hat nie auf etwas anderes gerechnet als auf meine eingebildete Verpflichtung sie zu erhalten. Das Kind ist von ihr in der gleichen Vorstellung er-zogen worden. Bei beiden steht fest, das ich ihren gewohnten Verbrauch immer und unter allen Umständen decken kann: Das ist, besonders seit dem Krieg ein völliger Irrtum. Bis an sein Ende, geschweige über ihn hinaus, sehe ich selbst nicht. Wenn sie hierher kommen, werde ich über ihre Rettung beru-higt sein. Ihre Daseinsform wird aber kaum weniger eng sein können, als sie diese letzte Zeit schon war.

Du teilst ihnen von diesen Tatsachen wohl soviel mit, wie

Du für richtig findest. Als man noch die Wahl hatte, längst vor dem September 38, bemühte ich mich darum, sie in ein anderes Land [Sowjetunion] zu bringen, wo die Gesamtausgabe meiner Romane allmählich erscheint und ständig mein Guthaben unterhält. Sie haben nicht gewollt. Wenn man sie jetzt noch aufnimmt, was denkbar ist, werden sie wieder alles andere vorziehen. Warum sonst die Schweiz, die westlich liegt. […]

Nach all dem privaten Missgeschick […] wünschen wir uns gegenseitig eine bessere Welt mit gelungeneren Zeitgenossen, und seien wir kühn, 1940 soll das Glück anfangen. Besonders Deines währe lange. Empfiehl mich Deinen verehrten Grosseltern.

Herzlich
Dein Onkel

(Brief an Golo Mann, ohne Ort, ohne Datum [1939])

Nach dem Tod Mimi Manns

In den letzten Zeilen Ihres Briefes sprechen Sie von Goschi. Das will auch ich tun. Neulich erhielt ich ein Telegramm: mother died nineteenth. Das ist alles, und so endete ein Leben, das von Glanz erfüllt gewesen war, ehe es qualvoll wurde. Irrungen, an denen ich meinen Anteil hatte, und schliesslich das Konzentrationslager zehrten auf, was ihr an Kraft und Zuversicht noch geblieben war. Wie steht es um uns. Meine Welt ist nur noch ein Totenacker. Halten wir stand, mein liebster Freund! Ich drücke Ihnen und Madame Bertaux die Hände.

(Brief an Félix Bertaux, Los Angeles, 26. April 1947)

»Eine Fischerstochter« –
Nelly Kröger, Heinrich Manns zweite Frau

Emmy Johanna Kröger, genannt Nelly, wurde am 18. Februar 1898 in Ahrensbök bei Lübeck geboren. Sie war das uneheliche Kind der Magd Bertha Westphal und wurde später von Nicolaus Kröger adoptiert, der ihre Mutter geheiratet hatte. Heinrich Mann sah sie gerne als Fischerstochter, obwohl sie das nicht war. Er lernte sie 1929 in Berlin kennen, wo sie in einer Bar arbeitete. 1933 folgte sie ihm ins Exil nach Frankreich. In Nizza heirateten die beiden am 9. September 1939. Nelly wurde in der Familie Thomas Manns und bei vielen Exilautoren wegen ihrer Herkunft nicht akzeptiert. Mit ihrem Mann flüchtete sie 1940 nach Amerika. Nelly Mann war durch die Jahre des Exils gesundheitlich sehr angegriffen. Dennoch versuchte sie, ihren Lebensunterhalt für sich und den dreißig Jahre älteren Heinrich Mann in Kalifornien zu verdienen. Am 17. Dezember 1944 setzte sie ihrem Leben durch eine Überdosis Schlaftabletten ein Ende. Heinrich Manns Briefe aus jener Zeit sprechen von dem Verlust, spiegeln aber auch die Trauer über seine eigene Situation.

Ein ernstes Leben

Diesem Kind erschienen alle Jahreszeiten als halbe Fremde, nur nicht der Winter. Die Ostsee verbreitete Sturm und Kälte über ihren kahlen Strand, das hielt vor, und dann war es, wie es sein sollte. Die Sommerwochen dazwischen kamen für die Kinder der Badegäste, nicht für Marie und ihre Geschwister, die nur die gute Gelegenheit benutzten, um auch zu genießen. Der Sommer dieses Kindes war zauberhaft und nicht ganz glaubwürdig. Des Nachts im Traum vergaß es den Juli und sah die See hochgehn. Donnernd rollte sie heran, jeder Anlauf türmte ihre Wassermassen höher, und beim nächsten, beim nächsten verschlangen die Wellen den Katen, worin Marie schlief!

Ihr Vater hieß Lehning und war Landarbeiter. Auch die Mutter Elisabeth diente bei einem Bauern. Trotzdem wohnten sie mit allen ihren Knaben und Mädchen unter dem Strohdach eines Katens unmittelbar neben der See, an der Stelle, wo die Promenade aufhört. Auch das steinerne Bollwerk endet dort, den Katen schützte es nicht mehr. Sie hausten darin auf gut Glück und immer gefährdet. Marie aber litt mehr Furcht als alle anderen.

Mehrere der Geschwister, die im ganzen dreizehn gewesen wären, ließen sich von der See holen – verschwanden eins nach dem anderen, alle ihre Angehörigen suchten sie vergebens, während Eissplitter durch die verdunkelte Luft flogen. Am Morgen wurde doch noch etwas gefunden, zwei Holzpantinen standen droben auf dem Steindamm ordentlich beieinander, als wäre jemand schlafen gegangen.

Übrigens war Warmsdorf ein lustiger Ort; nur der Lehrer hatte die bittere Frage erfunden, warum Warmsdorf so heiße. Er prüfte hierüber seine Schüler jedes Jahr mehrmals, und die Antwort mußte heißen: wegen der Badegäste. In Wahrheit fühlte die Bevölkerung sich wohler, wenn keine Fremden sie störten. Man mußte in den Häusern weniger leise auftreten, solange die guten Zimmer noch nicht vermietet waren. Die Fischer feierten den ganzen Winter ihre Familienfeste in Köhns Hotel, woran während der Saison nicht zu denken war.

Die Fischer stehen obenan. Sie sind untereinander alle verwandt, nie aber mit den anderen Schichten. Manche besitzen kleine Dampfschiffe. Sie brechen auf in eisiger Nacht, werden unsichtbar zwischen den Bergen aus brüllendem Wasser, und erscheinen sie wieder, sind zwanzig Stunden vergangen. Niemand außer ihnen selbst hält sich einer solchen Ausdauer für fähig. Anfrieren auf der Bank! Mit Eis im Bart! Dafür kehren sie zurück als große Seefahrer – am größten, wenn einer von ihnen nicht mehr zurückkehrt. Dann sieht das Dorf ihre feierlichen Leichenbegängnisse, nicht einer der Überlebenden fehlt, und der Grog, nachher in Köhns Hotel, ist ein wichtiges Getränk, von Blaugekleideten eingenommen. Die Söhne der Fischer können im Sommer aussehen wie Badegäste. Ja, die Besitzer der kleinen Dampfschiffe haben manchmal einen Jungen, der lieber nicht mit hinausfährt und sogar im Winter seidene Hemden trägt.

Die Kaufleute und Gastwirte sind an Zahl zu gering, um gegen die Fischer aufzukommen, obwohl sie Stehkragen tragen, und das auch in Abwesenheit der Badegäste. Sie haben übrigens Schulden bei der Warmsdorfer Bankfiliale. Die Fischer arbeiten in wirtschaftlicher Hinsicht mit ihrer eigenen Genossenschaft und sind sonst freie Männer. Sie haben Knechte, die das ganze Jahr in Lohn stehen und auf See alt werden – anders als die Arbeiter der Bauern.

Die Bauern sitzen auf ihren Höfen hinter den Tannen. Ganz unten der Strand, dann der sogenannte Lügenberg, an seinem Fuß der Lehrungsche Katen – darüber die Tannen und dahinter flaches Land, das sich in den tiefsten Wolken verliert. Von den Bauern bleibt jeder auf seinem Hof, ob die Arbeit drängt oder nicht. Sie haben einander nichts zu sagen. Man würde sich wundern, wenn einer von ihnen beim Barbier auftauchte, wo die Fischer täglich verkehren. Es ist nicht wegen der Bärte, die Fischer gehen zu Witt, weil er einen großen Ausschank hat, weil alle Nachrichten dort herauskommen; und wer aus Malmö zurück ist, zeigt sich zuerst beim Barbier.

Die Fischer sind leutselig, je länger sie draußen und manchmal in Seenot waren. Die Bauern sind einsam und trauen niemand. Die Fischer erzählen einander, daß sie tausend Kilo Fische gefangen haben, wenn es in Wahrheit nur hundert sind; und der Schwindler wie der Angeschwindelte haben dabei einen humorvollen Zug. In ihren Schmierstiefeln, geölten Mänteln und mit der Piep stehen sie auch beisammen unter dem Lügenberg, der von ihren Geschichten so heißt.

Die Bauern behalten ihre Knechte einen Sommer. Der Junge muß sehr tüchtig sein, damit er über den Winter dableiben darf, aber dann ohne Lohn. Landarbeiter Lehning nahm in jeder Saison, was er bekam, aber während der schlechten Jahreszeit brauchte ihn niemand – erst recht nicht, seit er trank. Vater Lehning trank Schnaps, es war der übliche Kümmel mit Kirsch, die Seltersflasche voll für zwanzig Pfennig. Dafür arbeitete seine Frau Elisabeth das ganze Jahr. Sie hätte Jauche gesoffen, um nicht entlassen zu werden. Sie bezog aber reichliches Essen, darauf kam dem Bauern nichts an; sie packte es in ihren Spankorb und brachte es ihren Kindern in den Katen, den der Sturm schüttelte.

Als Marie Lehning zur Schule kam, wurde sie darauf zuerst aufmerksam, daß alle anderen Kinder frühstückten. Sie hatten Brot mit Schmalz, Brot mit Wurst, die Butter drang unter den Rändern hervor, die Nahrungsmittel dufteten würzig und fett. Backstuben, warme Küchen, Räucherkammern, alles duftete darin mit. Marie, die den Essenden zusah, bekam ein todernstes Gesicht und behielt es noch lange. Sie selbst hatte nicht einmal eine trockene Rinde, niemals, niemals. Die Kinder betrachteten sie ihrerseits wie ein Wunder. Mehrere hätten vielleicht mit ihr geteilt, sie waren nahe daran. Scheu vor dem ernsten Gesicht verhinderte es.

Einst griff der Lehrer ein, er hielt ihr vor: »'n Happen Brot könntest du schließlich auch –«

Der strafende Ton genügte, damit sie losheulte. Sie weinte viel und bei jeder Gelegenheit, besonders wenn sie Blarrmarie gerufen wurde. Dann plärrte sie schon. Die Tränen liefen ihr in den Mund, als wären sie ihre Nahrung.

Als der Lehrer einmal eingegriffen hatte, wollte er auch zu einem Ergebnis kommen. Er gab ihr Geld und schickte sie fort, ihm einen Priem zu kaufen. Er hatte berechnet, daß es noch für einen Knust Roggenbrot langte. Sie kam aber zurück mit dem Kautabak und den übrigen Groschen. Sie hatte nicht begriffen. Er knurrte etwas wie ›dämliche Deern‹, und in seiner Wendung, als er ihr die Schulter zukehrte, hätten die Kinder ihre eigene Verlegenheit wiedererkennen können, wenn Marie so ernst aussah wie der Hunger selbst. Ein Glück, daß sie sofort wieder heulte. Die ganze Schule konnte rufen »Blarrmarie« und sie fröhlich auslachen.

Hierauf wurde gesungen, es war das Lied von dem kleinen Hasen, der spielt und den der schlaue Fuchs frißt. Lütt Matten de Haas, de mok sick een Spaß. He wier bit studiren, dat Danzen to lieren. Un danz ganz alleen op de achtersten Been. Marie schluchzte noch. Sie sang von lütt Matten, dachte aber noch an die Sache mit dem Priem. Kähm Reinke de Voß un dach, das ein Kost. Noch ein lautes Schluchzen aus der Gegend von Marie Lehning. Und sech: lüttsche Matten so flink op de Patten, un danz ganz alleen op de achtersten Been?

Jetzt fiel es Marie ein, was der Fuchs vorhatte, darüber vergaß sie den Priem. Kumm, lat uns tosam, ick kann as de Dam. Das war schlau von Reinke, sich als Dame anzustellen, damit kriegte er lütt Mitten! Marie freute sich. De Kret, de speelt Fiedel, denn geiht dat kandiedel, denn geiht dat mal schön op de achtersten Been. Den hellsten Diskant hatte Marie Lehning.

»Halt! Den letzten Vers singt Marie allein«, rief der Lehrer, denn er hatte das Gefühl, daß er das Kind ermutigen müsse. Es krähte denn auch freudig aus voller Kehle: »Lütt Matten gev Pot, de Voß bet em dot. He sett sick in Schatten, verspies denn lütt Matten. De Krei, de kreeg een von de achtersten Been.«

Als sie fertig war, lachte sie dreimal hoch auf. Der Lehrer sagte: »Siehst du wohl, das kommt davon!« Die ganze Schule freute sich über das Schicksal lütt Mattens, der betrogen und gefressen worden war. Am glücklichsten war Marie.

(*Ein ernstes Leben*, 1932. – In diesem Roman hat Heinrich Mann Kindheits- und Jugendeindrücke von Nelly Kröger literarisch verarbeitet.)

»*Ich bin keine Hamburgerin.*«

»Noch sieht sie aus wie eine Schneiderin«, äußerte Kurt. »Aber ein Körper! Schultern, Hüften, lange Beine! Ihr Rückenausschnitt – ganz große Klasse! So viel glatte Haut ohne einen Leberfleck, ohne ein Körnchen hat dein Laden nie erlebt.«

Adele widmete ihm einen Blick, er behielt das Weitere lieber für sich. Indes ging sie auf seinen Gedanken ein.

»Blondieren Sie sich! In Naturblond werden Sie immer eine Nummer zu solide aussehen. Ihre Note ist zwar das Solide, darauf fliegen die internationalen Hochstapler, obwohl es jetzt keine mehr gibt. Die anständigen Gäste können das selbst. Schminken Sie sich nicht viel! Hauptsächlich die Augen, helle Augen wirken nicht groß genug in einem langen Gesicht. Das ist der Fehler bei allen Hamburgerinnen.«

»Ich bin keine Hamburgerin.« Es war das erste Wort Maries bei dem ganzen Handel. Kurt machte eine ungefähre Handbewegung.

»Alles aus der Gegend dort oben heißt Hamburgerin, wenigstens jede, die den Typ hat. Ist Adele nicht bezaubernd?« fragte er ohne Übergang. »Ich hatte doch recht, wenn ich dir von ihr erzählte? Jetzt wirst du erst sehen, daß sie auch nett sein kann! Adele, ich habe dir den blauen Stein und die beste Hamburgerin gebracht […]«

(*Ein ernstes Leben*, 1932. – Die Hauptfigur Marie stellt sich in einer Bar vor. Ihr Aussehen war dem Frauentyp Nellys nachgezeichnet.)

(67 J.) Heinrich Mann und Nelly, Paris 1938 (40 J.)

Seine Frau – ist nicht der Durchschnitt. Sie hat ein oder zwei Jahrzehnte mit ihm verbracht, hat seinen Glanz auf sich bezogen, wenn er glänzte, war eingeweiht in seine Leiden, die niemand sah. Verkrümmte Glieder und Geldsorgen waren es nicht, umso höher hat sie ihren Gefährten geachtet und achtet den Gefallenen wie je. Sie sagt es nicht, sie läßt es durchblicken zwischen ihren Anklagen. »Dahin hast du uns gebracht. Wie konnte es nur kommen? Die Kleinen bringen sich durch.« Sie hält ihn für groß und zu Unrecht mißachtet, sie ist die Einzige. Sie allein drückt ihren Glauben tätig aus: sie arbeitet für ihn. Die verkrümmten Glieder, die Geldsorgen sind ihr Teil, da sie seiner nicht mehr werden können. Acht Stunden des Tages – in einem Land, wo noch nicht zwölf Stunden gearbeitet wird – dreht sie sich zwischen Maschinen umher, jede will auf die Minute bedient sein, sonst kommen alle aus der Reihe. Es ist Krieg, die Maschinen sind schadhaft, plötzlich spritzt ein Strahl kochenden Wassers hervor, immer an unerwarteten Stellen, ausgeschlossen, daß man sich schützt. Brandwunden haben alle Arbeiterinnen. Sie werden darum nicht fortbleiben; in den Werken mit einiger Sicherheit – aber wo gibt es sie – und mit höherem Lohn würden sie nicht angestellt: sie sind Fremde. Sie sind im Exil, das freundliche Gastland gewährt ihnen diese, wenn auch gefährliche Arbeit; dafür bekommen ihre schriftkundigen Männer keine. Untereinander verkehren sie froh und angenehm, vom Elend verraten sie nichts, oder nur ihre sorgsam geschonten Kleider fangen an, auszusagen, wie es um eine ehemalige Dame steht.

Die Damen werden bald geschickt und tüchtig gleich den Proletarierinnen, ihren Genossinnen, und diese können, bei der Ankunft im Maschinensaal, beinahe für Damen gelten: onduliert, geschminkt, reizend angezogen. Umgekleidet, mit dem weißen Kittel am Leib, werden sie ohne weiteres Arbeits-

tiere. Altgediente haben ein Haus. Einen Wagen braucht jede,
die öffentlichen Beförderungsmittel sind zeitraubend. Sie wollen aber Überstunden machen, wollen im Tarif steigen, müssen
Ersparnisse zurücklegen. Nach dem Ende des Krieges und der
Rückkehr der Männer, die zurückkehren, werden alle entlassen, damit rechnen sie. Wenn sie in einer Zehnminuten-Pause
von der Zukunft reden, hofft eine Europäerin ihr Land wiederzusehen. Eine Mexikanerin, mit Erfahrungen über die Vereinigten Staaten, erwidert ihr auf das Bestimmteste: »Sie werden nie wieder hinkommen.« Gefragt, warum: »Weil die Reise
teuer ist. So viel verdient in Amerika kein Arbeiter.«

(Notizen zu *Ein Zeitalter wird besichtigt*, 1942/43. – Nelly arbeitete
zeitweise in einer Uniformschneiderei.)

»Die gemeinsame Heimat für mich«

[…] wir lebten 15 Jahre zusammen, ihre Krankheit zerstörte die
letzten 5; 10 Jahre waren vollkommen glücklich. Sie hatte ausser
ihrer Schönheit, die gemeinsame Heimat für mich, Niendorf,
ein Fischerdorf, zu Lübeck gehörig. Sie selbst, eine Fischerstochter, machte mich stolz auf die Verbindung mit dem Volk
meines Ursprunges. Manchmal sprachen wir platt, wohl auch
wenn die Erde bebte. Sie weckte mich auf in Nice, »es ist Erd-
beben«. – »Denn möt wi upstahn«, sagte ich im halben Schlaf.

(Brief an Viktor Mann, ohne Ort, ohne Datum [nach Nellys Tod].)

»Anfälle von Schwermut«

Liebe Frau Rottenberg,
    meine arme, liebe Nelly hat Ihnen sonst geschrieben. Sie
hing sehr an Ihrer Freundschaft, wird es aber nie mehr bezeu-
gen: wir haben sie verloren.

Sie wissen, dass sie Anfälle von Schwermut hatte. In solchen Augenblicken hatte sie schon mehrere Male versucht ihr Leben zu enden. Zuletzt ist es ihr gelungen. Der Arzt machte mir Hoffnung, aber ihre Organe hatten zu sehr gelitten unter der vorigen Vergiftung. Das Auswaschen des Magens vertrug sie nicht mehr. Sie starb auf dem Wege zum Krankenhaus in der Ambulanz, um 12^{h}30, die Nacht von Sonnabend auf Sonntag.

Erlauben Sie, dass ich mich heute auf die Mitteilung beschränke. Ich bin vom Schmerz erschöpft und bin geängstigt von der tiefen Einsamkeit, in der ich zurückbleibe.

Ihr

Heinrich Mann

(Brief an Salomea Rottenberg, Los Angeles, 18. Dezember 1944)

»Meine Angst um sie war beständig«

Verehrte Freundin meiner Lieben,

als Sie ihr in Portugal begegneten, hatten Sie mehr eigenes Leid zu tragen, als Nelly je erfuhr. Allerdings waren wir beide damals in einer unvergleichlichen Katastrophe. Wer zu Fuss über die Pyrenäen und dann in das ferne Exil ging, hatte gewiss den Mut weiterzuleben. Sie hätte ihn gerne gehabt. Nur ihr armer leidender Kopf machte ihr alles schwer und immer schwerer. Zwischenfälle, die einer Gesunden als geringes Missgeschick erschienen wären, eine Autoaffäre, ein Prozess, wurden für sie ein Anlass zu sterben.

Ich kannte sie auch in ihren schlimmen Stunden. Ihre hellen Augen lachten nicht, sie waren verstört. Ihr schöner Mund stiess die Drohung aus ein Ende zu machen mit allem Unglück – dem wirklichen und eingebildeten. Tagelang hat sie ihre Schwester beweint; aber die Schwester lebt; das Telegramm mit der Todesnachricht existierte nicht.

In Frankreich hat sie zweimal versucht zu sterben, auch hier schon zweimal, bevor der dritte Versuch gelang. Meine Angst um sie war beständig, Heilung durfte ich nicht mehr hoffen, mein einziger Wunsch war, sie zu erhalten. Sie war die lebende Gestalt meiner besten Erinnerungen, der liebevollsten, der tragischen. Jetzt bin ich mit den Erinnerungen, Schatten nur noch, allein. Aber wenn ich die Lebende nicht länger halten konnte, die Tote ist bei mir.

Ihr

H. Mann

(Brief an Salomea Rottenberg, Los Angeles, 3. Januar 1945)

»Sie wäre fröhlich und zur Freude geboren gewesen«

Meine arme liebe Frau hat mit mir oft und immer mit Freundschaft Ihrer und Marcu's gedacht. Wir hatten die Freude Sie zu kennen in der letzten, beinahe glücklichen Zeit. So gut ist es uns nie wieder geworden; der Gedanke an den Tod nahm in ihr zu. Sie wäre fröhlich und zur Freude geboren gewesen, aber der Zustand ihres Kopfes erlaubte ihr nicht mehr auszuhalten. Sie hat, in Frankreich und hier; fünf Versuche zu sterben gemacht. Ich konnte sie viermal retten, zuletzt nicht mehr. Sie hat mich verlassen, ich bin sehr unglücklich. Aber ihre Schuld ist es nicht. Wenn sie klar und sie selbst war, erwies sie Liebe und Güte.

(Brief an Eva Marcu, Los Angeles, 4. Januar 1945)

»Personen, die nichts wissen, versuchen mir anzudeuten,
es sei ›besser so‹. Nein.«

Verehrte, liebe Frau Eva Lips,

dieser Brief wird mir schwer: ich weiss nicht, ob die Nachricht Sie inzwischen erreicht hat. Als Sie uns am 25. Dezember schrieben, war meine tapfere Frau schon den neunten Tag dahingeschieden. Sie starb in der Ambulanz, auf dem Wege vom Receiving house, wo man ihr den Magen nicht mehr hatte vom Gift entleeren können, nach dem Hospital. Dort gab niemand mir Auskunft; was geschehen war, erfuhr ich des nächsten Tages von der Begräbnisanstalt.

Es war ihre fünfte Vergiftung, drei leichtere in Frankreich. Hier war die Besessenheit stärker geworden, schon der vorletzte Versuch wäre beinahe gelungen. Das ist fast genau ein Jahr her. Dieses letzte Jahr war Jammer und Schrecken. Ihr armes Gemüt suchte Nahrung überall für seine düsteren Vorsätze. Nicht genug an wirklichen Unglücksfällen – ein Auto-Prozess, um dessentwillen wahrhaftig niemand sterben muss –, sie bildete sich den Verlust ihrer Schwester ein und beweinte sie. Die aber war gesund und nur meine arme Liebe so krank.

Viermal konnte ich sie retten, warum nicht das fünfte? Hätte sie nicht arbeiten dürfen? Sie war als nurse beliebt, es tat ihr wohl. Waren wir hier seit vier Jahren nur unglücklich? Das ist man nie, so wenig wie immer glücklich. Unsere acht Jahre Frankreich waren ganz gewiss vorwiegend glücklich, in jeder äusseren, jeder menschlichen Beziehung. Beide um vieles jünger, noch nicht eigentlich emigriert, ganz ohne Schicksalsschläge; aber schon damals hat ihre Kraft versagt. Einem schuldloseren Leiden war ich niemals nahe.

Personen, die nichts wissen, versuchen mir anzudeuten, es sei »besser so«. Nein. Ihr leidendes Gesicht der schlimmen Tage, wenn sie weiss – nicht nur die Uniform weiss –, mit verstörten Augen in die Tür trat: ich wollte alles wiederhaben, ich würde nochmals hoffen, alles könnte gut werden für sie, für uns.

Wir waren fünfzehn Jahre vereint. Erinnerungen, tragische und wunderbare, lebten in ihr, sind aber jetzt schattenhaft wie der mir gebliebene Rest vom Dasein.

Ich will nicht indiskret klagen. Sie beide haben uns in Frankreich beisammen gesehen und sich überzeugt, wie sehr wir zusammen gehörten. Zurückkehren an Orte, wo ich sie hatte, und bringe sie nicht mehr mit? Ich verlasse kaum noch die Wohnung, die doch ihre war. Sie hat von Ihnen beiden mit Freundschaft gesprochen, sie verdiente Ihre Güte, auch sie war wesentlich gütig. Ich möchte nicht, dass Sie die Verpflichtung fühlen, diesen Brief zu beantworten. Ob Sie sprechen oder schweigen, ich weiss, dass Sie unserer gedenken.

Ihr

Heinrich Mann

(Brief an Eva Lips, Los Angeles, 7. Januar 1945)

»Ich kenne jetzt nur zwei Zeitabschnitte:
solange sie da war und seit sie fort ist.«

Liebe Frau Salomea,

der vorjährige Brief der armen Nelly – schon bald zwei Jahre ist es in Wahrheit her, dass sie ihn schrieb; aber ich kenne jetzt nur zwei Zeitabschnitte: solange sie da war und seit sie fort ist. Dieser Brief hat mir wohlgetan als ein Zeichen von ihr, und hat mich geschmerzt, weil sie unfreiwillig ihren Zustand bekennt. Ich hatte damals eine Zahnsache; jede Gefahr war mit einem Schnitt beseitigt. Sie aber beharrte darauf, mich für schwer krank zu halten und schrieb Ihnen von meiner unheimlichen Energie, derer ich gar nicht bedurfte.

Es sind auch hier wieder die Todesgedanken, mit denen sie

immer umging. Noch gut, wenn sie den Tod für andere fürchtete, für ihre Schwester oder für mich. Leider hat sie ihren eigenen nicht gefürchtet. Jeden Abend, ohne Ausnahme, erblicke ich wieder das Gesicht des kindlichen Friedens, mit dem sie endlich dalag. Ihr Ziel war erreicht. Sie lebte noch, aber schlief schon für immer. Das werden morgen siebzig Tage sein.

Nehmen Sie die dankbaren Grüsse

Ihres

H. Mann

(Brief an Salomea Rottenberg, Los Angeles, 25. Februar 1945)

Liebe Frau Salomea,

Sie sind die liebevolle Freundin der Verstorbenen geblieben, ich weiss es und denke Sie oft in Verbindung mit ihr. Mir sogar wird es schwer ihr völliges Fernsein zu glauben. Ich habe mich dabei überrascht, dass ich eine Auskunft von ihr haben möchte, wenn sie abends wiederkäme. Dies ist ihre Wohnung, jedes Stück von ihr gewählt und beschafft, ich mag im Leben daraus nicht fortgehen.

Meine Tochter und ihre Mutter haben schlimme Jahre gehabt, die Mutter trägt an den Folgen für immer. Sie waren seither ohne Mittel, wie mein Neffe [Klaus], Soldat und Berichterstatter für Stars and Stripes, mir schreibt. Direkte Verbindung gibt es nicht. Ich warte bis es erlaubt sein wird Kleider zu schicken. Hier füllen sie ungetragen die Schränke.

Darf ich Ihnen wünschen, dass Sie die innere Heiterkeit erlangen; nur sie macht die äusseren Anfechtungen erträglich.

Herzlich begrüsse ich Sie

Ihnen ergeben

Heinrich Mann

(Brief an Salomea Rottenberg, Los Angeles, 2. August 1945)

»Wir haben teuer dafür bezahlt,
am verkehrten Ort geboren zu sein.«

Mein lieber Freund,

ich habe Ihren Brief gelesen, der an meinen Bruder adressiert war, weil Sie nicht wussten, wo ich wohne und ob ich lebe. Ich stellte mir über Sie die gleichen Fragen, ja noch mehr. Niemals habe ich daran gezweifelt, dass Sie geblieben sind, was Sie für mich waren, seit Sie mich 1923 als erster aufgefordert haben, nach Frankreich zu kommen. Seither ist meine tiefe Verbundenheit mit Ihnen stets die gleiche geblieben, und wie hätte es anders sein können? Von Ihnen wiederum glaube ich, dass Sie mir sehr verbunden sind. Leider behindert mich das Land meiner Herkunft in allen meinen Beziehungen und treibt mich durch sein Verhalten in die Isolation.

Völlig vereinsamt bin ich seit dem Tode meiner Frau am [1]7. Dezember vergangenen Jahres. Ich lebe nur halb, in sich verdichtendem Dunkel. Meine teure Gefährtin ist mir alles gewesen, die leibhaftige Vergangenheit, acht glückliche Jahre in Frankreich, und was mir an Jugend geblieben war. Manchmal hatten wir eine zauberhafte Heiterkeit genossen, die in meinem nun schon langen Leben nicht ihresgleichen hat; und als die schweren Zeiten kamen, fanden sie uns vereint, uns gegenseitig stützend. Sie hat mich buchstäblich an die Hand genommen bei unserer Flucht über die Pyrenäen. Später war sie mir ein Halt in dem schwierigen Leben des Exils, des wirklichen, denn in Frankreich war es keines. Wenn solch eine Frau am Ende den Mut verliert und sich schliesslich einer allzu schwer gewordenen Aufgabe entzieht, so zeigt Ihnen das, was uns auferlegt war. Wir haben teuer dafür bezahlt, am verkehrten Ort geboren zu sein.

Auch verzichte ich selbst auf weitere Erfahrungen. Die Rückkehr nach Frankreich ist mir versagt. Ich könnte vom gewöhnlichen Volk nicht verlangen, dass es zu unterscheiden vermag, wer ich bin. Die Scham hält mich ab, und schlimmer noch, es erschiene mir ungehörig und peinigend taktlos, zurückzukehren ohne die, die ich mitnahm und nicht wiederbringe. [...]

Der Ihre

Heinrich Mann

(Brief an Félix Bertaux, Los Angeles, 3. April 1945)

Ich war hier nicht glücklich und habe, damit das Mass voll sei, meine Frau verloren. In einem Monat wird es ein Jahr her sein; seither bin ich rasch gealtert.

Sie haben selbst den schrecklichen Kummer erfahren, eine geliebte Gefährtin zu verlieren. Sie waren noch jung, und so konnten Sie es überwinden. Ich werde bald 75 Jahre alt, und sie war es, die mich trotz ihrer Depressionen und ihres armen kranken Kopfs, davor zurückhielt, mich zu isolieren. Nun ist es geschehen, unter dem Vorwand ihres Todes habe ich die Mehrzahl der Verbindungen fallen lassen, alles was an das äussere Leben band, und ich bedauere es nicht einmal. Ich empfange einige Besuche. Die Müdigkeit würde mich daran hindern, unter die Menschen zu gehen, wenn ich die Lust danach verspürte.

(Brief an Klaus Pinkus, Los Angeles, 21. November 1945)

»Die meine habe ich innig geliebt«

Es ist das arme Italien, der Verleger Mondadori in Mailand, der entschlossen ist, einige von meinen Romanen zu veröffentlichen, beginnend mit der *Kleinen Stadt*. Da hinein habe ich in einer unbeschwerteren Zeit meine Jugendfreude verströmt, auch meine Traurigkeiten, und meine arglose Liebe zu den Menschen, einschliesslich der Frauen.

Die meine habe ich innig geliebt, sie, die vor nunmehr 15 Monaten und 9 Tagen dahingegangen ist, und mit der ich in derselben Wohnung, die von ihr erfüllt ist, weiterlebe. Ich habe ihr nichts zu bieten, weder meine Arbeiten noch die Freuden glücklicherer Tage. Schon ehe sie ging, hatte sie sich von allem gelöst, und ich bin sehr allein mit meinen Erinnerungen, an denen teilzunehmen sie sich weigern würde – »da, wo sie ist«.

Sie erwähnen in Ihren lieben Briefen nie diesen unwiederbringlichen Verlust und das trostlose Ende eines trotz allem mit Heiterkeit gelebten Lebens. Aus Taktgefühl, oder ich müsste mich sehr täuschen. Aber Ihre Fragen nach Goschi erinnern mich auch an mein nun 19 Jahre währendes Fernsein von ihr und an meine Machtlosigkeit, die Kluft zu überbrücken. In einem Brief spricht sie davon, wieder zu heiraten. Möchte es doch diesmal ein anständiger Mann sein! Sie wird dreissig Jahre alt.

(Brief an Félix Bertaux, Los Angeles, 16. März 1946)

»Allein zurückkehren, wäre hart.«

Ich wüsste nicht wohin, auf unserem, einst herrlichen Kontinent. Besonders aber müsste ich mich schämen und in aller Welt verloren fühlen, denn meine Gefährtin und geliebte Frau habe ich, 15 Monate 10 Tage sind es, hier verloren. Wir mussten Europa verlassen, 1940 Ende September, unter Umständen, deren Schwere man nie vergisst. Unter Traurigkeit und Gefahr waren wir vereint. Sie stützte meinen Arm, als wir über die Pyrenäen nach der spanischen Grenze wanderten.

Allein zurückkehren, wäre hart. Natürlich wird es erwartet. Manchen wünschen es, andere wollen mich prüfen, ob ich den Mut aufbringe. Auf dem Weg über Associated Press wurde ich befragt, ob ich käme, und antwortete leichthin, mit Scherzen.

Ein Alter, der nach allem was er trägt, noch eingespannt werden soll, gibt sich am besten scherzhaft.

Die Gabe der Heiterkeit, wenn man sie hat, bleibt dennoch erhalten, solange man da ist. Erfinden und Schreiben, wäre es das Letzte was bleibt, lohnt bis zuletzt.

(Brief an Alphonse Sondheimer, Los Angeles, 19. März 1946)

»Alt weiss ich mich seit 1944,
[1]7. Dezember, früh halb eins.
Da starb sie, in der Ambulanz.«

Dann die Listen derer die nicht mehr da sind, die langen Listen, von denen Sie sagen, dass sie Ihr Schweigen verständlich machen. Ja, ich verstehe Sie, und schweige viel und gern, besonders im Gedenken an Nummer 1 auf meiner Liste: das ist meine Frau. Mit ihr habe ich alles erlebt, was mir mit bald 60 noch gegeben war, sehr viel: eine letzte Jugend, ein vollständiges Glück, dann Gefahr und Flucht, hierauf in Frankreich, wohin sie mir nachreiste, wieder das Glück. Unbekannt, ob ich ohne diese Verbundenheit meinen *Henri IV* und seine späte Liebe, Gabriele, hingeschrieben hätte wie meine Gegenwart.

Er hat Gabriele verloren; dasselbe drohte mir, wie ich wusste. Sie war sehr tapfer, sehr tätig, als wir Europa verlassen mussten. Sie half mir über die Pyrenäen zu steigen; in Lissabon, unserem letzten Hafen, linderte sie meine Trauer. Sie schien weniger betroffen von dem Abschied. Dennoch, die Reserven, um wenigstens am Leben zu bleiben, hatte nur ich. Sie selbst war seit früher Jugend bedroht von ihrer Neigung das Leben abzulegen und zu schlafen, wie sie meinte. Sogar in glücklichen Zeiten überkam es sie. Ich hatte sie immer zurückgehalten. Das letzte halbe Jahr des Krieges war schwer, ein Tag kam, auch ich war nachgerade schwach, und sie ging. Ich habe nie eine Seligkeit gesehen wie auf diesem schlafenden Gesicht.

Aber sie wacht nicht auf, und ich bleibe wo sie war; unsere Wohnung ist unverändert, jedes Stück darin ist ihr verdankt. Wir haben die Armut geteilt, wie einst das Wohlleben. Ohne ihren gestörten Geist wäre sie da wie je. Aber ich selbst fände mich gespenstisch, wenn ich zurückkehrte nach Plätzen, wo ich mich nur mit ihr denke. Nennen wir es nüchtern die sentimentale Bequemlichkeit eines Gealterten. Alt weiss ich mich seit 1944, [1]7. Dezember, früh halb eins. Da starb sie, in der Ambulanz.

[…] Wer weiss, was noch bevorsteht, wenn meine Organe aushalten. Zum Beispiel kann man »deportiert« werden, was vielleicht geschähe, wenn mein Memoirenbuch *Ein Zeitalter wird besichtigt* bekannt würde. Es wird aber in Stockholm zurückgehalten, gleichviel in welcher Absicht, sie kann sogar wohltätig sein. Ich bin oft erschienen, es macht mir nichts mehr aus. Der Nachruhm berührt mich dereinst nicht mehr, so wäre alles in Ordnung und ich kann in Ruhe, nur für meine Schieblade vorläufig, noch ein paar Romane schreiben.

Hierfür ist nötig eine tiefinnere Heiterkeit. Mit überlasteter Seele wird man es nicht können. Daran sehen Sie: verzweifelt bin ich nicht – habe einfach das Ärgste, das mir bisher bestimmt war, hinter mich gebracht. Den Rest nehme ich hin, bedarf keiner Resignation nur der freiwilligen Zustimmung: alles war wie es musste. Die äusseren Schicksale, die letzthin etwas unruhig waren, ändern nichts an dem Mass inneren Erlebens, das wir gleich mitbringen. Als Zeugnis hierfür sehe ich an, dass mein lieber Bruder im April eine Operation, an der Dreissigjährige sterben, rühmlich überstand. Bevor er dorthin reiste, versicherte ich ihm, für Katastrophen seien wir nicht geschaffen, wir gingen langsam durch die Mitte ab. Das ersparte mir keine Ängste, bis die glückliche Nachricht kam. »Noch einmal wie mit ihr?« Nein. Es war genug.

Mit meiner Tochter in Prag ergeht es mir genau wie Ihnen mit Ihren Töchtern. Dafür allein könnte ich mich hinlegen und auf mehr verzichten. Noch dazu ist ihre Mutter aus Theresienstadt halb paralysiert zurückgekommen. Sie selbst war nur zur Hälfte der Rache verfallen, sie durfte nicht arbeiten, was sie ohnehin lieber vermeidet. So dankt sie es der Abstammung von ihrem ungeratenen Vater, dass ihr nichts geschehen ist, – obwohl gerade dieser Vater verhasster war als eine ganze Kultusgemeinde. (»Er schadet uns mehr als eine Armee,« hatte Goebbels gesagt.) [...]

Hiermit auf Wiederschreiben!

Immer herzlich der Ihre:

H. Mann

(Brief an Carl Rössler, Los Angeles, 19. Juni 1946)

»Der grösste Beweis von Anhänglichkeit,
den ich im Leben empfangen habe.«

In Bandol am Meer, Anfang des Sommers, stand unversehens meine Frau im Zimmer, war von Berlin, auf Umwegen über Dänemark, mir nachgereist, der grösste Beweis von Anhänglichkeit, den ich im Leben empfangen habe. Die acht Jahre Frankreich waren, ob mit der schlimmsten Zukunft vor Augen, eine glückliche Zeit. Seit 1940, Flucht nach Amerika, nahm alles ab, was ich bewahrt hatte, Heiterkeit, Nachglanz der Jugend, vor allem die Gesundheit meiner Frau. Ihre Ankunft in Frankreich, ihr Abschied hier, bevor sie »freiwillig« starb, sind zwei Tage, an denen ich mein Dasein und meine Produktion ermesse. Nach dem zweiten vollzieht sich das Alter, in Buch und Leben.

(Brief an Franz Carl Weiskopf, Los Angeles, 10. Juli 1947)

(46.) Heinrich Mann und seine Tochter Leonie, 1917
(1916 geb.)

»Liebstes Goschilein« –
Leonie, die Tochter Heinrich Manns

Henriette Maria Leonie Mann wurde am 10. September 1916 in
München geboren. Sie war die einzige Tochter Heinrich Manns.
Ihr Kosename war Goschi. Nach der Scheidung von Heinrich
und Mimi Mann lebte sie bei der Mutter in München. 1933
flüchtete sie mit Mimi nach Prag, wo sie die Schule abschloss.
Mit der ersten Heirat 1938 hatte Leonie großes Pech: Sie fiel auf
einen Heiratsschwindler herein. Vater und Tochter sahen sich
zuletzt Mitte der dreißiger Jahre während des Exils von Hein-
rich Mann in Frankreich. Als der Autor nach Amerika emigriert
war, hatten sie wegen der Briefsperre nach Europa jahrelang
keinen Kontakt. Erst nach dem Krieg konnten sie sich wieder
Briefe schreiben. Leonie Mann hatte inzwischen wieder gehei-
ratet und erwartete ihr erstes Kind. Sie lebte mit ihrem Mann
und ihren zwei Kindern bis 1968 in Prag, später in München
und Bozen. Sie starb am 25. Oktober 1986 in Berlin.

»Unser kleines Mädchen«

Um Angenehmeres zu sagen: unser kleines Mädchen geht zur
Schule, ist hübsch und entwickelt sich hoffnungsvoll. Was werden Die für Sorgen haben? Die unseren werden Ihnen läppisch
erscheinen, womit ich einverstanden bin. Wir hängen ferner
noch an unserer Stück um Stück zusammengebrachten Wohnung, und grade jetzt muss man viel reisen.

(Brief an Arthur Schnitzler, München, 4. Oktober 1923)

» Von mir zu Dir hat sich nichts verändert. «

Liebstes Goschilein,

Dein Brief ist schon 4 Wochen alt. Aber mein voriger war noch älter. Du schriebst so lange nicht, und dann nur Vorwürfe. Ich bin Deinetwegen traurig, mein liebes Kind. Denn ich habe Dich sehr lieb. Aber was helfen Vorwürfe. Öfter schreiben, würde schon etwas helfen. Noch besser ist es, zusammenzukommen. Willst du mit mir zusammenkommen, so wie ich mit Dir es möchte? Dann hättest Du es sagen müssen. Deine Mama würde Deinen Wunsch vielleicht erfüllt haben.

Du schreibst, Du dankst für meine Einladung, aber jetzt geht es nicht. Erstens lade ich Dich nicht ein. Wie kann ich mein Kind einladen. Du lebst immer bei mir, ich bin nur nicht da. Dann hast Du oft gesagt, dass Du nicht ohne Vater aufwachsen willst. Das musst Du auch nicht. Wir könnten viel zusammen sein. Aber Du musst selbst etwas dafür thun. Zum Beispiel könntest Du dem Herrn Doctor Löwenfeld sagen, dass Du nicht glaubst, ich würde Dich gegen Deine Mutter einnehmen.

Ich bin immer für Dich da und denke immer an Dich. Von mir zu Dir hat sich nichts verändert. Was sonst geschehen ist, kannst Du nicht alles verstehen. Aber Du wirst jetzt 13 Jahre alt und musst Dir eins überlegen. Dein Papa, den Du schon so lange kennst, ist wohl kein böser Mensch. Er musste wohl so handeln. Sonst wäre es vielleicht schlimmer gekommen.

Jetzt sage mir schnell Deine Geburtstagswünsche! Beim Arbeiten aber lass' Dich nicht durch andere Gedanken stören. Ich wünsche mir nur einen besseren Zustand und dass ich Dich lieb haben darf. Ich küsse Dich und bin Dein

Papa.

(Brief an seine Tochter Leonie, Berlin, 29. August 1929)

»Du bist doch schon ein grosses junges Mädchen.«

Mein liebstes Goschilein,
    jetzt kommt Weihnacht näher, und ich freue mich schon darauf. Denn ich hoffe, dass Du mich besuchst. Schreibe mir, wann und wie lange! Je länger, je lieber. Ich gebe Dir mein Schlafzimmer und bleibe nachts in meinem Arbeitszimmer. Du kannst mir die Zeit über den Haushalt führen. Du bist doch schon ein grosses junges Mädchen. Vormittags kommt eine Aufwärterin.
    Deinen Wunschzettel bringst Du mir mit. Denn wir besorgen alles am besten gleich hier. In Deinem Koffer muss Platz dafür sein. Nur das Klavier geht nicht hinein. Wenn Du wirklich eins haben musst, kaufen wir es in München. Aber glaubst Du wirklich, dass Du Klavier spielen lernst, und dass es viel Zweck hat? – Hoffentlich nimmst Du Tanzstunden und hast Freude davon.
    Ich wünsche mir von Dir ganz denselben Notizkalender wie voriges Jahr. […]
    Schreibe mir, ob Du keine Erkältung hast, und ob Deiner Mama die Kur gut bekommt!
    Ich freue mich sehr auf Dich, mein Goschilein, und küsse Dich vielmals.

Dein Papa.

(Brief an seine Tochter Leonie, Berlin, 29. November 1929)

»Meine Tochter soll mich endlich besuchen«

Meine Tochter soll mich endlich besuchen – in den nächsten Tagen schon, und ich erwarte sie mit Freude und mit Unruhe. Das Kind hat im Lauf eines ganzen Jahres viel Ungünstiges über mich gehört und gedacht. Ich habe es seinen Briefen angemerkt. Es muss mir gelingen, es wiederzugewinnen, aber die

Mutter dabei niemals in Zweifel zu ziehen. Ich werde auch darauf verzichten müssen, Goschi schon diesmal mit meiner Freundin Trude Hesterberg bekannt zu machen. Die Widerstände sind nur langsam zu beseitigen. Hoffentlich verläuft alles glücklich. Goschi und ich werden Ihnen gemeinsam einen Gruss schicken.

(Brief an Félix Bertaux, Berlin, 25. Dezember 1929)

»Aber auch von Dir entfernt habe ich Dich lieb.«

Liebes Kind,

die vorigen Tage konnte ich Dir nicht schreiben, aber ich habe, wie immer, an Dich gedacht. Ich bin ganz damit einverstanden, dass Du jetzt getauft wirst. Ich hoffe, es wird helfen, Dich glücklich zu machen. Der Glaube kann Dich in der Nächstenliebe bestärken und Dich auch über Deinen Vater noch etwas gerechter denken lehren. Ich wünsche Dir alles Gute, mein liebes Goschilein. Habe Freude, soviel Du irgend haben kannst. Lass' das Geschehene ruhen, so wird es noch am ehesten gut. Träume auch nicht unnötig, während Du lernen sollst. Ich möchte Dich gerne bald wiedersehen. Aber auch von Dir entfernt habe ich Dich lieb.

Dein Papa

(Brief an seine Tochter Leonie, Berlin, 20. März 1930)

»Du bist gross genug, dass ich Dir dies sage.«

Mein liebes Kind,

meine Antwort kommt später als sonst, aber Du darfst nicht glauben, dass Deine Briefe mich nicht freuen. Ich freue mich über Deinen Wunsch und wäre selbst glücklich, wenn wir Weihnacht zusammen sein könnten. Glaube mir, so, wie Du es

Dir denkst, geht es nicht! Das wäre mehr peinlich als fröhlich. Wer von dem Geschehenen nicht spräche, würde doch daran denken. Du bist gross genug, dass ich Dir dies sage. Es muss mehr Zeit vergehen. Auch muss noch manches geordnet werden.

Weisst Du, es ist im Grunde nicht so wichtig, ob wir uns grade Weihnacht verabreden. Ich begreife, dass Du in der Zeit nicht herkommen magst. Du hast es Herrn Bertaux geschrieben. Dafür sehen wir einander, sobald ich in Deine Gegend komme. Wenn keine Ferien sind, kann ich einmal sehen und hören, wie Du in der Schule vorwärts kommst. Wir müssen doch überlegen, was weiterhin geschehen soll. Ich habe auf dem Lande, eine Stunde von Paris, ein Pensionat gefunden. Wenn Du ganz fliessend französisch lerntest, das wäre immer schon etwas im Leben.

Du bekommst 200 Mark ausgezahlt. Mit den schon erhaltenen 60 Mark ist es genug, dass Du Dir zu Weihnacht etwas kaufen und auch Deine Mama beschenken kannst. Glaube mir, mein liebes Kind, dass ich es gut meine. Ich küsse Dich und bin

Dein Papa.

(Brief an seine Tochter Leonie, Berlin, 6. Dezember 1930)

>*Daher müssen wir vorsichtig sein,
auch Du mit Deinen Wünschen.*«

Mein liebes Goschilein,

ich habe mir gewünscht, bei Deiner Konfirmation zu sein, und habe es überlegt. Aber ich habe dann dringend in Berlin zu thun. Für das Kleid und das Übrige schicke ich Dir Geld. Statt der gewöhnlichen 600 Mark bekommt Deine Mama diesmal 800. Das muss ausreichen, und ich hoffe auch, dass es sogar für die Reise nach Prag langt. Denn was es dort kostet, das fällt in München fort.

Mein liebes Kind, Du weisst, dass ich Deine Wünsche gern erfülle. Aber Du kannst Dir noch nicht denken, wie schwer es jetzt ist, Geld zu bekommen, sogar, wenn man es mir schuldet. Ich gebe nur aus und weiss nicht, wann ich es werde ersetzen können. Daher müssen wir vorsichtig sein, auch Du mit Deinen Wünschen. – Ich küsse Dich und grüsse Deine Mama.

Von Herzen, Dein Papa.

(Brief an seine Tochter Leonie, Nizza, 22. Februar 1932)

»Hinzu kommt, dass meine Tochter mit ihrer Mutter nach Prag flüchten musste«

In Berlin werde ich noch gesucht. Mein Haus wird überwacht, und meine Sekretärin war 24 Stunden arretiert. Hätten sie mich, ich litte das Schicksal all derer, die sie nackt ausziehen und foltern, bis die Unglücklichen versuchen, sich umzubringen. Ich hatte den Hass noch bei weitem unterschätzt, der unter diesen Leuten wütet, und auch ihre krankhaften Motive, die Hysterie, den Morphinismus, die Freudschen »Komplexe«. Ohne vorgefasste Meinung und einfach als Phänomene betrachtet, erscheinen sie mir als Geschöpfe, die alles Menschliche abgestreift haben. [...] Hinzu kommt, dass meine Tochter mit ihrer Mutter nach Prag flüchten musste; und es bedrückt mich, dass der Eintritt der armen Goschi ins Leben durch den Umstand erschwert wird, dass ich ihr Vater bin. Wie lange werde ich ihr noch helfen können? Die unbedeutenden Summen, die ich in Berlin zu erwarten habe, können beschlagnahmt werden. Auf keinen Fall wird es mir gestattet, sie nach Prag zu transferieren. Mir bleibt nichts, als Goschis Lebensunterhalt von dem zu bestreiten, was Sie mir schicken; ich werde deshalb mit diesem kleinen Kapital äusserst sparsam umgehen müssen. Seien Sie so freundlich, mir die Höhe meines Guthabens mitzuteilen.

(Brief an Félix Bertaux, Nizza, 17. März 1933)

»Da kann man natürlich nur das Notwendigste bezahlen«

Mein liebes Goschilein,

[...] Ich arbeite wohl viel, aber der Ertrag ist kaum grösser, als was ich Euch gebe. Sogar das ist nur für kurze Zeit gesichert. Da kann man natürlich nur das Notwendigste bezahlen: Schuhe, ja. Aber mit den Tanzstunden musst Du warten, bis der Film [Mimi Mann sollte die Filmrechte an *Die kleine Stadt* in Prag verkaufen] verkauft ist. Die Aussichten sind ja gut! Überlege Dir einmal, ob ein Mädchen in Deiner jetzigen Lage durchaus einen Ballettmeister braucht, um schlanker zu werden! Das geht doch auch mit den Übungen, die Du schon kennst. Zeit genug hast Du und brauchst nur zu üben. [...]

Onkel Tommy muss sich verhältnismässig ebenso einschränken, denn auch er hat das Meiste verloren. Die beiden Kleinen [Elisabeth und Michael] sind hier und thun gar nichts. Die beiden Grossen [Erika und Klaus] fahren wieder in das Ungewisse hinaus, auf der Suche nach einem Erwerb. Es ist nun einmal so mit uns allen, und wir müssen noch froh sein. In der Festung Spandau oder im Konzentrations-Lager Dachau wäre es schlimmer.

Grüsse Deine Mama. Alle grüssen Euch bestens
und ich küsse Dich herzlich
Dein Papa
(Brief an seine Tochter Leonie, Bandol sur mer, 24. Mai 1933)

Finanznöte: »Man würde meine väterlichen Gefühle dazu benutzen, mich zu erpressen.«

Bis dahin werde ich mit Hilfe dessen, was Sie mir schicken, mein Leben fristen müssen, denn von meinen Artikeln kann ich nicht alles bestreiten. Dazu hat man mir noch das Recht entzogen, über mein Berliner Bankkonto zu verfügen. Das ist grosse Mode. Auf diese Weise will man uns zur Rückkehr zwingen. Andererseits ist mir geraten worden, meine Tochter zum Abreisen zu bewegen, sie würde sonst unfehlbar verhaftet. Das heisst, man würde meine väterlichen Gefühle dazu benutzen, mich zu erpressen. Sie haben wohl gelesen, dass in den Schulen die Bücher von Thomas Mann verboten worden sind und [Max] Reinhardt nicht mehr inszenieren darf.

(Brief an Félix Bertaux, Nizza, 10. April 1933)

> *» Mir liegt es schwer genug auf der Seele,*
> *dass die Stellung oder der Ruf Deines Vaters*
> *Dir das Leben erschweren müssen.«*

Mein liebes Kind,

heute bekam ich Deinen Brief und will Dir gleich antworten. Telefon und Licht werde ich Ende der Woche bezahlen, früher geht es nicht. Du musst wissen, dass mein Bankguthaben in Berlin beschlagnahmt worden ist. Ich konnte es nicht retten, weil dort Wechsel lagen. Diese werden jetzt eingelöst, aber ich bekomme das Geld nicht. Das Konto ist »gesperrt«, und das wird unbegrenzt dauern. Denn der Chef der politischen Polizei hat gesagt, mir werde »kein Pardon gegeben«. Das heisst natürlich, dass ich nach meiner Rückkehr sofort verhaftet werden würde, und zwar wegen »Landesverrats«, für diese Leute das Schlimmste. Mir ist sogar hinterbracht worden, dass sie Dich verhaften würden, nur damit ich zurückkäme. Du siehst: uns bleibt nur übrig, zu bleiben, wo wir sind.

Ich suche französische Artikel zu schreiben, habe aber bisher nicht viele Aufträge, und die Einnahmen können nicht weit reichen. [...]

Mir liegt es schwer genug auf der Seele, dass die Stellung oder der Ruf Deines Vaters Dir das Leben erschweren müssen. Aber wenn ich auch anders wäre, Deine Mutter ist Jüdin; das allein gefährdet Dich schon. Wir können nichts ändern, uns bleibt nur übrig, dem Terror auszuweichen. Du weisst wohl, dass Terror oder »Schrecken« einst in Frankreich herrschte, 1793, »la Terreur« und die Guillotine. Das ging gegen die Aristokraten, die schliesslich auch viel Schuld hatten. Heute sind wir die Aristokraten, unter der Schreckensherrschaft des Pöbels: aber ich glaube nicht, dass wir es so sehr verdient haben. Man müsste das bessere Wissen und alles menschliche Gefühl ablegen, um heute bei den Siegern zu sein. Du wirst es gewiss Deinem Vater nicht verdenken, dass er trotz all unserem Unglück immer noch lieber bei den Besiegten ist; und diese werden es auch nicht immer bleiben. Ich vielleicht nicht mehr, aber Du selbst wirst hoffentlich noch wieder in einer erträglicheren Welt leben.

(Brief an seine Tochter Leonie, Nizza, 10. April 1933)

»Goschi schreibt mir gar, sie schäme sich, eine Deutsche zu sein«

Ich kämpfe, und vor allem Goschis Mutter kämpft darum, ihr die Münchner Wohnung zu erhalten. Die beiden Frauen werden die tschechoslowakische Staatsbürgerschaft annehmen, Goschi schreibt mir gar, sie schäme sich, eine Deutsche zu sein, und dann werden wir von unseren Beziehungen zu Prager Regierungskreisen Gebrauch machen.

(Brief an Félix Bertaux, Nizza, 2. Mai 1933)

»Naiv wie ihre ... Grossmutter«

An die Politik denke ich weniger, obschon ich weiterhin meine Artikel schreibe. Inzwischen war ich sogar unterwegs, um Vorträge in der Tschechoslowakei zu halten. Meine Tochter hat mich auf der ganzen Reise begleitet. Sie ist ein liebenswertes

Kind, naiv, wie es ihre aus Brasilien stammende Grossmutter war, und ausser dem Tanz sehe ich für sie nichts.

(Brief an Félix Bertaux, Nizza, 29. Dezember 1934)

Schauspielerin und Tänzerin

Goschi schickt sich an, Schauspielerin zu werden. Da sie als Tänzerin und Schauspielerin zugleich einsetzbar ist, kann sie eine gute Stellung am Prager Nationaltheater anstreben. Um ihrer Laufbahn willen war es unbedingt notwendig, dass sie Tschechoslowakin wurde. Deshalb habe auch ich selbst zugestimmt, der tschechoslowakischen Republik meinen Treueid zu leisten. Dies ist im Konsulat von Marseille geschehen.

(Brief an Félix Bertaux, Nizza, 22. Mai 1936)

Ich muss genügend Muße haben, mich in dem Gemach zu verweilen, in dem Gabriele [Figur im Roman *Henri Quatre*] im Sterben liegt, und darin wirkliche Tränen zu vergiessen.

Ich frage mich, ob meine Tochter diese Gabe intensiven Gefühls besitzt. Sie scheint ihr Publikum eher zu entzücken, Aufmerksamkeit zu erregen und zur Eifersucht zu reizen. Danke, die Nachrichten von ihr sind gut. Bei dem Gedanken an Goschi bewegt mich der verflixte Preis [Heinrich Mann war für den Literaturnobelpreis vorgeschlagen worden], der mich ohne sie beinah gleichgültig liesse.

(Brief an Félix Bertaux, Nizza, 3. Januar 1938)

Es ist wahr, dass man als Mensch nicht aufhört, sich zu sorgen, für Freunde zu zittern – jetzt für die Freunde, die in Wien gefährdet, wenn nicht schon verloren sind. Der Autor hat in Prag eine Tochter bei der tschechischen und deutschen Bühne. Er wünscht inständig, dass für sie der Zeitpunkt, nochmals zu emigrieren, niemals kommt – wenn doch, dass sie rechtzeitig den Platz im Flugzeug findet.

(Biographie, ohne Ort, ohne Zeit [vermutlich Nizza, ca. 1938])

Das Hochzeitsdrama nimmt seinen Lauf

Lieber Tommy,

[...] Meine dritte Sorge ist die von Bertaux empfangene Nachricht, dass meine Tochter Goschi mit einem Amerikaner verlobt sein soll. Mehr weiss ich nicht, und frage nur, was das für Amerikaner sein können, die sich heute in Prag verloben, und mit meiner Tochter. Sie will durchaus nicht nach dem einzigen Lande, das sie freundlich aufnehmen würde; und dort wo sie wohnt, ist sie zweifellos gefährdet. Eine Verlobung, die unter solchen Umständen eintritt, »erwünscht, da kömmt er«, kann mich bisher nicht beruhigen. Ich habe telegraphiert, aber die bezahlte Antwort bleibt aus, wie alle Antworten, seitdem der Staat unter Schutz und Aufsicht steht. Goschi wollte, dass ich sie in Zürich treffe; ich habe sie gebeten, mit dem avion nach Cannes zu kommen. Bertaux wird im eigenen Namen die Bitte wiederholen müssen. So leben wir.

Bis dieser Brief zu Dir gelangt, hat sich womöglich ein Glück herausgestellt, wer weiss, eine Rettung. Ich wäre unendlich dankbar für ein wenig Frieden. Jetzt steht es derart, dass ich kaum voraussehe, was ich künftig zu sagen oder zu machen habe. So viel ist sicher, dass wir Mut haben sollen; die grossen Erschütterungen werden uns nicht umsonst zugemutet.

Mit Grüssen an die Deinen

herzlich H.

(Brief an Thomas Mann, Nizza, 22. November 1938)

Lieber Freund,

gestern schrieb ich Ihnen wegen der Verlobungsangelegenheit. Heute erhalte ich von Goschi völlig beruhigende Erklärungen. Ich bitte Sie also, ihr nicht mehr zu schreiben. Ich werde mich in der Schweiz mit ihr treffen, falls die jungen Leute zu sehr in Eile sein sollten. Denn sie müssen heiraten und nach New York abreisen, wo der junge Mann sich niedergelassen hat. Seine Familie ist tschechischer Herkunft, doch die Firma des Vaters, der anscheinend reich ist, befindet sich in Mailand und New York. – Nun, wenn sich dies alles nicht als zu schön für die Welt hienieden herausstellt, werde ich mir keine Sorgen mehr um dieses Kind machen müssen, vor allem, weil die beiden sich auch lieben und gut zueinander passen, ihr Tommy ist nur vier Jahre älter als sie.

Demnächst mehr. Ich grüsse Sie herzlich.

H. Mann

(Brief an Félix Beraux, Nizza, 24. November 1938)

»Meine Tochter hat in Zürich geheiratet«

Meine Tochter hat in Zürich geheiratet, den Dr. Aschermann, der in einem chemischen Unternehmen arbeitet, unter seinem Vater als Generaldirektor. Das Geschäft wird von Wien nach New York verlegt. Der junge Mann muss bald hinüber fahren. Von Goschi wird aber in Amerika ein eigenes, sehr beträchtliches Bank-Dépôt verlangt, und nur den kleinsten Teil konnte ich ihr geben. Früher würde ein Geschäftsmann leicht einige tausend Dollars aufgebracht haben. Das scheint jetzt anders zu sein. Bei genügend einflussreichen Verbindungen würde man sich vielleicht damit begnügen, dass die junge Frau nur 3000 $ hinterlegt? Dies ist eine ganz unverbindliche Anfrage, aus der Sorge um das Kind, das hier recht unglücklich zurückbleiben würde.

(Brief an Thomas Mann, Nizza, 25. Januar 1939)

»Goschi hat den Augenblick versäumt, wo sie Prag hätte verlassen müssen«

Lieber Freund,

Ihr Brief kommt gerade recht: ich hatte einen Trost nötig. Heute ist mein 68. Geburtstag, der traurigste meines Lebens. Goschi hat den Augenblick versäumt, wo sie Prag hätte verlassen müssen; sie ist noch immer dort, mit ihrer Mutter, während sich ihr Mann nach Amerika in Sicherheit gebracht hat. Sie hat grosses Vertrauen zu ihm. Ich wünsche ihr, dass sie recht hat. Ihr letzter Brief konnte nur dank der schwedischen Botschaft von Prag abgehen. Wann es ihr selbst gelingt zu entkommen, und wie sie das anstellen wird, weiss ich nicht. Es ist mir verwehrt, ihr dort zu helfen und die Aufmerksamkeit auf sie zu lenken. Vermutlich sitzen die beiden Frauen in der Wohnung fest, die übrigens mitsamt meiner Bibliothek verloren scheint. Früher hätte mich das getroffen: nun ist es unwichtig geworden. Wenn man bedenkt, dass der hochherzige alte Masaryk vor nur sechs Jahren all diese Habe retten wollte, indem er meine Manuskripte ins Museum gab! Nun liegen sie im Regen, meine Manuskripte. Und ich weiss nicht, was mit meiner Tochter geschehen wird. Ich darf jedoch hoffen, dass man sie auf diplomatischem Wege herausholen wird. Jedenfalls schreibe ich nach Moskau, wo man sie noch vor kurzem erwartete. Ich hatte alles in die Wege geleitet. Sie wollte lieber heiraten, leider übereilt, und sich dann in dieser Falle fangen lassen. Die Angst weicht nicht mehr von mir; und am schlimmsten ist, dass ich ihre Ursachen schon nicht mehr auseinanderhalten kann, es sind zu viele.

Mir persönlich wäre es vielleicht gestattet, nach Amerika, oder in die UdSSR, zu gehen. Selbstverständlich werde ich nichts unternehmen, ohne zu wissen, was aus Goschi wird. Selbst wenn ich sie ausser Gefahr wüsste, würde es mir widerstreben, noch einmal ins Exil zu gehen. Wir haben nicht mehr

1933, wo man den Zug bestieg, um den Ort zu wechseln, man hielt es für zeitweilig. Inzwischen weiss ich, dass ich das Ende der Drangsale nicht mehr erleben werde. Besser ausharren, wo man ist. Seit ein paar Tagen dürfen die jungen Emigranten Militärdienst leisten. Ich werde mich für Dienste, die in meiner Kraft stehen, zur Verfügung stellen. Doch es ist leicht möglich, dass sich dazu nicht einmal Gelegenheit bietet. Wenn Sie sich für einen einigermassen wohnlichen Ort entschieden haben, um sich dorthin zurückzuziehen, rufen Sie mich? Lassen Sie uns inzwischen all unsern verbliebenen Mut bewahren. [...]

Ihr Enkel Daniel kommt wahrhaftig in eine Welt, die der Löwengrube ähnelt. Er hat Zeit, sich daran zu gewöhnen, und letzten Endes sind die beiden am meisten zu fürchtenden Bestien nur ein Verrückter und ein Rüpel. Wie glücklich wäre ich, Sie wiederzusehen! Madame Mann geht es besser.

Meine Empfehlungen an Madame Bertaux. Herzlich der Ihre

H. Mann

(Brief an Félix Bertaux, Nizza, 27. März 1939)

»Wenn ich die unglückliche Heirat verhindert hätte!«

[...] Es war ein schwieriger Winter: Arbeit, deren Erfolg dahinsteht, die kranke Frau und das unglückliche Kind. Meine persönlichen Unbequemlichkeiten werden durch die Jahre entschuldigt. Meiner Frau kann ich helfen gesund zu werden, wenn ich mich mit ihr trauen lasse. In zehn Jahren, die nicht alle leicht waren, hat sie es sich reichlich verdient. Ich hatte hauptsächlich gezögert, bis meine Tochter verheiratet wäre. Ihre Ehe sieht jetzt traurig aus; das darf aber meine Frau nicht treffen. Nimm für Deine Teilnahme an ihrem Ergehen meinen besonderen Dank, es war eine rechte Tröstung.

Katia bitte ich zu erlauben, dass ich die Bestätigung ihrer Zeilen hier anfüge. Neu war mir, dass sogar die Adresse der verbrecherischen Schwiegermutter erlogen ist. Das Unverzeihlichste: mit Goschi ist sie über Deutschland gereist. Die Verhaftung des Kindes hätte ihr wohl gepasst. Von der törichten Mimi hat sie ein teures Schmuckstück mitgenommen, genau der Betrug, wegen dessen der Sohn in Amerika verfolgt wird. Ich hatte mich geweigert, ihm vor der Eheschliessung die Mitgift zu zahlen. Nachher habe ich drei Viertel des Betrages an Goschi selbst überwiesen. Vergebens, sie hat ihm alles ausgeliefert. Seither ist er verschollen. Könnt Ihr nachfragen, ob es möglich ist, dass ich mich der dort schwebenden Klage anschliesse? Mehrfach versuchte ich, nach Prag etwas Geld gelangen zu lassen, bisher ohne Erfolg. Die Briefe der Beiden erreichten mich über Schweden. Dorthin sollten sie zu entkommen suchen, und weiter nach Moskau, wo ich Mittel für sie habe. Möchte Katia sie an diesen einzigen Ausweg erinnern?

Herzlich

H.

(Brief an Thomas Mann, Nizza, 25. Mai 1939)

Mein dunkelster Punkt ist das Schicksal meiner Tochter. Wenn ich die unglückliche Heirat verhindert hätte! Aber sie wurde so eilig gemacht. Nachdem ich alle meine Mittel verausgabt hatte, ist das Kind in Prag sitzen geblieben. Sie wohnen bei der Grossmutter, wie ich auf Umwegen gehört habe. Das Rote Kreuz lässt mich bisher ohne Beistand. Ich kann nur hoffen, dass die schlimmsten Erfahrungen sich nicht wiederholen.

(Brief an Thomas Mann, Nizza, 9. Dezember 1939)

Rückblick auf die Geburt der Tochter

Wieviel Lebensgefühl sprüht ihm entgegen, und vormals waren es Momente des seinen! Die Geburt seines Kindes – er war fortgeschickt worden, erwartete die Entscheidung in einem Theater, das ihn sonst schon feucht und verstört gesehen hatte: diesmal sollten Erfolg oder Mißerfolg gemacht sein aus seinem Fleisch und Blut. Da man ihn grüßte und durchließ, stand er seitlich neben der Bühne, hinzusitzen wagte er nicht. Eine eingebildete Hand konnte immer nach seiner Schulter greifen. Beständig von dem Schauspiel abgelenkt, fand er es an Eindringlichkeit und Kraft weit unter seiner gespannten Erwartung – einer Geburt.

(*Ein Zeitalter wird besichtigt*, 1946. – Ausschnitt aus *Alles in allem*.)

»Möglich, dass Du und ich uns wiedersehen.«

Du wirst auf Dein Telegramm vom Tod Deiner Mutter meine Antwort bekommen haben. Weiter hatte ich nichts zu beantworten; seit dem Telegramm ist kein Brief – bis gestern – von Dir gekommen, vorher auch schon lange keiner.

Für den gestern erhaltenen Brief vom 1. VII. danke ich Dir und bin einverstanden mit Deiner Reise nach Russland. In Deutschland hättest Du es näher, billiger, leichter, könntest wohl bei Deinem Onkel Viko wohnen. Aber ich weiss nicht, ob für Deinen Zweck genug Geld dort liegt. [...]

Ich hoffe, dass Du die Reise nicht allein machen musst, und wünsche Dir gute Ergebnisse. [...]

Hast Du etwas Geld übrig, schicke mir von dort Caviar, nur den grauen Molossol, so viel wie erlaubt. Mag sein, Du darfst das Packet mitnehmen, von Prag ginge es wohl schneller. Hohen Zoll darf es nicht kosten. [...]

Du hast recht, Dich immer Deiner Mutter zu erinnern, sie

hat Dich wahrhaft geliebt. Möglich, dass Du und ich uns wiedersehen. Für mich sehe ich den Zeitpunkt nicht, zu kommen. Solange man da ist, kann alles geschehen. Wie schön, dass Du eine Anstellung und gesicherte Existenz, mit interessanter Arbeit hast. Dein Freund verdient Dank.

Ich grüsse und küsse Dich.

Herzlich Dein Papa

(Der erste erhaltene Brief Heinrich Manns an Leonie nach dem Krieg, Los Angeles, 15. Juli 1947)

Kein Foto von Goschi

Ich habe Goschi im Bild nur als Kind, was auch richtig ist; im Leben hatte ich sie nicht anders. Wir schreiben uns, ich sehe, dass sie glücklich geworden ist.

(Brief an Viktor Mann, ohne Ort, ohne Datum)

»Sei in Deinem Leben zufrieden und froh.«

Liebe Tochter Goschi,

Du musst nicht bereuen, dass Du selten geschrieben hast. Du hast viel erlebt. Damit hattest Du zu tun. Aber auch Deine Beschäftigung beim Radio scheint Dich lebhaft zu interessieren. Ich freue mich darüber. Aber ich werde Dich nicht hören können. Hier hört man nur Californien. Verbindung mit New York ist 1) wenn der Präsident spricht, 2) am Sonntag mit der Oper. Täglich sind Radio-Konzerte, auch Smetana, Dvorak, Weinberger. Auch dabei denke ich an Dich. [...]

Dein Onkel Tommy und Deine Tante Katia sind von Europa zurück. Vorher hatte Tommy einen Roman beendet: *Doktor Faustus*, ein Musiker-Roman. Jetzt ist er erschienen, in Stockholm, bei Bermann-Fischer. Auch ich habe einen fertigen Roman, den ich nach Amsterdam schicken will. Die Arbeit hat mich angestrengt. Dazwischen kamen immer körperliche Beschwerden, sie konnten mich aber niemals ganz abhalten. Mit bald 77 denkt man natürlich an Aufhören und Abschied, aber es scheint nicht sehr damit zu eilen, – mein Doctor ist dieser Meinung.

Ich bin sehr häuslich. Morgen will ich doch den Film *M. Verdoux* von Chaplin sehen. Den Sonntag abend verbringe ich dann in Pacific Palisades, wo ich oft Erika und Golo finde. Er lehrt an einer Hochschule, 2 ½ Autostunden von hier. Auf seinem nächtlichen Rückweg setzt er mich vor meinem Haus ab. Jetzt weisst Du bald alles. Sei in Deinem Leben zufrieden und froh. Ich glaube, Du bist begabt mit einer inneren Heiterkeit, die ich kenne. – Grüsse an Marlé.

Sei geküsst von Deinem Papa.

(Brief an seine Tochter Leonie, Los Angeles, 9. November 1947)

»*Es ist gut, dass Du wieder verheiratet bist, diesmal richtig.
Noch besser, dass Du ein Kind erwartest.*«

Meine liebe Goschi

mit Deinem Brief vom 8., den ich gestern erhielt, hast Du mich unendlich erfreut. Es ist gut, dass Du wieder verheiratet bist, diesmal richtig. Noch besser, dass Du ein Kind erwartest. Beides zusammen wird Dich ganz glücklich machen. Wie froh wäre ich, wenn Du, mit Deinem Baby im Arm, einmal zu mir kämest. Dann hätte ich auch das noch erlebt und hätte die Genugtuung Grossvater zu sein. Man wünscht sich alles was natürlich ist. Dein Mann ist es gewiss auch, ein natürlicher Mensch von offenem Charakter. Geheiratet habt ihr, als es recht und die Scheidung der ersten Ehe erfolgt war. Deine Mutter hat Deine neue Heirat wohl vorausgesehen. Von dem Kind konnte sie nicht wissen, aber auch für sie wäre es ein neues Glück gewesen. Ich bin dankbar, dass ich dieses Neujahr nicht versäume, sondern mit euch, und für mich selbst, viel Freude habe.

Deinem Ludwik erwidere ich seine freundlichen Worte. Ich glaube ihm, bin überzeugt von seiner Begabung, Festigkeit, von seinem ersten Beruf wie von dem zweiten, als guter Gatte und Vater. Habe ich das richtig gesagt? Jeder macht aus sich soviel er kann. Ob mein Enkel, oder meine Enkelin, auf mich stolz sein soll, entscheidet eine Nachwelt (die sich meistens für das Vergessen entscheidet). Ihr dürft notieren: 1947 wurde er Doctor ehrenhalber der Berliner Universität. In Californien traf ein Brief aus Hessen ein, der Absender wohnt in einer H[einrich]. M[ann].-Strasse. So weit wären wir. Viel ist es ja nicht. Deine Heirat und das Kind bedeuten mehr.

Die glückliche Geburt des Kindes, seine und Deine Gesundheit sind die Wünsche für 1948 die ich mit euch teile. Möge es euch allen immer gut ergehen. Du sagst mir wohl bald, wie Deine Umstände verlaufen, wann Du Deine bisherige Tätigkeit verlässt, ob für lange, und was alles uns interessiert.

Einen herzlichen Kuss von
Deinem Papa.
(Brief an seine Tochter Leonie, Los Angeles, 28. Dezember 1947)

»Du erinnerst mich an vieles.«

Mein liebes Goschilein,
natürlich denke ich viel an Dich, immer mit dem Wunsch, dass Du wenig merken mögest von äusseren Veränderungen. Lass Dir von Eindrücken nicht schaden. Es ist alles nicht so wichtig, vor den Ereignissen war es auch schon so. Ich nehme an, dass man nur hier dermassen überrascht ist. In Europa wird

man sich kaum gewundert haben. Mich interessiert mehr, dass Du glücklich Dein Kind bekommst und Mutter und Kind gesund sind. Schreibe mir, wann Du es erwartest und wie es Dir inzwischen ging und geht. Ich weiss, als ob es gestern gewesen wäre, die Zeit vor Deiner Geburt, als wir das Umstandskleid kauften (Theatinerstrasse), als Deine Mutter zu stark wurde, vom Liegen, das ihr verordnet war. Es war Sommer, wir verbrachten ihn in Oberammergau. Am Abend Deiner Geburt wurde ich in die Münchner Kammerspiele geschickt, zu Haus war die Erwartung noch schwerer. Dies sind alte Geschichten, Du erinnerst mich an vieles. Kannst Du Deine Beschäftigung fortsetzen? Gehe spazieren sooft Du darfst. Mir zu schreiben, wird Dir gewiss keine Mühe machen. Nimm die innigen Wünsche Deines Vaters. (am 27. leider schon 77, hoffe aber auf Deine Gesundheit zu trinken.) [...]

(Brief an seine Tochter Leonie, Los Angeles, 17. März 1948)

»Hauptsache, wenn Du und das Kind beide gesund sind.«

Meine liebe Tochter,

ein Telegramm von Klaus an seine Mutter bringt mir die gute Nachricht. Damit ist mein voriger Brief überholt, meine Wünsche sind erfüllt und ich darf gratulieren. Ich beglückwünsche Dich mit frohem Herzen. Wenn Du erlaubst, beglückwünsche ich auch den Vater des Jungen und schliesslich den Grossvater. Es ist ein grosses, schönes Ereignis, ich empfinde es tief und bin dankbar. Deine näheren Mitteilungen hoffe ich zu bekommen. Hauptsache, wenn Du und das Kind beide gesund sind. Auch seinen Geburtstag möchte ich wissen; ferner Haut- Haar- und Augenfarbe. Ob Du schon eine Familien-Ähnlichkeit bei ihm findest?

Jetzt vor allem erhole Dich gut, damit Du nachträglich keine

Schwäche verspürst. Entschuldige, dass ich zum zweiten Mal an Mme Leonie Mann adressiere. Gerade den Brief mit eurem Namen habe ich verlegt.

Alles Glück weiterhin!

Dein Papa

(Brief an seine Tochter Leonie, Los Angeles, 21. März 1948)

» Meine Hoffnung muss wohl doch bleiben,
dass Du mit Deinem Sohn mich einst besuchst.«

Liebste Tochter,

der Grosspapa ist sehr glücklich über Dich, denn ich fühle, dass Du jetzt zufrieden und froh bist, dank Deinem Ludwig und dem kleinen Heinrich. Den Namen schreibe ich mit Stolz hin, es bereitet Genugtuung sich selbst fortgesetzt zu wissen mit einem frischen menschlichen Wesen. Dieses wird gewiss gelungen sein und seinen guten Weg machen, dafür bürgen seine Eltern und sogar manche Vorfahren beiderseits. Erika schildert mir Deinen Gatten zu seinem Vorteil, Klaus wird mir seine Eindrücke wiedergeben. Ich bewundere, dass er dort einen vermutlich deutschen Vortrag halten konnte. Nun, öffentlich sprechen geht noch. Aber als Fremder zu Unbekannten, war schon früher eine Verlegenheit. Ich half mir wohl mal mit Französisch, dann antworteten sie deutsch. Jetzt ist überall die Unkenntnis der Sprache eine Angstpartie, aber ich lerne keine mehr. So gern ich in eurer Nähe wäre, meine Hoffnung muss wohl doch bleiben, dass Du mit Deinem Sohn mich einst besuchst. Wenn ich mehr verdiene, wovon immer die Rede ist, trage ich alle Kosten. Inzwischen haben wir das Packet besorgt, ich die Luftpost, Katia die Wollsachen für Heinrich. (In seinem Alter hiess ich in Lübeck Heine.) Camillenthee liegt bei. Schwarzen Tee wollte Deine Tante dem Kind lieber nicht geben. Das Packet muss früher dagewesen sein als dieser Brief. Für eure Briefe danke ich euch vielmals, bei allem was ihr zu tun habt. Aber es ist gut zu schreiben und von einander zu hören.

Alles Gute euch Drei.   Herzlichst

Dein Papa

(Brief an seine Tochter Leonie, Los Angeles, 12. April 1948)

»Oft möchte ich wissen, wie der Kleine aussieht.«

Liebste Goschi,

gewiss, ich hätte Dir wieder geschrieben, auch ohne Deinen Brief vom 9. Aber zu beantworten hatte ich nichts, Deine vorigen Nachrichten waren ausgeblieben. Das kommt immer mal vor, obwohl die Post sonst gut geht: dieses Mal fünf Tage. Aus Deutschland braucht sie 5 Wochen. – Ich hatte sehr gewartet, denn ich denke an euch viel, vor allem des Abends, dann sage ich mir, dass Du jetzt glücklich bist. Umso mehr darf ich mich freuen, da Du es bestätigst. Oft möchte ich wissen, wie der Kleine aussieht. Mit 4 Monaten haben sie ein Gesicht. Ist er photographiert worden? Gib mir ein Bild. Auch Katia fragt nach ihm. Deine Beschreibung lese ich eifrig, es ist schön, dass er sich unter Deinen Augen entwickelt wie Du es Dir wünschest. Wahrscheinlich bist Du von Deiner Arbeit beurlaubt, mein Enkel braucht Dich noch dringend. Vorläufig brauchst Du wohl nicht zu verdienen, die Einnahmen Ludwigs scheinen zu genügen. Sie müssen gut sein, wenn er den dritten Film-Entwurf verkauft. Ihr seid, unberufen, mit dem Glück verbündet. Die zwei Monate gehen schnell vorbei, aber lass vorher von Dir hören! – Über Klaus kannst Du beruhigt sein, er ist nach Amsterdam gereist. Es war ein Anfall. Wer dagegen 2½ Jahre von den achtzig ist, hat vor sich den Ernstfall. Gar so traurig ist er nicht mehr. Dein Papa küsst Dich.

(Brief an seine Tochter Leonie, Los Angeles, 15. August 1948)

»Seid glücklich!«

Meine liebe Goschi,

euer Bildnis ist reizend, ich betrachte es gern und lange. Hier hat unser Kleiner noch das rührende allererste Gesichtchen. In dieser Zeit verändern sie sich alle Tage, ich erwarte mit Freude die Aufnahme von dem geübten Photographen. Wie ich über Dich und meinen Enkel, Deinen Sohn Heinrich, froh sein kann, dies sagt Dir schon, dass mein Befinden Dich nicht beunruhigen darf. Für Glück bin ich empfänglich, für Missgeschick auch. Am 1. Oktober muss ich umziehen, was ich lieber vermieden hätte. Auch die Beschwerden des Alters, Müdigkeit und andere, kommen ungerufen. Etwas unmittelbar Gefährliches ist nicht dabei. Das kann Dir und mir genügen. Der 77 Jahre jüngere Heinrich ist gesund, ist da, und folgt mir bis über das Jahr 2000. Am meisten stolz wird er bald auf seinen Vater sein. Von ihm und seinem grossen Ansehen wird er bald hören. Du selbst hörst abends im Radio seine Berichte, und damit auch, dass es ihm gut geht. Es hat Vorteile, die Frau eines öffentlichen Mannes zu sein. Sogar der Doctor behandelt ein Baby aus Ehrerbietung. Ich will ihm danken; aber als seine Adresse nennst Du nur Prag II, ist das genug? Erhole Dich auf dem Lande! Bitte grüsse Deine Freunde. Seid glücklich!

Euer Vater und Grossvater küsst euch.

(Brief an seine Tochter Leonie, Los Angeles, 31. August 1948)

»Dies waren meine Nachrichten. Deine erwarte ich«

Liebste Tochter,

Dein Brief, vorgestern angekommen, ist wieder erfreulich, weil ich sehe, dass Du froh und glücklich bist. Dir und Deinem kleinen Sohn geht es offenbar nach Wunsch, eine ärztliche

Auskunft brauche ich kaum. Als ich gestern dem Doctor Mann meinen Dank für seine Freundschaft abstattete, habe ich ihn auch gebeten, mir über euch zu berichten, nur gelegentlich. Der schöne Aufenthalt in dem Park muss beiden, dem Kind und Dir, überaus wohl tun. Es trifft sich, dass die Bekannten Dich gerade jetzt eingeladen haben. Dein Ludwig, der dieser Tage zurückkehrt, bringt hoffentlich einigen Urlaub mit. Ihr werdet eine gute Zeit haben.

Umziehen muss ich nach langem Sträuben und Gerichtsbeschluss, weil das Haus verkauft ist. Das geschieht fast jedes Jahr, diesmal hat die Kündigung mich getroffen. Ab 15. Oktober bin ich in Santa Monica (Calif.) 2139 Montana Ave. Apt. B. – Das ist nahe von Tommy's, daher bequem. Die alte Wohnung war besser, die Neubauten sparen mit dem Raum.

Dies waren meine Nachrichten. Deine erwarte ich, wenn ihr alle drei wieder beisammen seid. Auch das Bild hätte ich gern bald.

Küsse für Heinrich

Herzlich Dein Papa

(Brief an seine Tochter Leonie, Los Angeles, 15. September 1948)

Meine liebe Goschi,

hier ist meine neue Wohnung, ich musste umziehen, nach vielen Bemühungen es zu vermeiden. Diese Plage, weil immer noch gekündigt wird und der Mietspreis bei den jetzt gebauten Häusern ohne Controlle ist, hat mich lange in Anspruch genommen. Hier bin ich immer noch nicht ganz zu Haus, und die Gegend ist öde, eine wenig bebaute Vorstadtstrasse, aber es ging nicht anders. –

Was machst Du, und wie steht es mit unserem Kleinen? Entwickelt er sich gut? Werde ich sein Bild einmal sehen? Dein Gatte setzt seine Erfolge gewiss fort. Du musst wohl in jeder Hinsicht glücklich sein. Mir wäre es die grösste Freude. Ich hoffe, bald werde ich über Euch mehr hören. Inzwischen gib Heini (oder Heine, wie ich als Kind genannt wurde, den tschechischen Namen habe ich nicht gegenwärtig) einen Kuss von seinem Grossvater. Wenn Du mein Portrait von Mopp hast, sage dem Enkel, das [!] ich das bin.

Mit bestem Gruss an Ludwig bin ich Euer Papa und Grosspapa.

(Brief an seine Tochter Leonie, Santa Monica, 21. November 1948)

> *»Aber was mich betrifft, meine ich,*
> *dass der Kleine Heinrich*
> *Dich zu beschäftigen hat, nicht der alte.«*

Meine liebe Goschi,

das war ein schöner Brief, ich danke Dir. Vor allem sehe ich Dein Leben gut eingerichtet, Du hast nur angenehme Pflichten. Dich stört manchmal der Gedanke an unbeantwortete Briefe. Aber was mich betrifft, meine ich, dass der Kleine Heinrich Dich zu beschäftigen hat, nicht der alte. Deine Nachrichten über Euch beruhigen mich, falls ich darauf gewartet hätte. Dein Gatte erfreut Euch, sooft er von der Reise heimkehrt: auch eine gute Seite seines Berufes. – Was Du mir vom Radio Leipzig berichtest, ist meine erste und einzige Kunde aus Weimar, über die empfangenen Freundlichkeiten. Versprochen ist mir viel, eine Villa mit 7 Zimmern, Bedienung, Wagen und Chauffeur. Dich und meinen Enkel könnte ich als Gäste empfangen, wenn ich erst einmal dort bin. Dies hängt u. a. von der Ankunft des Reisegeldes ab. Dann die Besorgung der Papiere und die Erlaubnis nach Berlin zu gehen. Wird man halt sehen müssen, ob im Frühling mein Schiff fährt. Ich bin in manchem behindert durch Asthma, wovon man besser schweigt, ein Präsident hat sowas nicht. – Mein neuer Roman *Der Atem* geht von hier an Dich ab. Von einigen, besonders

Deinem Onkel Tommy, wird er besonders hoch geschätzt. Die Eindrücke sind verschieden, nicht jeden befriedigt er. Solltest Du das Buch nicht ohne Anstoss lesen, dann vielleicht Dein Sohn, in 20 Jahren. Ich widme es gleich Euch beiden. Auf sein Bildnis – und Deines – freue ich mich. Geniesset Ihr alle die beste Gesundheit und ein glückliches Leben!

Euer

älterer Heinrich

(Brief an seine Tochter Leonie, Santa Monica, 1. September 1949)

*»Nun, bald wirst Du mir hoffentlich
Deinen Sohn in den Arm legen.«*

Meine liebe Goschi,

Dein kleiner Heinrich beherrscht die linke (Licht- und Herzens-)Seite meines Schreibtisches. Daraus siehst Du, wie gut er mir gefällt. Mit seinen 1½ Jahren zeigt er Eigenart und Charakter und sie sind gut. Sein Vater muss mit verantwortlich sein; mag sein, es wäre das Beste. Gewiss sucht jeder nach Ähnlichkeiten des kleinen Neulings mit ihm selbst; auch ein Grossvater, der einstmals seine kindliche Tochter gepflegt hat, schiebt sich ein. Du weisst nicht, dass in dem Winter nach Deiner Geburt Dein Wagen, ob Du darin schliefest oder wachtest, immer neben dem Ofen meines Arbeitszimmers stand. Es war das einzige heizbare damals. Ich schrieb und freute mich an Dir. – Wenn Du von mir ein Babybild hättest, würdest Du die Kopfform Heinrichs mit der meinen vergleichen. Es scheint da einen Vergleich zu geben. Nun, bald wirst Du mir hoffentlich Deinen Sohn in den Arm legen. Nach gelungenen Vorbereitungen rechne ich etwa 6 Wochen, bis ich nicht angelangt aber unterwegs bin. Ich habe die Luftreise beschlossen, auch sie ist weder schnell noch kurz. Direkte Verbindung New York–Berlin oder Prag gibt es nicht. Paris und Zürich werden wohl unvermeidlich sein. Meine Berliner Adresse, noch unbekannt. Du sollst von mir alles wissen, je nachdem ich selbst es erfahre. Inzwischen einen Kuss für Heinrich, für Dich, und meinen Dank, an Ludvik für seine freundliche Nachschrift.

Herzlichst

Dein Papa

(Brief an seine Tochter Leonie, Santa Monica, 24. September 1949)

»Meine Abreise ist leider verschoben«

Liebste Goschi,

Dein Brief vom 8. ist hier, aber er würde mich zu Weihnacht wohl auch noch hier erreicht haben. Meine Abreise ist leider verschoben, ich denke bis Frühling. In Berlin wird es bedauert, man glaubt mich brauchen zu können, hat daher manches vorbereitet. Auch hatte ich, zusammen mit Feuchtwanger, dem Präsidenten Pieck einen Glückwunsch geschickt. Dort hat es Genugtuung, anderswo Zorn hervorgerufen. Ich musste dies tun, obwohl ich wusste, dass meine Übersiedlung davon nicht einfacher wird. Aber ohnedies werde ich die Fahrkarten nur bis Paris nehmen können. Dort würde ich sehen nach Prag zu gelangen. Das ist jetzt der Weg, daher werden wir uns wahrscheinlich sehen, wenn auch später als Weihnacht. Ich freue mich, meinen Enkel kennen zu lernen und die Bekanntschaft seines Vaters zu machen. Wir beide haben auch schon lange Zeit vergehen lassen. Ich danke Euch für Eure Einladung und beeile mich nach Möglichkeit.

Nehmt alles Herzliche. Für den Kleinen ist ein besonderer Kuss.

Dein Papa

(Brief an seine Tochter Leonie, Santa Monica, 15. November 1949. – Es ist der letzte, bekannte Brief Heinrich Manns an seine Tochter)

Katia Mann und ihre sechs Kinder, 1919

Monika   Golo   Michael   Katia Klaus Elis.   Erika
9J.   10J.   geb.1919   Mann   13J. geb 1918 14J.

Die Nichten und Neffen:
Erika, Klaus, Golo, Monika, Elisabeth
und Michael Mann

Katia und Thomas Mann hatten sechs Kinder: Erika (1905–1969), Klaus (1906–1949), Golo (1909–1994), Monika (1910–1992), Elisabeth (geb. 1918) und Michael (1919–1977). Nur wenige Briefe sind erhalten, die Heinrich Manns Beziehung zu den Kinder seines Bruders dokumentieren. Am nächsten standen ihm wohl Klaus und Golo, mit denen er im Exil korrespondierte. Zusammen mit seiner Frau und Golo war Heinrich Mann 1933 aus Nizza nach Portugal geflüchtet. Heinrich Mann war Beiträger für die von Klaus Mann herausgegebene Exilzeitschrift Die Sammlung. *Den Selbstmord von Klaus am 21. Mai 1949 nahm er mit großer Bestürzung auf.*

Treffen mit Erika und Klaus

In Paris hatte ich die Freude, Erika und Klaus zu sehen. Erika ist jetzt ganz »erfolgreiche Künstlerin« und sehr tapfer. Sie wird drüben ihren sicheren Weg gehen.

(Brief an Thomas Mann, Nizza, 23. Juli 1937)

Golo und Klaus

[…] Golo. Er ist reizend in seiner Gediegenheit und Zuverlässigkeit. Auf ein Wort von mir bemüht er sich und seine Gelehrsamkeit, damit ich meine Meinungen begründen kann. Lass ihn Deine Zeitschrift [*Mass und Wert*] doch redigieren. Wozu ein

Anderer, wenn der Beste gleich im Haus ist. Golo bringt alles mit, das Wissen, das unentbehrlich ist um eine Zeitschrift hoch zu bringen, und die seelische Empfänglichkeit. Ich vergesse nicht, wie er mir schrieb, dass die Verse in meinem ersten *Henri* geeignet wären, auf Spaziergängen laut hergesagt zu werden.

Andererseits weisst Du, wie hoch ich Klaus in seiner besten Äusserung, dem Tschaikowsky, veranschlagt habe. Umso mehr tut es mir weh, dass er persönlich unzugänglich ist – dies nicht gerade aus Strenge, eher aus Vergesslichkeit. In Paris war eine zweite Zusammenkunft verabredet worden, ich dachte sie mir inhaltsreicher als das kurze Treffen spät abends. Sie ist nicht zustande gekommen infolge eines Missverständnisses, das schliesslich auch ein Ausweichen sein könnte.

(Brief an Thomas Mann, Nizza, 30. Juli 1937)

»Dieser Neffe und ich sind die standhaften Europäer.«

Übrigens hat meine Tochter nach Amerika geheiratet. Mein Bruder ist drüben, ich hoffe auf seinen Besuch im Frühling oder Sommer. Sein Sohn Golo bleibt in Zürich und möchte *Mass und Wert* redigieren […]. Dieser Neffe und ich sind die standhaften Europäer.

(Brief an Klaus Pinkus, Nizza, 3. Januar 1939)

Lieber Golo,

ich hatte einen schönen Brief von Dir und habe ihn alsbald beantwortet, am 23. August.

Seither sieht alles anders aus, aber das wäre für uns beide kein Grund, in Schweigen zu verfallen. Deine Eltern sind gewiss von Schweden nach Amerika weitergereist. Sollten Sie nicht auch die alten Herrschaften mitgenommen haben? Es wäre ein Glück.

Golo Mann, um 1940 (317.)

In diesem Fall sind Du und ich in diesem stürmischen Erdteil allein übrig und haben Grund genug, in Verbindung zu bleiben. Wohlverstanden, meine arme Tochter befindet sich in der Hand des Feindes. Bis nach dem Ausbruch der Katastrophe hatte ich Schritte für ihre Entfernung unternommen. Alle, die hätten helfen können, sind jetzt verstreut.

Bist Du der Tschechoslowakei verpflichtet, oder erwägst Du eine Teilnahme an den Diensten unserer Mitbürger für Frankreich? Ich habe mich dem Konsul in Marseille, 57, rue de la République, zur Verfügung gestellt, habe aber auch der französischen Propaganda meine Talente anbieten lassen.

Bei uns bist Du eingeladen, eine bescheidene Unterkunft und das jetzt übliche Essen. Meine Frau grüsst Dich mit mir herzlich.

Dein Onkel H.

(Brief an Golo Mann, Nizza, 11. September 1939)

Erika hält Radioansprachen in Großbritannien

Meine Nichte Erika ist zurück nach England gefahren, sie ist dort zuständig. Ihre Mutter war ängstlich, daher erbot ich mich sie zu ersetzen. Es handelte sich um Radio-Ansprachen nach Deutschland hinein. Das kann ich auch, wie Sie wissen, und täte es gern. Aber noch andere Aufgaben sind zu erfüllen, das kann Erika mit ihrer Nationalität, die heute die höchste Ehre ist. Ich wünsche täglich Mut und Kraft uns allen, und mehr als allen wünsche ich sie dem bewundernswerten England und Mr. Churchill.

(Brief an Carl Rössler, Beverly Hills, 20. Juni 1941)

Klaus Mann auf den Spuren von Vater und Onkel in Italien

Lieber Klaus,

sehr, sehr habe ich mich gefreut über Deine wohlgelaunten Grüsse von der Reise. Eine Italienreise, wie wir keine kannten. Hoffentlich verläuft sie milde, ich meine nicht nur das Wetter. Mögest Du Rom in gutem Zustand vorfinden, das Coliseo [!] nicht mehr Ruine als sonst. Aber vielleicht hatte Mussolini es reparieren lassen? Dann sollte man die attraktivsten Stars dort auftreten lassen. Gegenüber dem Pantheon die Gasse rechts hinein, liegt das Ristorante della Rosetta. Es ist zu alt um unterzugehen. Nur mit dem Essen wird es anders stehen als zu der Zeit, da Dein Vater und ich dort tägliche Gäste waren. Wir wohnten nahe, Via Argentina numero 34. – Verzeihe meine unbedeutenden Erinnerungen. Deine historischen notierst Du später. Ich unterlasse alle guten Wünsche, Du würdest Sie überflüssig finden. Nur die Lebensfreude, die ich in drei Jahren Rom, mit 24 bis 27 Jahren, besass und ausübte, hätte ich für Deine heutigen Zwecke gern auf Dich übertragen. Aber Du bist wohlgelaunt und so grüsse ich Dich von Herzen, Dein Onkel

Heinrich

(Brief an Klaus Mann, Los Angeles, 4. Juni 1944)

»Ich danke Dir für die guten Worte«

My dear Klaus,

you wrote me a wunderful [!] letter about my poor wife: I thank you for the fine words and the true feelings.

She didn't know what she was doing. Or she knew it before and wanted never to do it. But when the bad hour came, all was forgotten.

Despite of the terrifying last time, I had then the hope to see her restablished; now I can't anything, and I am alone.

A sad man thinks often of his friends; so my thoughts are with you. In the radio I hear:

»May the Lord watch between me and thee,
while we are absent one another.«

Your uncle

Heinrich

(Brief an Klaus Mann, Los Angeles, 18. Januar 1945)

[Übersetzung: Du schriebst mir einen wunderbaren Brief über meine arme Frau: Ich danke Dir für die guten Worte und das Mitgefühl. Sie wußte nicht, was sie tat. Oder sie wußte es vorher und wollte es niemals tun. Aber als die schlimme Stunde kam, war alles vergessen. Trotz der schrecklichen letzten Zeit hatte ich damals die Hoffnung, sie wieder gefestigt zu sehen; jetzt kann ich nichts mehr hoffen und ich bin allein. Ein trauriger Mann denkt oft an seine Freunde; so sind meine Gedanken bei Dir: Im Radio höre ich: »Möge der Herr wachen zwischen mir und Dir, während wir voneinander fern sind.« Dein Onkel Heinrich.]

»Welch' ein Glück, Du findest, in der Mitte des Lebens,
allzeit Dein Elternhaus.«

Lieber Klaus,
wie reizend, dass Du an mich wieder denkst. Du wirst auch nicht vergessen. Am Weihnachtsabend mit Golo, Erika, Bibi und den Deinen, bist Du im Elternhaus vermisst worden. Welch' ein Glück, Du findest, in der Mitte des Lebens, allzeit Dein Elternhaus. Das meine dauerte kaum bis zwanzig. Alles noch wünschenswerte Glück möge Dir werden. [...]

(Brief an Klaus Mann, Los Angeles, 2. Januar 1947)

Klaus Mann im Mai 1949
kurz vor seinem Tod (433.)

»Geschwächt wird die Familie; wir waren
zahlreich und hatten Einfluss.«

Mein Neffe Klaus lebte nicht mehr gern; was ihn eigentlich tö-
tete war die vertane Zeit, der er angehörte. Die Generation, die
vor den Kriegen noch nicht da war, muss gerade in den besseren Fällen das Gefühl haben, sie gebe sich umsonst hin. Das
unterscheidet den jüngeren der beiden Toten von dem älteren.
Geschwächt wird die Familie; wir waren zahlreich und hatten
Einfluss. Übrig ist mein Bruder Thomas mit seinem Sohn
Golo, dieser, wie er fürchtet, auf verlorenen Posten zwischen
hier und drüben. Sein Vater hat, nach möglichem Ermessen, für
seinen Weltruhm nicht zu fürchten.

(Brief an Karl Lemke, Santa Monica, 27. Mai 1949)

»Klaus fand am Leben nicht Genüge.«

Lieber Freund Brantl,
    nur ein Gruss. Sie wissen, bei uns ist nochmals der Tod er-
schienen, jetzt um eines Frühvollendeten willen. Klaus fand
am Leben nicht Genüge. Seiner Generation hat, bevor sie
mündig waren, die Welt schon alles entstellt und verdorben.
Wir Überlebenden grüssen einander über Gräber. Ähnliches
meint der Roman, den Sie bekommen. Ihr H. M.

(Brief an Maximilian Brantl, Santa Monica, 6. Juni 1949)

Vielleicht haben auch Sie von der Szene am Grabe Klaus' gelesen. Mit dem Trauergeleit erschien unerwartet sein jüngster Bruder, Michael. Er bereist gerade »den Kontinent« in
dem San-Francisco-Orchester des französischen Amerikaners
Monteux. Auf dem Wege trug er ein Köfferchen, dem er, angelangt, seine Geige entnahm, eine Bratsche oder Viola d'amour.

Über dem schon versenkten Sarg des Bruders spielte er ein Largo, dann ging man still auseinander.

Natürlich, aber bemerkenswert, dass die alleingebliebene Frau Viktors seine Freunde, Sie vor allem, zu sich ruft. Das geht jetzt tausendfach vor, und die sterben, Klaus wie Viktor, sind von dieser Epoche getötet, wie auch die übrigbleiben Opfer des herrschenden Irrsinns sind: Nachgerade herrscht er zu lange.

(Brief an Karl Lemke, Santa Monica, 15. Juni 1949)

Nachwort

Was für eine Familie! Zwei Senatorensöhne aus Lübeck, ungleiche Brüder, Schulversager und Jobverweigerer, setzen die Welt mit literarischen Meisterwerken in Erstaunen. Wer von uns traf nicht früher oder später auf Thomas Manns *Buddenbrooks* oder Heinrich Manns *Untertan*? »Man kennt meine Herkunft ganz genau aus dem berühmten Roman meines Bruders. Nachdem wir zwei dicke Bände lang hanseatische Kaufleute gewesen waren, brachten wir es endlich kraft romanischer Blutmischung […] bis zu Künstlertum.« Heinrich Manns nicht ganz ernst gemeinte Selbstcharakteristik bringt uns das Phänomen der Familie Mann näher. Die für die damalige Zeit nicht alltägliche Verbindung der Eltern – der Vater Lübecker Kaufmann, die exotische Mutter aus Brasilien stammend – gilt als Ferment für die Begabung der beiden Söhne. Fortgesetzt wurde die literarische Erfolgsgeschichte dann von Klaus, Erika und Golo, den Kindern Thomas Manns.

Die »amazing family«, wie ein englischer Journalist die Manns schon in den dreißiger Jahren nannte, erscheint heutigen Betrachtern als dichtes Netzwerk von gelungenen oder gescheiterten Beziehungen, die alle in irgendeiner Weise in die Weltliteratur eingegangen sind. Mitgestrickt an der Legende der Familie Mann haben Thomas und seine Kinder in vielen autobiographischen Zeugnissen. Klaus Manns Lebensbericht *Der Wendepunkt* erschien 1949. Seine Schwester Erika setzte ihrem Vater in dem Bändchen *Das letzte Jahr* ein Denkmal. In seinen *Erinnerungen und Gedanken* breitete Golo Mann seine Kindheit und Jugend als drittes Kind von Thomas und Katia

Mann aus. Der Zauberer selbst, wie seine Kinder Thomas Mann nannten, war ein exzessiver Tagebuchschreiber und verfasste zuhauf autobiographische Texte, so 1930 den *Lebensabriß*. Viktor Mann, der kleine Bruder von Heinrich und Thomas, wagte sich gar an eine Familiengeschichte mit dem Titel *Wir waren fünf*. Es gibt kaum ein Mitglied der Familie Mann, das es sich entgehen ließ, seine Rolle im Familienverband darzustellen. Selbst von Katia Mann, die selbst nicht schreiben wollte, erschienen die *Ungeschriebenen Memoiren,* die aus Gesprächen hervorgegangen sind.

Und Heinrich Mann? Nichts davon. Kaum Tagebücher, keine Autobiographie im eigentlichen Sinn, in der er seine Lebensgeschichte festgehalten hätte. Keine kontinuierlichen Aufzeichnungen, aus denen wir erfahren könnten, wie er seine Position innerhalb der Familie sah, was er über die literarischen Erfolge seines Bruders dachte. Seine wenigen Tagebücher und Notizhefte hatten eine andere Funktion: Hier machte er sich Gedanken über künftige Werke, entwarf literarische Pläne, hielt Skizzen und Ideen fest. Gefragt nach autobiographischen Texten schickte Heinrich Mann häufig einen Überblick über seinen literarischen Werdegang. So gibt er in einem siebenseitigen Brief an Alfred Kantorowicz vom 3. März 1943 ausschließlich Auskunft über sein literarisches Leben. Am Ende fügt er an: »Ihre Fragen nach meinem Privatleben habe ich übergangen, das passt nicht hinein. [...] Genug damit. Mir wird schon übel von dem Reden über mich.« Auch Karl Lemke, der nach dem Zweiten Weltkrieg eine Biographie plante, musste dasselbe erfahren. Heinrich Mann beantwortete die Rubrik »Eltern? Schule? Studium?« in Lemkes Fragebogen mit dem lakonischen Satz: »1 – 3 war in jedem Nachschlagebuch – vor der Hitler-Episode – beantwortet« (Brief an Karl Lemke, Los Angeles, 29. Januar 1947).

Heinrich Mann wollte also öffentlich nichts über sein Privatleben sagen. Das Literarische, seine Romane, Essays und Novellen, waren ihm wichtiger. Dies war sein Leben, daran sollten sich die Biographen halten. Was sich drumherum abspielte, ging niemanden etwas an. Vielleicht war er auch ein gebranntes Kind, denn spätestens nach der Scheidung von seiner ersten Frau Mimi war er häufig in den Klatschspalten der Berliner Zeitungen zu finden, wenn er mit einer neuen Frau an seiner Seite auftrat. Nur die Ereignisse, die unmittelbar sein Schreiben beeinflussten, wie seine Herkunft, sein Verhältnis zum Bruder (vgl. S. 188–S. 203), die Flucht nach Frankreich (vgl. S. 93 f.) und der Weg ins Exil nach Amerika (vgl. S. 96–S. 107) wurden von ihm für die Nachwelt aufgezeichnet. Und so ist dann auch sein 1946 erschienenes Memoirenwerk *Ein Zeitalter wird besichtigt* in erster Linie ein Werk, das über die eigenen Lebensdaten hinausgreift. In ihm entwarf er sein Bild von Europa angefangen von der französischen Aufklärung bis zum Zweiten Weltkrieg. Er selbst verstand sich als Teil des Ganzen, als politischer Beobachter, als Chronist.

Aber wo findet man den Privatmann Heinrich Mann? Der vorliegende Band, der den Autor von der Kindheit bis ins amerikanische Exil begleitet, versammelt ausgewählte Briefe, vereinigt die wenigen autobiographischen Texte, in denen der Autor Einblick in sein privates Leben erlaubt, und er greift die literarischen Quellen heraus, in denen Heinrich Mann seine Kindheit in Lübeck und seine Herkunft als Kaufmannssohn schildert. Zum Teil sind es bislang unbekannte Quellen wie die Briefe an seine Frau Mimi oder seine Tochter Leonie, die zum ersten Mal gedruckt werden. Eine Gesamtschau aller seiner autobiographischen Äußerungen ist dies nicht. Auch geht es nicht darum, in einem »Who is Who?« die Menschen aufzulisten, die ihm im Leben nahe standen und dann in seinen Werken Eingang gefunden haben. Vielmehr werden wichtige Ausschnitte aus Romanen oder Erzählungen exemplarisch herausgegriffen, die in besonderer Weise zeigen, welchen Einfluss etwa seine Eltern, Geschwister, seine Liebesbeziehungen und seine Tochter auf Heinrich Manns literarische Produktion und auf seinen Lebensweg hatten. Ein besonderes Augenmerk wird dabei auf die Briefe gelegt.

An Karl Lemke schrieb er am 7. November 1946: »Hiermit haben die biographischen Daten begonnen, falls Sie denn meine Biographie in Aussicht nehmen. Ich kann Ihnen weder zu- noch abraten. Soviel ich selbst beigetragen hätte, lesen Sie in *Zeitalter* und dürfen es nicht versäumen. Natürlich gibt es mehr. Der erste Teil von *Zwischen den Rassen* ist die Kindheit meiner Mutter, in Brasilien. Meine eigene Kindheit hat ihren Nachklang in ein paar Geschichten aus dem Buch *Sie sind jung*. Wohlgemerkt, dies und Ähnliches – der Roman *Eugénie* aus der *Bürgerzeit*, meiner Kinderzeit; auch *Ein ernstes Leben*, das mehr oder weniger der Roman meiner geliebten Verstorbenen [Nelly Mann] ist –: alles ist von mir allein. Kein anderer besass Kenntnis und Hingabe, um meinen Aufstieg darzustellen; er geschah nicht vor Zuschauern. Die ersten fünfzehn Jahre meiner Tätigkeit, bis fünfundvierzig, hatte ich kein grosses Publikum. Als ich es hatte, war es mir niemals sicher. Meine Beliebtheit oder Autorität schwankten mit den veränderlichen Zuständen des Landes, der Menschen, meines eigenen Geschickes. Es scheint aber, dass hierauf kein Biograph sich einlässt« (vgl. S. 107 f.).

Das Kind

Die Novellensammlung *Das Kind*, die an den Anfang dieses Buches gestellt wurde, entstand in den Jahren 1926 bis 1929 und wurde 1929 in dem Band *Sie sind jung* veröffentlicht. Heinrich Mann war also schon Mitte 50, als er noch einmal intensiv auf seine Kindheit blickte. Was mochte ihn dazu veranlasst haben? Es war die Zeit der Trennung von seiner Ehefrau Mimi. Er musste es verkraften, seine Tochter Leonie nicht mehr so häufig wie bisher zu sehen. Vielleicht kam daher der

Wunsch, auf die eigene Kindheit, eine längst vergangene Zeit, zurückzuschauen. »Kindheitserinnerungen haben gewiss auch mein Leben beeinflusst, aber ich kann es nicht wissen, ich habe sie nicht in Form eines Katechismus gesammelt«, heißt es in der Novelle *Maskenball.*

Klaus, der Sohn Thomas Manns, schrieb in seiner Rezension zu dem Novellenband *Sie sind jung*: »Mit welch wehmütiger Eindringlichkeit erinnert sich des Alten hier einer, der doch das Neue selbst mit vorbereiten half, der doch selbst ein Teil des Neuen ist. Ein Schleier von Zärtlichkeit liegt über diesen mit vorsichtiger Andacht erzählten Andenken. […] Die letzte Geschichte *Der Freund* ist sicher eine der schönsten, die Heinrich Mann geschrieben hat. Ein Kindheitserlebnis, das die Erfahrung eines langen Menschenlebens vorwegnimmt […]; mit Würde und gelassener Meisterschaft, mit einer wehmutsvoll tiefen Einsicht.«

Maskenbälle, Theaterbesuche, wunderbare Süßigkeiten: Heinrich Manns Kindheit war wohl behütet. In der Novelle *Die beiden Gesichter* lässt der Autor die Mutter sagen: »Wir sind nicht reich, aber sehr wohlhabend.« Wohl situiert und angesehen waren die Manns jedoch nur bis zum Tode des Vaters 1891. Schon am Tag der Beerdigung schien jede Sympathie für die Senatorenfamilie aufgebraucht, wie Heinrich Mann es in derselben Novelle treffend beschreibt (vgl. S. 16f.). In enger Beziehung zu der Sammlung *Das Kind* steht der Roman *Eugénie oder Die Bürgerzeit* (erschienen 1928), in dem Heinrich Mann das vergangene 19. Jahrhundert, das Jahrhundert seiner Kindheit, lebendig werden lässt.

Die Bindung des Schriftstellers an seine Heimatstadt Lübeck war tief, wenn er die Stadt auch nach dem Tod des Vaters nicht wieder sah. Noch in seinem vorletzten Roman *Empfang bei der Welt*, der 1956 aus dem Nachlass erschien, kehrt Heinrich Mann in das Haus seiner Großeltern in der Lübecker Mengstraße, das »Buddenbrookhaus«, zurück. Er beschreibt die Tapete im Landschaftszimmer, die fliesenbelegte, kühle Diele und den Weinkeller. Zu Willy Brandt, der auch aus Lübeck stammte, sagte er 1938 in Paris mit Tränen in den Augen: »Die sieben Türme [Lübecks] werden wir wohl nie mehr sehen.«

Das Spannungsfeld zwischen dem Vater, der ein solider Kaufmann war und die schriftstellerischen Neigungen seines Sohnes Heinrich unterbinden wollte, und der exotischen Mutter bestimmte Heinrich Manns literarische Anfänge. In der *Jagd nach Liebe* schreibt er: »Was haben wir zu hoffen, wenn wir zur Welt kommen? Nichts, was nicht in unserem Blute wäre. Nichts von außen, alles in uns.« Doch manchmal war ihm die Reduzierung seines schriftstellerischen Impetus auf die Herkunft der Mutter auch lästig. In handschriftlichen Notizen zu einer Biographie erklärt er: »Die Mutter H. M.'s war aus Brasilien eingewandert, einer seiner Urgroßväter aus Genf. Internationale Verwandtschaften waren in den Hansestädten üblich. Es ist nicht nötig, Besonderheiten der Mann'schen Begabung daher abzuleiten.«

Die Familie

Die Familie nahm in Heinrich Manns literarischen Produktionen einen breiten Raum ein. »Immer wieder fällt es mir auf, wie es in Deinen Büchern, besonders aber in diesem [*Jagd nach Liebe*], von Personen wimmelt, die man wieder erkennt, und von erlebten Einzelheiten. Ich glaube, kein Schriftsteller auf der Welt macht sich so viele Notizen wie Du«, schrieb Carla Mann am 20. Juni 1907 an ihren Bruder Heinrich. Von seinen Geschwistern stand ihm Carla am nächsten. Ihr Selbstmord hat ihn sehr erschüttert. Mit seiner älteren Schwester Julia dagegen hatte er sich überworfen, nirgends erwähnt er ihren Freitod. Auch zu Viktor, dem jüngsten Kind der Familie Mann, hatte Heinrich Mann kein enges Verhältnis.

Heinrich Mann hat – wie sein Bruder Thomas auch – die Familienmitglieder gleichsam als Material für Romane, Novellen, Theaterstücke gesehen. Die Jugend seiner Mutter verarbeitet er in *Zwischen den Rassen* (vgl. S. 119–S. 132), seine Bruderbeziehung wird unter anderem in den Romanen *Der Kopf* und *Der Atem* (vgl. S. 202 f.) thematisiert, die Geschichte seiner Schwester Carla in Romanen wie *Die Jagd nach Liebe* oder in der Novelle *Die Schauspielerin*. Nicht aus allen Werken Heinrich Manns wurden Textbeispiele in diesen Band aufgenommen, denn unmittelbare Darstellungen der Familiengeschichte oder lebenswirkliche Porträts der Familienmitglieder lassen sich kaum herauslesen. Eher Ähnlichkeiten, die sich wie ein roter Faden etwa durch die *Jagd nach Liebe* ziehen. Im Zentrum steht für Heinrich Mann die literarische Gestaltung. Das sahen seine Angehörigen anders. Selbst sein Bruder Thomas verkannte oft das Literarische der dargestellten Figuren.

Heinrich und Thomas Mann standen schon früh in Konkurrenz zueinander. Der ältere Bruder scheint den jüngeren nicht sehr ernst genommen zu haben, ziemlich abfällig äußert er sich in Briefen an den Schulfreund Ludwig Ewers über Thomas' latente Homosexualität und seine in Heinrich Manns Augen schwülstigen Gedichte. In Italien, wo die Brüder einige Sommer gemeinsam verbrachten, kamen sie sich näher. Hier entstand auch ihr einziges gemeinsames Werk zur Konfirmation der Schwester Carla am Palmsonntag 1897, das *Bilderbuch für artige Kinder* mit Erzählungen, Gedichten und Zeichnungen, das im Krieg verloren ging. In Palestrina schrieb Thomas Mann die ersten Seiten seines Romans *Buddenbrooks*. Heinrich Mann hat seinen Anteil an dem Buch später so beschrieben: »Es war in Palestrina, wo es fing damit an, dass wir gemeinsam die Listen der Lübecker machten, die herhalten sollten. Wir verfielen täglich Jeder auf neue Einzelheiten, erinnerten uns: das soll vorkommen. Das zusammen Denken ging so weit, dass Du mir einmal vorschlugst, ich solle den ersten, Dir zu ›historischen‹ Theil des Buches schreiben« (vgl. S. 142).

Die erste große familiäre Auseinandersetzung begann mit Heinrich Manns Roman *Die Jagd nach Liebe*, der 1903 erschien. Hier wähnt die Schwester Julia ihren Mann Josef Löhr verunglimpft; die Titelfigur Ute wird mit der Schwester Carla gleichgesetzt, was diese nicht störte, wohl aber den Rest der Familie. Thomas Mann verfasst seinen berühmten Anklagebrief: »Daß ich mit Deiner literarischen Entwicklung nicht einverstanden bin, – muß einmal ausgesprochen werden« (an Heinrich Mann, 5. Dezember 1903). Vor allem die im Roman beschriebenen sexuellen Vorlieben wurden von Thomas heftig kritisiert. Heinrich Manns Entwurf zu einem Antwortbrief an den Bruder ist erhalten. Hier wird deutlich, wie sehr ihn die Reaktion der Familie mitnahm: »Daher [...] liegt mir umso heftiger daran, wenigstens von Euch halbwegs anerkannt zu werden, von Dir, womöglich auch von Lula. Carla hat mir ja die Freude gemacht, sich bei dem Buch zu amüsiren und einverstanden zu sein mit der Ute; und da sie hierzu die nächste ist, wiegt das viel auf. Aber [...], ich gestehe, bei euch paar Menschen, an denen ein Stück von meinem Leben hängt, könnte ich Geringschätzung nicht gut aushalten« (vgl. S. 142 f.). Thomas entgegnet am 8. Januar 1904: »Deine Persönlichkeit! Oft kommt jetzt das Gespräch auf Dich bei Löhrs [der Familie der Schwester Julia / Lula], wo ich zweimal die Woche zu Mittag esse. Wir sitzen dann und machen alle drei sehr ernste, fast leidende Gesichter. Jeder sagt ein halbwegs gescheites Sprüchlein über Dich. Für und Wider und dann tritt stummes Grübeln ein. Endlich sage ich: ›Der Fall Heinrich ist nämlich ein Fall, über den ich stundenlang nachdenken kann.‹ ›Ich auch‹, sagt Lula. ›Ich auch‹, sagt Löhr. Und wiederum nach einer Pause sage ich mit orakelhafter Betonung: ›Daß er uns allen soviel zu schaffen macht, beweist, daß er mehr ist, als wir alle.‹« Auch die Mutter mischte sich in einem Brief vom 20. November 1904 ein: »Bitte, bitte, lieber Heinrich, befolge meinen Rat und ziehe Dich nicht von T[homas]. und L[öhrs]. zurück.« Heinrich Mann war in dieser Lebensphase gesundheitlich angeschlagen. Die Reaktion seiner Mutter und der Geschwister hat ihn sehr betroffen gemacht, wie er auch seiner Freundin Nena in einem Brief (vgl. S. 234) gesteht. Sicher hat die Auseinandersetzung auch dazu geführt, dass er sich stärker von seiner Familie distanzierte.

Jahre später, 1915, kam es wegen des *Zola*-Essays, dessen Thesen und Anklagen Thomas Mann auf sich bezog, zum Eklat. Der Essay führte zum Bruch der beiden Brüder. Fast sieben Jahre lang gab es keinen Kontakt. Ende 1917 unternimmt Heinrich noch einmal einen Versöhnungsversuch. Als dieser scheitert, schreibt er in einem Brief an den Bruder Thomas, den er allerdings nicht abschickt: »Was mich betrifft, ich empfinde mich als durchaus selbständige Erscheinung, u. mein Welterlebnis ist kein brüderliches, sondern eben das meine« (vgl. S. 149).

Mittlerweile hatte Heinrich Mann eine eigene Familie gegründet; 1914 heiratete er Mimi, 1916 wurde Tochter Leonie geboren. Der Streit belastete die Familien der beiden Schriftsteller sehr. Leonie kannte ihre Cousins und Cousinen zunächst nicht. Erst nach der Versöhnung im Jahr 1922 trafen sich die Familien von Heinrich und Thomas, die ja beide in München lebten, wieder, doch blieb man auf Distanz. Golo Mann schreibt in seinen *Erinnerungen und Gedanken*: »Ein- oder zweimal lud er [Heinrich Mann] Klaus und mich zum Mittagessen in einem Restaurant ein. Regelmäßig redete er uns zuerst mit ›Sie‹ an: ›Wie geht es Ihrem – wie geht es deinem Vater?‹ Er war uns noch ziemlich fremd, trotz der nun acht Jahre zurückliegenden Versöhnung mit dem Bruder; erst die Emigration brachte uns näher.«

Später betonte Heinrich, dass sein Bruder ihm auch in dieser schweren Zeit nahe gestanden habe, er versuchte die Trennung im Nachhinein zu relativieren. Als Karl Lemke ihn 1947 in einem Brief fragte: »Bestand zwischen Leopoldstr. 59 [Heinrich Manns Wohnung] und Poschingerstr. 1 [Wohnhaus Thomas Manns] lebhafter Verkehr?«, antwortete Heinrich Mann: »Immer. Die brüderliche Nähe ging uns auch nicht verloren, als wir uns während des ersten Krieges nicht sahen.« In seiner Dankesrede zur Feier des 70. Geburtstags betonte Heinrich Mann: »Deine Aufrichtigkeit, die meisterliche Eindringlichkeit Deiner Wahrheiten war es von je, was die Herzen gewann, auch meins – glaube mir, sogar vorzeiten, in dem seltenen Fall, als wir verschieden dachten. Verschieden, daß bringt ein langes Leben mit sich. Brüderlich ist unser Leben und Denken jederzeit geblieben [...].«

Die Exilzeit in Frankreich bzw. in der Schweiz und Amerika führte zu einer engeren Beziehung der Brüder. Vor allem Heinrich Mann regte Besuche und gemeinsame Urlaube an (vgl. S. 163). 1942 bekennt er seinem Bruder: »Ohne Vorsatz habe ich plötzlich angefangen *Buddenbrooks* zu lesen.« Für die Menschen in ihrer Umgebung schien ihr Umgang jedoch »so steif wie der zweier Universitätsprofessoren, die einander gerade vorgestellt worden sind«, wie ein Sekretär von Thomas Mann es ausdrückte. Alfred Döblin bemerkte nach der Feier zu Heinrich Manns Geburtstag: »Th. Mann zückte ein Manuskript und gratulierte daraus. Dann zückte der Bruder sein Papier und dankte auch gedruckt daraus.«

Heinrich Mann und die Frauen

Denkt man an Heinrich Mann, hat man ihn häufig als Repräsentanten der Weimarer Republik, als politischen Schriftsteller, als Autor des *Professor Unrat* und des *Untertan* vor Augen oder als verarmten, kränkelnden Emigranten in Kalifornien. Im Kapitel *Heinrich Mann und die Frauen* lernen wir eine neue

Seite des Autors kennen, der wunderschöne Liebesbriefe verfasst hat. Viele Originalbriefe etwa an Mimi Mann und Edith Kann werden hier zum ersten Mal gedruckt. Heinrich Mann liebte die Frauen. In der frühen Novelle *Pippo Spano* seufzt die Hauptfigur Mario Malvolto: »Ob sie es eigentlich wissen, die Frauen, daß alles im Grunde nur für sie geschieht?« Die Briefe verraten viel von den Sehnsüchten, der Leidenschaft, der Suche nach Liebe und den Ängsten, die hinter der Rolle des repräsentablen Schriftstellers stehen.

Thomas Mann dagegen hatte sich schon früh – durch die Heirat mit Katia Pringsheim 1906 – eine »Verfassung« gegeben, wie er Heinrich in einem Brief mitteilte. Dieser heiratete erst spät, nachdem verschiedene Beziehungen gescheitert waren. Er verliebte sich meist in Künstlerinnen, die von seiner Familie nicht akzeptiert wurden, weil sie gesellschaftlich nicht comme il faut waren. Ob Inés Schmied, Mimi Kanová oder Nelly Kröger – aufgenommen in den Familienverband wurde keine. Nicht einmal zur Hochzeit mit Mimi Mann war der Bruder Thomas erschienen. Und nach dem Selbstmord Nelly Manns zeigte sich die Familie Thomas Manns sichtlich erleichtert, obwohl Heinrich sehr um seine zweite Frau trauerte (vgl. S. 266–S. 277). Die Liebesbeziehungen spiegeln sich auch in den Werken wider: Die Liebe zu Inés Schmied inspirierte den Autor zum zweiten Teil des Romans *Zwischen den Rassen*. Seine Liaison mit Edith Kann hatte großen Einfluss auf das 1914 entstandene Theaterstück *Die große Liebe*. Nelly Krögers Erzählungen aus ihrer Jugend wurden von ihm zu dem Roman *Ein ernstes Leben* verarbeitet.

Heinrich Mann war ein zurückhaltender Mensch, auch in den Briefen an seine Familie und Freunde. Selbst im Briefwechsel mit seiner Mutter hält er sich mit Urteilen über seine Geschwister oder Details aus seinem Privatleben zurück. Offen war er vor allem in Briefen an seinen besten Freund Félix Bertaux und an seinen Jugendfreund Ludwig Ewers. Erst im Exil werden seine Briefe persönlicher, und vor allem nach dem Tod seiner zweiten Frau Nelly erzählt Heinrich Mann, was ihn bewegt.

Die Briefe aus Kalifornien machen deutlich, dass Heinrich Mann trotz der Geldsorgen und Nöte nicht nur der alte, gebrochene Mann war, der im Exil auf sein Ende wartete. Was ihn ängstigte war, dass so viele persönliche Verluste zu beklagen waren: Nellys und Klaus' Selbstmord, der Tod von Mimi Mann. »Geschwächt wird die Familie; wir waren zahlreich und hatten Einfluss«, schrieb Heinrich Mann nach dem Tod von Klaus, der ihm von den Neffen und Nichten vielleicht am nächsten gestanden hatte, an Karl Lemke (vgl. S. 314). Doch wir lernen auch einen anderen Heinrich Mann im Exil kennen. Gerade die erstmals veröffentlichten Briefe an seine Tochter zeigen ihn als stolzen Vater und Großvater. An seiner Tochter hing Heinrich Mann mit zärtlicher Liebe. Nach der Trennung von Mimi schreibt er an Félix Bertaux: »[...] gestern traten mir mit voller Deutlichkeit die besten Augenblicke meiner Ehe vor Augen, als das Kind geboren wurde. Ich habe es gleich mehr geliebt, glaube ich, als bei Vätern üblich ist. Es war das schlimmste Kriegsjahr, ohne Heizung in einem einzigen Zimmer; aber ich hatte das Kind und die Frau [...].« Arnold Zweig erinnert sich an Münchener Tage: »Der Schriftsteller Heinrich Mann war für uns junge Leute eine der eindrucksvollsten Gestalten, die das literarische Leben aufzuweisen hatte. Wenn wir ihm gelegentlich in der Leopoldstraße begegneten, einen Kinderwagen mit seinem Töchterchen vor sich her schiebend, waren wir entzückt und respektvoller, als wäre er in einer Limousine vorgefahren.« Der Autor litt darunter, dass Leonie und ihre Mutter Mimi nach Prag hatten flüchten müssen. Und er machte sich wohl auch Vorwürfe, dass er ihnen von seinem Exil in Frankreich aus nicht hatte helfen können, obwohl er sich 1933 auch darüber beschwert hatte, dass er so viel Unterhalt an die beiden zahlen musste [vgl. S. 285].

Nach dem langen Schweigen – wegen der Briefsperre während des Krieges hörte Heinrich Mann jahrelang nichts von der Tochter – war er sichtlich erleichtert, dass sich seine Leonie nach den schrecklichen Ereignissen des Krieges wieder in der Welt zurechtgefunden hatte. Die Nachricht von der Geburt des Enkels Jindrich (Heinrich), 1948 in Prag, machte ihn glücklich. Für den Autor hatte sich damit sein Lebenskreis wieder geschlossen: An Klaus Pinkus schrieb er am 1. Oktober 1949, nur wenige Monate vor seinem Tod:

»Ich habe in Prag einen Enkel, der mich nicht kennen wird. Dennoch glaube ich, ihn im Spiegel meines Kinderzimmers gesehen zu haben, 1871. –«

Dank

Ich danke Wolfgang Klein, dass ich Übersetzungen (von Rosemarie Heise) aus seinem Manuskript der Briefe von Heinrich Mann an Félix Bertaux übernehmen durfte. Auch für die Unterstützung von Christina Möller im Heinrich-Mann-Archiv der Akademie der Künste in Berlin danke ich sehr. Besonderer Dank gilt meinem Mann Peter-Paul Schneider für Hinweise, Anregungen und Ermunterung.

Berlin, 27. März 2001,
am 130. Geburtstag Heinrich Manns   Kerstin Schneider

Quellenverzeichnis

Zur Textgestalt

Die im Druck vorliegenden Texte folgen der jeweils im Quellenverzeichnis genannten Vorlage. Bei den Originaldokumenten wurden die Rechtschreibung und die Zeichensetzung Heinrich Manns übernommen.

Texte

1. Drucke

Abschied von Europa. In: Heinrich Mann: *Ein Zeitalter wird besichtigt.* Erinnerungen. Mit einem Nachwort von Klaus Schröter und einem Materialienanhang, zusammengestellt von Peter-Paul Schneider. Frankfurt am Main 1988 (= Heinrich Mann: *Studienausgabe in Einzelbänden.* Herausgegeben von Peter-Paul Schneider. Fischer Taschenbuch, Bd. 5929), S. 474–485.

Alles in allem. In: Heinrich Mann: *Ein Zeitalter wird besichtigt.* Erinnerungen. Mit einem Nachwort von Klaus Schröter und einem Materialienanhang, zusammengestellt von Peter-Paul Schneider. Frankfurt am Main 1988 (= Heinrich Mann: *Studienausgabe in Einzelbänden.* Herausgegeben von Peter-Paul Schneider. Fischer Taschenbuch, Bd. 5929), S. 489.

Autobiographie. In: *Heinrich Mann 1871–1950. Werk und Leben in Dokumenten und Bildern.* Herausgegeben von der Akademie der Künste in Berlin anlässlich der Ausstellung zu seinem 100. Geburtstag. Ausstellung und Katalog: Sigrid Anger unter Mitarbeit von Rosemarie Eggert und Gerda Weißenfels. Berlin und Weimar 1971, S. 465 f.

Autobiographische Skizze. In: *Heinrich Mann 1871–1950. Werk und Leben in Dokumenten und Bildern.* Herausgegeben von der Akademie der Künste in Berlin anlässlich der Ausstellung zu seinem 100. Geburtstag. Ausstellung und Katalog: Sigrid Anger unter Mitarbeit von Rosemarie Eggert und Gerda Weißenfels. Berlin und Weimar 1971, S. 76 f.

Beim Theater. In: Heinrich Mann: *Ein Zeitalter wird besichtigt.* Erinnerungen. Mit einem Nachwort von Klaus Schröter und einem Materialienanhang, zusammengestellt von Peter-Paul Schneider. Frankfurt am Main 1988 (= Heinrich Mann: *Studienausgabe in Einzelbänden.* Herausgegeben von Peter-Paul Schneider. Fischer Taschenbuch, Bd. 5929), S. 249.

Begrüßung des Ausgebürgerten. In: Heinrich Mann: *Mut.* Essays. Mit einem Nachwort von Willi Jasper und einem Materialienanhang, zusammengestellt von Peter-Paul Schneider. Frankfurt am Main 1991 (= Heinrich Mann: *Studienausgabe in Einzelbänden.* Herausgegeben von Peter-Paul Schneider. Fischer Taschenbuch, Bd. 5938), S. 197–199.

Das Kind: Der Maskenball, Die beiden Gesichter, Zwei gute Lehren, Das verlorene Buch, Herr Gewert, Der Freund. In: Heinrich Mann: *Die Verräter.* Sämtliche Erzählungen, Band 3, Frankfurt am Main 1996 (= Heinrich Mann: *Gesammelte Werke in Einzelbänden.* Herausgegeben von Peter-Paul Schneider), S. 455–505.

Der Atem. Roman. Mit einem Nachwort von Helmut Koopmann und einem Materialienanhang, zusammengestellt von Kerstin Lang. Frankfurt am Main 1993 (= Heinrich Mann: *Studienausgabe in Einzelbänden*. Herausgegeben von Peter-Paul Schneider. Fischer Taschenbuch, Bd. 5937), S. 422 f. und S. 442 f.

Der Nobel-Preis. In: Heinrich Mann: *Das öffentliche Leben*. Essays. Mit einem Nachwort von Michael Stark und einem Materialienanhang, zusammengestellt von Peter-Paul Schneider. Frankfurt am Main 2001 (= Heinrich Mann: *Studienausgabe in Einzelbänden*. Herausgegeben von Peter-Paul Schneider. Fischer Taschenbuch, Bd. 13669), S. 113–116.

Der Unbekannte. In: Heinrich Mann: *Liebesspiele*. Sämtliche Erzählungen, Band 2. Frankfurt am Main 1996 (= Heinrich Mann: *Gesammelte Werke in Einzelbänden*. Herausgegeben von Peter-Paul Schneider), S. 190–192.

Der Weg aus dem Land. In: Heinrich Mann: *Ein Zeitalter wird besichtigt*. Erinnerungen. Mit einem Nachwort von Klaus Schröter und einem Materialienanhang, zusammengestellt von Peter-Paul Schneider. Frankfurt am Main 1988 (= Heinrich Mann: *Studienausgabe in Einzelbänden*. Herausgegeben von Peter-Paul Schneider. Fischer Taschenbuch, Bd. 5929), S. 376 f.

Die Jagd nach Liebe. Roman. Mit einem Nachwort von Alfred Kantorowicz und einem Materialienanhang, zusammengestellt von Peter-Paul Schneider. Frankfurt am Main 1987 (= Heinrich Mann: *Studienausgabe in Einzelbänden*. Herausgegeben von Peter-Paul Schneider. Fischer Taschenbuch, Bd. 5923)

Ein ernstes Leben. Roman. Mit einem Nachwort von Elke Se-
gelcke und einem Materialienanhang, zusammengestellt von
Peter-Paul Schneider. Frankfurt am Main 1991 (= Heinrich
Mann: *Studienausgabe in Einzelbänden.* Herausgegeben von
Peter-Paul Schneider. Fischer Taschenbuch, Bd. 5932), S. 9–13,
S. 40 f.

Eine Liebesgeschichte. In: Heinrich Mann: *Die Verräter.* Sämtliche Erzählungen, Band 3, Frankfurt am Main 1996 (= Heinrich Mann: *Gesammelte Werke in Einzelbänden.* Herausgegeben von Peter-Paul Schneider), S. 506–514.

Eine unabweisbare Frage: Gott. In: Heinrich Mann: *Ein Zeitalter wird besichtigt.* Erinnerungen. Mit einem Nachwort von
Klaus Schröter und einem Materialienanhang, zusammengestellt von Peter-Paul Schneider. Frankfurt am Main 1988
(= Heinrich Mann: *Studienausgabe in Einzelbänden.* Herausgegeben von Peter-Paul Schneider. Fischer Taschenbuch,
Bd. 5929), S. 225 f.

Haltlos. In: Heinrich Mann: *Haltlos.* Sämtliche Erzählungen.
Band 1, Frankfurt am Main 1995 (= Heinrich Mann: *Gesam-
melte Werke in Einzelbänden.* Herausgegeben von Peter-Paul
Schneider), S. 26.

In einer Familie. Roman. Mit einem Nachwort von Klaus
Schröter. Frankfurt am Main 2000 (= Heinrich Mann: *Gesam-
melte Werke in Einzelbänden.* Herausgegeben von Peter-Paul
Schneider), S. 39 f. und S. 50 f.

Lebenslauf. In: Heinrich Mann: *Sieben Jahre. Chronik der
Gedanken und Vorgänge.* Essays. Mit einem Nachwort von
Hans Wißkirchen und einem Materialienanhang, zusammen-
gestellt von Peter-Paul Schneider. Frankfurt am Main 1994

(= Heinrich Mann: *Studienausgabe in Einzelbänden*. Herausgegeben von Peter-Paul Schneider. Fischer Taschenbuch, Bd. 11657), S. 677f.

Mein Plan. In: *Heinrich Mann 1871–1950. Werk und Leben in Dokumenten und Bildern*. Herausgegeben von der Akademie der Künste in Berlin anlässlich der Ausstellung zu seinem 100. Geburtstag. Ausstellung und Katalog: Sigrid Anger unter Mitarbeit von Rosemarie Eggert und Gerda Weißenfels. Berlin und Weimar 1971, S. 55–57.

Mein Bruder. In: Heinrich Mann: *Ein Zeitalter wird besichtigt*. Erinnerungen. Mit einem Nachwort von Klaus Schröter und einem Materialienanhang, zusammengestellt von Peter-Paul Schneider. Frankfurt am Main 1988 (= Heinrich Mann: *Studienausgabe in Einzelbänden*. Herausgegeben von Peter-Paul Schneider. Fischer Taschenbuch, Bd. 5929), S. 236–248.

Mein Bruder Thomas und ich (Aus einem Gespräch). In: *Neue Freie Presse*, Wien, 29. Oktober 1926, S. 8.

Schauspielerinnen. In: Heinrich Mann: *Sieben Jahre. Chronik der Gedanken und Vorgänge*. Essays. Mit einem Nachwort von Hans Wißkirchen und einem Materialienanhang, zusammengestellt von Peter-Paul Schneider. Frankfurt am Main 1994 (= Heinrich Mann: *Studienausgabe in Einzelbänden*. Herausgegeben von Peter-Paul Schneider. Fischer Taschenbuch, Bd. 11657), S. 249–252.

Der Sechzigjährige. In: Thomas Mann / Heinrich Mann: *Briefwechsel 1900–1949*. Herausgegeben von Hans Wysling. 3., erweiterte Ausgabe. Frankfurt am Main 1995 (= Fischer Taschenbuch, Bd. 12297), S. 387–393.

»Sie arbeitet für ihn.« Notizen zu *Ein Zeitalter wird besichtigt.* In: Heinrich Mann: *Ein Zeitalter wird besichtigt.* Erinnerungen. Mit einem Nachwort von Klaus Schröter und einem Materialienanhang, zusammengestellt von Peter-Paul Schneider. Frankfurt am Main 1988 (= Heinrich Mann: *Studienausgabe in Einzelbänden.* Herausgegeben von Peter-Paul Schneider. Fischer Taschenbuch, Bd. 5929), S. 680 f.

Tischrede bei Frau Viertel. In: Thomas Mann / Heinrich Mann: *Briefwechsel 1900–1949.* Herausgegeben von Hans Wysling. 3., erweiterte Ausgabe. Frankfurt am Main 1995 (= Fischer Taschenbuch, Bd. 12297), S. 400.

Was ist eigentlich ein Schriftsteller? In: Heinrich Mann: *Sieben Jahre. Chronik der Gedanken und Vorgänge.* Essays. Mit einem Nachwort von Hans Wißkirchen und einem Materialienanhang, zusammengestellt von Peter-Paul Schneider. Frankfurt am Main 1994 (= Heinrich Mann: *Studienausgabe in Einzelbänden.* Herausgegeben von Peter-Paul Schneider. Fischer Taschenbuch, Bd. 11657), S. 253–257.

Wegrast. In: *Heinrich und Thomas Mann. Ihr Leben und Werk in Text und Bild.* Katalog zur ständigen Ausstellung im Buddenbrookhaus der Hansestadt Lübeck. Herausgegeben von Eckhard Heftrich, Peter-Paul Schneider und Hans Wißkirchen. Lübeck 1994, S. 16 und S. 18.

Wir könnten anders sein. In: Heinrich Mann: *Ein Zeitalter wird besichtigt.* Erinnerungen. Mit einem Nachwort von Klaus Schröter und einem Materialienanhang, zusammengestellt von Peter-Paul Schneider. Frankfurt am Main 1988 (= Heinrich Mann: *Studienausgabe in Einzelbänden.* Herausgegeben von Peter-Paul Schneider. Fischer Taschenbuch, Bd. 5929), S. 537.

Zwischen den Rassen. Roman. Mit einem Nachwort von Elke
Emrich und einem Materialienanhang, zusammengestellt von
Peter-Paul Schneider. Frankfurt am Main 1987 (= Heinrich
Mann: *Studienausgabe in Einzelbänden.* Herausgegeben von
Peter-Paul Schneider. Fischer Taschenbuch, Bd. 5922),
S. 11–24.

Zola. In: Heinrich Mann: *Macht und Mensch.* Essays. Mit
einem Nachwort von Renate Werner und einem Materialienanhang, zusammengestellt von Peter-Paul Schneider. Frankfurt
am Main 1989 (= Heinrich Mann: *Studienausgabe in Einzelbänden.* Herausgegeben von Peter-Paul Schneider. Fischer
Taschenbuch, Bd. 5933), S. 43, S. 112 und S. 114.

Carla (1910). In: *Heinrich und Thomas Mann. Ihr Leben und
Werk in Text und Bild.* Katalog zur ständigen Ausstellung im
Buddenbrookhaus der Hansestadt Lübeck. Herausgegeben
von Eckhard Heftrich, Peter-Paul Schneider und Hans Wißkirchen. Lübeck 1994, S. 213–216.

2. Originale

Aus einem Trauerhause (1891). Original: Deutsches Literaturarchiv / Schiller-Nationalmuseum Marbach am Neckar (Bestand: Heinrich Mann). – Druck in Auszügen: Peter-Paul
Schneider: *Millionengestank. Die Auseinandersetzungen des
jungen Heinrich Mann mit Lübeck als Lebensform.* In: *Heinrich Mann-Jahrbuch* 9 / 1991. Herausgegeben von Helmut
Koopmann und Peter-Paul Schneider. Lübeck 1992,
S. 159–182, Textzitat: S. 178–180.

Briefe

1. Drucke der Briefe an:

Ludwig Ewers
In: Heinrich Mann: *Briefe an Ludwig Ewers 1889–1913*.
Berlin und Weimar: 1980.

Paul Hatvani
In: *Heinrich Mann. Text+Kritik* Sonderband. Herausgegeben von Heinz Ludwig Arnold. München 1971, S. 8 f.

Karl Lemke
In: Heinrich Mann: *Briefe an Karl Lemke und Klaus Pinkus*. Hamburg o. J. (1964).

Eva Lips
In: Eva Lips: *Zwischen Lehrstuhl und Indianerzelt. Aus dem Leben und Werk von Julius Lips*. Mit Briefen von Heinrich Mann und Martin Andersen-Nexö. Berlin 1986, S. 107 f.

Katia Mann
In: Thomas Mann / Heinrich Mann: *Briefwechsel 1900–1949*. Herausgegeben von Hans Wysling. 3., erweiterte Ausgabe. Frankfurt am Main 1995 (= Fischer Taschenbuch, Bd. 12297).

Klaus Mann
In: Klaus Mann: *Briefe und Antworten*. Band I: 1922–1937. Herausgegeben von Martin Gregor-Dellin. München 1975. und Klaus Mann: *Briefe und Antworten*. Band II: 1937–1949. Herausgegeben von Martin Gregor-Dellin. München 1975.

Leonie Mann

In: Heinrich Mann: *Der Haß. Deutsche Zeitgeschichte.* Essays. Mit einem Nachwort von Jürgen Haupt und einem Materialienanhang, zusammengestellt von Peter-Paul Schneider. Frankfurt am Main 1987 (= Heinrich Mann: *Studienausgabe in Einzelbänden.* Herausgegeben von Peter-Paul Schneider. Fischer Taschenbuch, Bd. 5924), S. 210 f.

Thomas Mann

In: Thomas Mann/Heinrich Mann: *Briefwechsel 1900–1949.* Herausgegeben von Hans Wysling. 3., erweiterte Ausgabe. Frankfurt am Main 1995 (= Fischer Taschenbuch, Bd. 12297).

Viktor Mann

In: Theo Piana: *Heinrich Mann.* Leipzig 1964, Faksimile, S. 11.

Klaus Pinkus

In: Heinrich Mann: *Briefe an Karl Lemke und Klaus Pinkus.* Hamburg o. J. (1964)

Carl Rössler

In: Peter-Paul Schneider: ›*Beinahe eine Inventaraufnahme*‹: *Die Briefe Heinrich Manns an Carl Rössler 1939–1946.* In: *Rowohlts Literaturmagazin.* Bd. 21: *Nicolas Born zum Gedenken/Heinrich Mann, heute.* Herausgegeben von Martin Lüdke und Delf Schmidt. Reinbek bei Hamburg 1988, S. 39–55.

Inés Schmied

In: *Briefe einer Liebe. Heinrich Mann und Inés Schmied 1905 bis 1909.* Teil I: 1905 bis 1906. Herausgegeben von Günter Berg, Anke Lindemann-Stark und Ariane Martin.

In: *Heinrich Mann-Jahrbuch 17/1999.* Herausgegeben von Helmut Koopmann und Hans Wißkirchen. Lübeck 2000, S. 145–231.

Arthur Schnitzler
In: *Heinrich Mann 1871–1950. Werk und Leben in Dokumenten und Bildern.* Herausgegeben von der Akademie der Künste in Berlin anlässlich der Ausstellung zu seinem 100. Geburtstag. Ausstellung und Katalog: Sigrid Anger unter Mitarbeit von Rosemarie Eggert und Gerda Weißenfels. Berlin und Weimar 1971, S. 198.

Franz Carl Weiskopf
In: Heinrich Mann/F. C. Weiskopf: *Briefwechsel.* In: *Neue Deutsche Literatur. Monatsschrift für Literatur und Kritik.* Herausgegeben vom Schriftstellerverband der Deutschen Demokratischen Republik. Berlin/DDR. Jg. 30, Heft 11, November 1982, S. 49.

2. Originale der Briefe an:

Félix Bertaux (Briefe in der Übersetzung von Rosemarie Heise) Originale im Besitz der Familie Bertaux. Kopien befinden sich im Heinrich-Mann-Archiv der Stiftung Archiv der Akademie der Künste, Berlin.
Dr. Franz Bendfeldt
Maximilian Brantl
Elisabeth Kann
Golo Mann
Julia Mann
Mimi Mann
Nelly Mann (Schwägerin, Frau von Viktor Mann)
Viktor Mann

Eva Marcu
Salomea Rottenberg
  Heinrich-Mann-Archiv der Stiftung Archiv der Akademie
  der Künste, Berlin.

Niels Kampmann
  (Bestand: Heinrich Mann. – Auch als Antwort auf eine Um-
  frage gedruckt in: *Berliner Tagesblatt,* Berlin, Jg. 56, Nr. 406,
  28. August 1927, Morgenausgabe, 1. Beiblatt, S. 1.)
Leonie Mann
  (Bestand: Heinrich Mann)
Thomas Mann
  (Entwurf *An Tommy: Nach der ›Jagd nach Liebe‹* (1903). In:
  Notizbuch (um 1903/1904) (Bestand: Heinrich Mann). –
  Druck in Auszügen: Peter-Paul Schneider: »*... wo ich Deine
  Zuständigkeit leugnen muß ...« Die bislang unbekannte
  Antwort Heinrich Manns auf Thomas Mann Abrechnungs-
  brief vom 5. Dezember 1903.* In: *In Spuren gehen.* Fest-
  schrift für Helmut Koopmann. Herausgegeben von Andrea
  Bartl u. a. Tübingen 1998, S. 241–253.
Alphonse Sondheimer
  (Bestand: Herrmann-Neisse)
  Deutsches Literaturarchiv / Schiller-Nationalmuseum, Mar-
  bach am Neckar.

Die Abbildungen wurden entnommen aus:

Marianne Krüll: *Im Netz der Zauberer. Eine andere Geschichte der Familie Mann.* Frankfurt am Main 1995 (Fischer
Taschenbuch, Bd. 11381).

Thomas Mann. Ein Leben in Bildern. Herausgegeben von
Hans Wißling und Yvonne Schmidlin. Zürich 1994.

Heinrich Mann: *Sieben Jahre. Chronik der Gedanken und Vorgänge.* Essays. Mit einem Nachwort von Hans Wißkirchen und einem Materialienanhang, zusammengestellt von Peter-Paul Schneider. Frankfurt am Main 1994 (= Heinrich Mann: *Studienausgabe in Einzelbänden.* Herausgegeben von Peter-Paul Schneider. Fischer Taschenbuch, Bd. 11657), S. 599 und S. 680.

Heinrich Mann: *Zwischen den Rassen.* Roman. Mit einem Nachwort von Elke Emrich und einem Materialienanhang, zusammengestellt von Peter-Paul Schneider. Frankfurt am Main 1987 (= Heinrich Mann: *Studienausgabe in Einzelbänden.* Herausgegeben von Peter-Paul Schneider. Fischer Taschenbuch, Bd. 5922), S. 489.

Foto Inés Schmied. Heinrich und Thomas Mann-Zentrum, Buddenbrookhaus, Lübeck.

Zeichnung Edith Kann. Heinrich-Mann-Archiv der Stiftung Archiv der Akademie der Künste, Berlin.

Zeittafel

1870/1871	Deutsch-Französischer Krieg. Gründung des Deutschen Reiches unter preußischer Vorherrschaft (18. 1. 1871). Bismarck Reichskanzler
1871	Luiz Heinrich Mann am 27. März als erster Sohn von Thomas Johann Heinrich Mann und seiner Ehefrau Julia, geb. da Silva-Bruhns, in Lübeck geboren
1875	Geburt des Bruders Thomas
1877	Wahl des Vaters zum Senator von Lübeck
1878–1890	Sozialistengesetz
1884	Reise nach St. Petersburg
Seit 1885	Erste erzählerische, seit 1887 erste poetische Versuche
1889	Abgang vom Gymnasium aus Unterprima. Buchhandelslehrling in Dresden. Erste Veröffentlichung einer Erzählung in den ›Lübeckischen Nachrichten‹
1890	Entlassung Bismarcks
1891–1892	Volontär im S. Fischer Verlag, Berlin. Studien an der Friedrich-Wilhelms-Universität
1891	Tod des Vaters (geb. 1840). Liquidierung der Firma Johann Siegmund Mann. Erste Rezensionen in ›Die Gesellschaft‹
1892	Sanatoriumsaufenthalt nach Lungenblutung in Berlin; danach Kuraufenthalte in Wiesbaden, im Schwarzwald und in Lausanne. Rezensionen in ›Die Gegenwart‹

1893	Übersiedlung der Familie nach München. Reisen nach Paris, Italien
1894	*In einer Familie*, Roman
1895–1896	Herausgeber der Monatsschrift ›Das Zwanzigste Jahrhundert. Blätter für deutsche Art und Wohlfahrt‹
1895–1898	Aufenthalt in Rom und Palestrina, zeitweilig zusammen mit dem Bruder Thomas *Im Schlaraffenland* begonnen Erste Notizen zu den *Göttinnen*
1897	*Das Wunderbare und andere Novellen*
1898	*Ein Verbrechen und andere Geschichten*
1899–1914	Ohne festen Wohnsitz. Aufenthalte in München, Berlin, meistens in Italien, oft in Riva am Gardasee im Sanatorium von Dr. von Hartungen
1900	*Im Schlaraffenland. Ein Roman unter feinen Leuten*
1903	*Die Göttinnen oder Die drei Romane der Herzogin von Assy* *Die Jagd nach Liebe*, Roman
1905	*Flöten und Dolche*, Novellen *Professor Unrat oder Das Ende eines Tyrannen*, Roman *Eine Freundschaft: Gustave Flaubert und George Sand*, Essay Übersetzung von Choderlos de Laclos' *Gefährliche Freundschaften* Bekanntschaft mit Inés (Nena) Schmied
1906	Erste Notizen zum *Untertan* Drei Novellenbände: *Schauspielerin, Stürmische Morgen, Mnais und Ginevra*
1907	*Zwischen den Rassen*, Roman
1908	*Gretchen*, Novelle aus dem Stoffkreis des *Untertans. Die Bösen*, Novellen

1909	*Die kleine Stadt,* Roman
1910–1913	Jährliche Uraufführungen der Schauspiele Heinrich Manns in Berlin
1910	*Französischer Geist* (später *Voltaire – Goethe); Geist und Tat,* kulturpolitische Essays
	Das Herz, Novellen
	Freitod der Schwester Carla (geb. 1881)
	Variété, Einakter
1911	*Die Rückkehr vom Hades,* Novellen
	Schauspielerin, Drama
1912	Bekanntschaft mit der Prager Schauspielerin Maria (Mimi) Kanová während der Proben zu *Die große Liebe* im Deutschen Theater, Berlin
	Beginn der Niederschrift von *Der Untertan*
1913	*Madame Legros,* Drama
1914	*Der Untertan* als Fortsetzungsroman in ›Zeit im Bild‹
	13. August: Abbruch des Vorabdrucks nach Beginn des Ersten Weltkrieges. Weiterer Abdruck der russischen Übersetzung bis Oktober in Petersburg (›Sowremennij Mir‹)
	12. August: Heirat mit Maria (Mimi) Kanová. Wohnsitz in München
1915	Russische Buchausgabe des *Untertan*
	Konflikt mit dem Bruder. Abbruch der Beziehungen nach dem Erscheinen von Thomas Manns *Gedanken im Kriege*
	Zola, Essay, in ›Die Weißen Blätter‹, hg. von René Schickele
1916	*Der Untertan,* Privatdruck in etwas mehr als 10 Exemplaren
	Geburt der Tochter Henriette Maria Leonie
1917	*Die Armen,* Roman
	Brabach, Drama

1917	*Madame Legros* an den Münchener Kammer-spielen und am Lessing-Theater in Berlin urauf-geführt
	Grabrede auf Frank Wedekind
	Versuch einer Versöhnung mit Thomas Mann
1918	Ende des Ersten Weltkrieges. Abdankung Wilhelms II. Novemberrevolution in Deutschland
	Mitarbeit Heinrich Manns im ›Politischen Rat geistiger Arbeiter‹ in München
	Der Untertan, Roman
	Beginn der Arbeit am Roman *Der Kopf*
1919	Ermordung Karl Liebknechts und Rosa Luxemburgs. Friedrich Ebert Reichspräsident. Beginn der Weimarer Republik (Weimarer Reichsverfassung)
	Macht und Mensch, Essays (Gewidmet *Der deutschen Republik*)
	Gedenkrede für Kurt Eisner, den ermordeten Ministerpräsidenten der bayerischen Räterepublik
1920	*Der Weg zur Macht* im Residenz-Theater München uraufgeführt. In den folgenden Jahren wachsende publizistische Tätigkeit
	Die Ehrgeizige, Novelle
1920	*Die Tote und andere Novellen*
1922	Aussöhnung mit Thomas Mann
	Bekanntschaft mit dem französischen Germanisten Félix Bertaux
	Rapallo-Vertrag zwischen Deutschland und der UdSSR
1923	Ruhrbesetzung, Generalstreik. Putschversuch der Nationalsozialisten in München. Hitler in Festungshaft. Inflation und erster Nachkriegsbesuch Heinrich Manns in Frankreich (Teilnahme

1923	an den Entretiens de Pontigny) Rede bei der Verfassungsfeier in der Staatsoper Dresden
	11. März: Tod der Mutter Julia (geb. 1851)
	Diktatur der Vernunft, Reden und Aufsätze
1924	Reise in die Tschechoslowakei, Begegnung mit Tomáš G. Masaryk auf Schloss Lana bei Prag
	Abrechnungen, Novellen
	Der Jüngling, Novellen
	Das gastliche Haus, Komödie
1925–1932	*Gesammelte Werke in 13 Bänden* im Paul Zsolnay Verlag, Wien
1925	Zweite Frankreichreise nach dem Krieg, erste Impulse für den *Henri Quatre* in den Pyrenäen und in Pau
	Der Kopf, Roman
	Kobes, Novelle
	Tod Friedrich Eberts. Hindenburg zum Reichspräsidenten gewählt.
	Zusammenfassung der Romane *Der Untertan, Die Armen, Der Kopf* zur *Kaiserreich-Trilogie*, der *Romane der deutschen Gesellschaft im Zeitalter Wilhelms II.*
1926	Wahl zum Mitglied der Preußischen Akademie der Künste zu Berlin, Sektion Dichtkunst am 27. Oktober
	Liliane und Paul, Novelle
1927	Verstärktes Wirken für eine Verständigung zwischen Deutschland und Frankreich
	Rede im Trocadéro, Paris, zum 125. Geburtstag von Victor Hugo
	Begegnungen Gustav Stresemanns mit Aristide Briand
	Freitod der Schwester Julia (geb. 1877)
	Mutter Marie, Roman

1928	Trennung von Maria Mann, Übersiedlung nach Berlin
	Vorsitzender des Volksverbandes für Filmkunst
	Eugénie oder Die Bürgerzeit, Roman
1929	Bekanntschaft mit Nelly Kröger, seiner späteren zweiten Frau
	Sie sind jung, Novellen
	Sieben Jahre. Chronik der Gedanken und Vorgänge (1921–1928), Essays
	Weltwirtschaftskrise
1930	Scheidung von Maria Mann
	›Der Blaue Engel‹, Verfilmung des Romans *Professor Unrat*
	Die große Sache, Roman
1931	Wahl zum Präsidenten der Sektion Dichtkunst bei der Preußischen Akademie der Künste. Feier in Berlin zu Heinrich Manns 60. Geburtstag mit Reden von Gottfried Benn, Lion Feuchtwanger, Adolf Grimme, Max Liebermann und Thomas Mann. Teilnahme an einem internationalen Schriftstellerkongress in Paris. Gespräch mit Aristide Briand. Rede im Admiralspalast zur deutsch-französischen Verständigung
	Geist und Tat. Franzosen 1780–1930, Essays
1932	Wiederwahl Hindenburgs zum Reichspräsidenten
1932	*Ein ernstes Leben*, Roman
	Das öffentliche Leben, Essays
	Das Bekenntnis zum Internationalen, Essay
	Beginn der Arbeit am *Henri Quatre*
1932/1933	Unterzeichnung von Aufrufen zur Aktionseinheit von KPD und SPD gegen die Nationalsozialisten, gemeinsam mit Käthe Kollwitz und Albert Einstein

1933	30. Januar: Hitler Reichskanzler
	15. Februar: Ausschluss mit Käthe Kollwitz aus der Akademie der Künste
	21. Februar: Flucht nach Frankreich über Frankfurt am Main, Kehl am Rhein und Straßburg
	25. August: Aberkennung der deutschen Staatsbürgerschaft
	Der Haß. Deutsche Zeitgeschichte, Essays
1933–1940	Wohnsitz in Sanary-sur-Mer, dann in Nizza. Reisen nach Prag, Genf und Zürich. Politische Artikel in der ›Dépêche de Toulouse‹
	Vorsitzender des Vorbereitenden Ausschusses der deutschen Volksfront, Ehrenpräsident des SDS. Antifaschistische Flug- und Tarnschriften
1934	10. Mai: Heinrich Mann Präsident der Deutschen Freiheitsbibliothek
	Der Sinn dieser Emigration, Essays
1935	Juni: Rede auf dem Internationalen Schriftstellerkongress zur Verteidigung der Kultur in Paris
	Die Jugend des Königs Henri Quatre, Roman
1936	Heinrich Mann wird tschechoslowakischer Staatsbürger
	Beginn des spanischen Bürgerkriegs
	Es kommt der Tag. Deutsches Lesebuch, Essays
1937	10./11. April: Volksfrontkonferenz in Paris, Eröffnungsansprache Heinrich Manns
1938	Münchener Abkommen
	Die Vollendung des Königs Henri Quatre, Roman
1939	*Mut*, Essays; *Nietzsche* (Kommentar zu einer Auswahl)
	9. September: Heirat mit Nelly (Emmy) Kröger in Nizza
	Hitler-Stalin-Pakt. Ausbruch des Zweiten Weltkriegs

1939	Verschleppung Maria Manns ins KZ Theresienstadt
1940	Kapitulation Frankreichs vor den Hitler-Truppen
	Flucht über Spanien und Portugal in die USA. Aufenthalte in New York, Princeton, Hollywood, Wohnsitz in Los Angeles und Santa Monica bis zum Tod
1941	Beginn der Arbeit am Roman *Empfang bei der Welt*
1943	Ehrenpräsident des Lateinamerikanischen Komitees der Freien Deutschen
	Lidice, Roman
1944	17. Dezember: Freitod Nelly Manns (geb. 1898)
1945	Bedingungslose Kapitulation Deutschlands
	Klaus Mann bringt die gesundheitlich schwer geschädigte Maria Mann aus dem KZ Theresienstadt nach Prag zurück
1946	*Ein Zeitalter wird besichtigt*, Autobiographie
1947	Ehrendoktor der Humboldt-Universität Berlin
	Tod Maria Manns in Prag (geb. 1886)
1949	Nationalpreis I. Klasse für Kunst und Literatur der DDR
	Tod des Bruders Viktor (geb. 1890)
	Der Atem, Roman
1950	Berufung Heinrich Manns zum ersten Präsidenten der neu gegründeten Akademie der Künste zu Berlin / DDR. Vorbereitung zur Rückkehr mit dem polnischen Dampfer ›Batory‹
	12. März: Tod Heinrich Manns in Santa Monica bei Los Angeles
1951	DEFA-Verfilmung von *Der Untertan*
1955	Thomas Mann stirbt am 12. August
1956	*Empfang bei der Welt*, Roman

1958/1960	*Die traurige Geschichte von Friedrich dem Gro-* *ßen,* szenisches Romanfragment
1961	Überführung der Urne Heinrich Manns von Kalifornien nach Prag
	25. März: Überführung der Urne nach Berlin und Beisetzung auf dem Dorotheenstädtischen Friedhof in Anwesenheit von Leonie Mann

Heinrich Mann
Studienausgabe in Einzelbänden

Herausgegeben von Peter-Paul Schneider

Fischer Taschenbuch Verlag

Thomas Mann / Heinrich Mann

Briefwechsel 1900 - 1949

Herausgegeben von Hans Wysling

Band 12297

Der Dialog der beiden großen Brüder war oft Disput. Unterschiede des Temperaments und der Moralität führten zu einer »repräsentativen Gegensätzlichkeit«, die sich zunächst in der Kunstauffassung, dann vor allem in den politischen Anschauungen der beiden offenbarte. Im Ersten Weltkrieg kam es zum Bruch, als sich Heinrich in seinem ›Zola‹-Essay gegen den Bruder wandte und dieser sich in den ›Betrachtungen eines Unpolitischen‹ zur Wehr setzte.

Bei einer schweren Erkrankung Heinrichs 1922 bahnte sich die Versöhnung an, die zu mehr als einem »modus vivendi« kaum führen konnte. Als Thomas 1946 schwer erkrankte, bekannte ihm Heinrich, er empfände es als müßig, weiterzuleben ohne ihn. Diese sehr menschlichen Dokumente sind zugleich literarische Zeugnisse: sie enthalten Kommentare und Selbstinterpretationen zu fast allen großen Werken.

Fischer Taschenbuch Verlag